# 話頭, 혜능과 셰익스피어

도올 김 용 옥

통나무

깨달음을 희구하는

萬古의 業緣들께

# 차 례

## 話頭, 혜능과 셰익스피어

# 喝

　내가 생각키에 우리나라 불교에는 두가지의 거대한 숙제가 있다. 단도직입적으로 그를 말하자면, 그 하나는 교육적 비젼의 결여요, 또 하나는 사회적 비젼의 결여다. 그 첫째 교육적 비젼의 결여란 일차적으로 승려의 교육이 제대로 이루어지지않고 있고, 또 그러한 방면으로 한국불교가 힘쓰고 있질 않다는 것이다. 그리고 신도들도 불사를 일으킨다 하면 그 유형적 결과에 대해서는 막대한 시주를 서슴지 않다가도 승려한명 유학비용을 시주하라면 한 푼도 내놓지 않는다는 것이다. 무형적 자산에 대한 믿음이 부족하다는 것을 의미할 것이다. 그리고 이러한 현상에 대해 한국불교종단전체가 책임이 있다. 우리 불교가 살기위해선 법당을 짓고 료사채를 짓는 것이 중요한 것이 아니라 그러한 외형을 이끌어갈 수 있는 사람을 짓는 것이 더 중요한 것이다. 원효스님

한분이 해동의 불교사를 빛내었듯이 사람 하나만 잘 지어놓으면 거대한 사찰 수만개 짓는 것보다 더 확실한 시주요 보시요 공덕이 되는 것이다. 이러한 문제에대해 한국불교종단의 체계적 접근이 요청되는 것이다. 우선 현재 존재하고 있는 강원체제부터 대대적인 수술이 필요하다. 강원의 전통을 허물라는 것이 아니라, 그 전통이 진정으로 승려들의 마음속에서 살아 움직일 수 있도록 카리큐럼 내용과 교수방법이 새롭게 이루어져야 한다. 그리고 승가대학이나 불교대학에 대한 전폭적인 재정지원이 이루어져야 하고 특히 우수한 인재들을 해외에 유학시키는 유학기금이 대대적으로 마련되어야 한다. 이러한 얘기들은 불교계가 합심하여 뜻을 모으면 실상 어려운 얘기도 아니다.


둘째, 사회적 비젼의 결여라 함은 불교를, 부처님의 말씀을 신앙의 대상으로 받아들이는 집단의 교리체계나 아이덴티티로 해석할 것이 아니라, 그러한 좁은 종파적 의식을 떠나 불교가 과연 오늘 이 땅에 사는 모든 사람들에게 어떠한 사회적 가치를 지닐 수 있는가 하는 문제에 대한 확고한 비전을 불교계의 리더들이 제시해야 한다는 것이다. 스님들의 불교이해 자체가 불교를 하나의 "종교"로 이해하는 것은 참으로 불행한 것이다. 불교는 결코 하나의 종교가 아니다. 기독교와 대항하고 이슬람교와 대항하고 서양의 철리와 대결하는 어떠한 한개의 종파이론이 아니다. 그것은 종교이기전에 覺(깨달음)이요, 깨달음이란 인간의 삶의 가장 근원적 물음이요 성찰이다. 그런데 이러한 성찰이 우리의 삶에서 무엇을 의미하는지, 그 사회적 가치를 불교는 너무도 "解脫"이라는 몰가치적 명분때문에 외면하고만 있다. "무소유"만 해도 그렇다. 무소유란 소유하지 말라는 단순한 도덕적 명제가 아니다. 실직당해 배가 고픈 사람에게 무소유란 철학이 의미있을리 만무하다. 허나 무소유란 소유하지 않는다는 의미가 아니요, 무소유적인 사회적 가치를 실천한다는 뜻이다. 돈을 많이 벌어 배가 부르던 실직당해 배가 고프던 무소유적인 해탈의 멧세지는 항상 그들 모두에게 유효한 것이다.

21세기는 인간의 소유의 욕망이 빚어놓은 문명의 자기 파산적인 해체의 양상이 심화될 것이다. 그러한 양상속에서 해탈과 무소유와 근원부정의 멧세지는 강력한 사회적 가치가 될 수 있는 미래철학이 될 수 있음에도 불구하고 불교는 그러한 비전에 눈을 뜨고 있질 못하다는 것이다.

스님들이 절이나 짓고 좌선이나 하고 보살들과 차마시면서 한세월 흘려보낼 궁리나 하고 앉아있다면 그것은 주변에 정신적·물질적 오염만 가중시키는 것이다. 정적한 산천이나 오붓한 인가에 염불소리·타종소리를 엠프·확성기로 크게 틀어놓으면서 불법을 전하고 있다고 착각하고 앉아있는 주지스님들의 행태나 심미적 감각의 타락은 소음공해만 가중시키고 있는 것이다. 21세기 인류문명의 최대과제가 에콜로지, 즉 환경오염에 있다는 것은 누구나 부인할 수 없는 사실이다. 우리 조선반도의 최대과제도 이미 경제위기보다는 우리 삶의 물리적 환경의 열악화라는 근원적 문명의 타락상에 있다는 것은 모든 사람이 점점 실감있게 느껴갈 것이다. 그런데 이러한 에콜로지의 문제는 결코 물리적인 공해처리시설로 해결되지 않는다. 더 근원적인 문제, 즉 공해를 일으키고 있는 우리 삶의 방식의 죄악성에 대한 철저한 반성이 선행하지 않으면 안되는 것이다. 그런데 이러한 성찰, 이러한 깨달음에 관하여 어느 세계종교집단이나 철학사상이 불교이상 더 강렬하고 체계적인 멧세지를 전달 할 수 있겠는가? 만약 한국불교가, 예를들어 조계종 종단이 에콜로지라는 사회적 가치를 종단의 비전으로 확립한다면 그것은 어떠한 정치이데올로기보다도 더 강력한 힘으로 우리 사회에 작용할 수 있을 것이다. 녹색당의 파워에 비교할 것인가? 한국불교는 왜 잠자고 있는가?

조선불교의 역사는 참으로 찬란하다. 조선조에 이르러 고려말에까지 普照했던 기운이 신유학의 排佛로 그 빛을 잃었다고는 하지만 사실 유학에 두드려 맞었기 때문에 오히려 한국의 禪은 純化되었고 또 修行불교의 진면목을 조용히 유지할 수 있었던 힘을 가질 수 있었던 것이다. 조선조의 억압받은 불교야말로 진정한 선의 불교요, 그 이전의 羅·麗의 융성한 불교의 면모는 오히려 관학적인 타락의 모습이라고 역설적으로 말할 수도 있을 것이다. 오늘날 서구문명의 융성과 광신적인 기독교의 발흥으로 불교세력이 억눌려 있는듯한 느낌을 받지만 이러한 사회적 억압의 기운은 오히려 우리나라 불교가 타락의 나락으로 떨어지는 것을 막아주고 있는 최후의 보루다. 우리나라 불교는 20세기를 회고컨대 분명 반성할 점이 너무도 많지만 허지만 자랑스러운 점은 그러한 폐허속에서도 수행불교의 전통을 우직하게 고수했다는 것이고 아직까지도 민중의 사랑을 저버리지는 않았다는 것이다.

나는 단언한다. 21세기는 불교의 중흥의 세기가 될 것이다. 불교적 가치가 어떠한 가치보다도 우위를 점하는 그러한 세기가 될 것이다. 허나 지금 우리가 고민해야 할 것은 불교의 득세의 기쁨이 아니라, 그러한 중흥이 가져올 새로운 타락에 대비하는 것이다. 조선의 불자들이여! 이러한 마음의 대비를 위하여 다음에 펼쳐질 깨달음의 이야기를 깊게 깊게 새겨주기 바란다.


有時奪人不奪境
有時奪境不奪人
有時人境兩俱奪
有時人境俱不奪


1998년 7월 21일
于駱下
도올

喝　13

여기 두 개의 "몰라"(不識)가 등장한다.
앞의 몰라는 달마의 몰라요,
뒤의 몰라는 양무제의 몰라다.
이 두 몰라는 같은 몰라일까? 다른 몰라일까?

제기랄 내가 그걸 어떻게 알아?
이 책 읽는 그대가 알것이지…… 쯧쯧.

# 양무제가 달마를 만났을 때

## 檮序

　요즈음 나는 도올서원에서 『벽암록』이라는, 결코 우리에게 친숙하다 말할 수 없는 책을 하나 대중들에게 강론하고 있다. 그런데 이 책을 강론하기 전에 나는 "조선사람을 위한 성서강좌"라 하여 일년동안 내가 평생 생각하여온 기독교 『성서』의 의미를 강의한 적이 있다. 그런데 어찌되었든 『신·구약』성서는 일반에게 너무도 널리 알려진 책이고 하니까 많은 사람이 오리라고 예상했는데, 물론 꽤 많은 사람이 와서 듣기는 했지만 기대만큼 큰 호응을 얻지는 못했던 것 같았다. 물론 내 자신의 신앙관을 정리하는데 큰 도움이 되었음으로 그런 강의를 할 수 있었다는 사실에 대한 고마움이란 이루 다 표현할 수가 없다. 그런데 이 『벽암록』이라는 책은 일반에게 그리 알려져 있는 책도 아니고 그리 대중적으로 회자될 수 있는 책이 아닌데도 불구하고, 일단 내가 강론한다는 소식이 신문에 나가자 벌떼같이 대중들이 운집하여 일시에 도올서원을 입추의 여지도없이 메워버렸다. 서원에서는 보통 강론이 시작되고 끝날 때 우리식 큰절로 모두가 남녀노소 함께 맞절을 한다. 그런데 이렇게 절을 할 수 있는 운신의 공간조차 사라져 맞절을 하는 예식도 치룰 수 없는 형편이 되고 말았다. 보통 한 백명이 넉넉히 들어앉을 공간에 4·500명이 콩나물시루에 박힌 콩나물대가리처럼 들어앉아 강의하고 있는 내 발밑에까지 무릎을 맞대고 눈을 치켜뜨고 앉아있으니 ―, 듣는 사람인들 고생이 오죽하랴마는 나는 내 강의를 그렇게 열성적으로 들어준다는 고마움때문에 힘이 나고 기가 솟구쳐 머리터럭이 청사(靑絲)와도 같았던 젊은날의 열정을 회복하여 신나게 바람나게 열강에 열강을 토해내기에 이르렀다.

그런데 도대체 왜 이렇게 사람이 많이 모여드는가? 나는 주로 시간을 동숭동에서 많이 보낸다. 내가 환자를 보는 도올한의원도 동숭동에 있고 내가 우리나라 대학생들에게 고전을 가르치는 도올서원도 동숭동에 있고 내가 제자들과 함께 고전을 강독하는 한국사상사연구소도 동숭동에 있기 때문에 생활권이 모두 그쪽으로 형성되어 있는 것이다. 그런데 점심때가 되면 내가 가끔 잘 이용하는 식당이 하나 있다. 동숭동에서 별로 가고 싶은 식당이 만만치 않은데 값도 싸고 입맛에 어우러질뿐만 아니라 청결한 곳이 한 곳이 있는데 그곳이 바로 방통대 구내식당이라는 곳이다. 엄밀하게 따지면 내가 방통대선생이 아니므로 그 식당을 이용할 자격은 없겠지만, 그래도 대한민국의 교수라는 신분의 보편적 유대감을 생각할 때 그 정도야 안통하랴 해서 은근슬쩍 신세를 지고 있는 곳이다. 그런데 그곳 식당에서 일하시는 아주머니들이 날 알아보고 잘 해주서서 아주 맛있게 만족스러운 끼니를 매번 때우고 있는 것이다. 천하에 까다롭기로 소문난 미식가 도올의 설편(舌片)을 그렇게 만족시킨다는 것은 결코 범상한 일이 아니다. 지도(至道)는 범상함에 있다는 철리를 깨우쳐주는 한 일화일지도 모르겠다.(알고보니 그 식당이 제일제당에서 운영하는 것이라던데 확실히 값싸고 청결하고 맛이 있다. 제일제당에게 감사와 성원을 보낸다.) 그런데 나는 요즈음 책을 한 권 냈다. 지난번 SBS에서 강의한 내용을 재구성해서 『건강하세요』라는 제목의 책자로 만들어 냈는데 요즈음 베스트셀러 리스트에는 올라가 있는 모양이다. 내용이 매일 우리 육신으로 접하고 사는 "똥과 섹스"에 관한 이야기가 되고보니 많은 사람이 공개적으로는 떠들진 못해도 술집골방같은데서는 입방아를 많이 찧기는 찧고 있는 모양이다. 그런데 알고보면 구체적으로 일상건강에 결정적인 단서가 될 수 있는 훌륭한 정보들이 많이 들어있는 책임에는 틀림이 없으렷다! 나는 그 책이 나왔길래 그 책을 평소 미식가의 괴로움을 덜어주는 고마우신, 방통대식당에서 일하시는 아주머니들에게 드릴려고 가지고 갔다. 그랬더니 아주머니들이 우루루루 모여들어 너두나두 책 싸인을 해달라는 것이다. 허긴 공짜라면 양잿물도 마신다는 판에 내가 싸인해준다는 책을 마다할 이유는 없었을 것이다.

"아주머니 이름이 뭐요?"
"곽복순이에요."
"거 이름 좋쉐다."
"좋긴 뭐가 좋아요?"
"복이 있고 순하면 더 바랄게 뭐있쑤?"

"아니 그래 복이 많아 겨우 구내식당에서 밥순이 노릇하고 있을라구."

"아니 밥순이가 어드래요. 젊은 이땅의 학생들이 무럭무럭 자라라고 이렇게 귀한 음식만들고 있으면 天運을 잘 타고난 것이지 뭘 더바래?"

"거 시시껍적한 애기말구 무인년 덕담이나 하나 써주구래."

"거 좋지!"


이렇게 이야기를 주고받으며 하나둘씩 붓길이 스쳐지나가는 동안에 나는 매우 중대한 사실을 하나 발견하기에 이르렀다. 그날 내가 『건강하세요』 앞페이지에 싸인을 해준 아주머니는 열명이었는데 이들 모두가 불교신자라는 우연치않은 사실의 발견이었다. 난초를 치기도 하고 한시를 써주기도 하고 대련을 써주기도 하는 중에 뭔 덕담을 해주면 좋겠냐고 묻는 과정에서 자연스레 알게된 사실이었다. 물론 이들이 어느 종교집단에 소속되어있는 사람들도 아니요, 사전에 친분이 있던 사람들도 아니다. 우연히 모인 사람들이건만 그러한 공통분모를 가지고 있다는 사실은 우리나라의 고난받고 있는 대중들에게 기독교가 널리 유포되어 있다는 나의 피상적 인상을 깨치기에 충분한 하나의 획기적인 사회적 사실이었다.


"이상할 것 없어요. 대개 말이죠. 시장같은데서 장사를 하는 사람들중엔 교회가는 사람이 많아요. 이북에서 내려온 사람들이 대강 장사했잖아요. 그사람들은 대개 예수쟁이들이 많죠. 그런데 이런데서 밥짓고 그러니까 고용되어 사는 사람들중엔 절가는 사람들이 더 많아요. 그러니까 장사꾼하구 인테리들중엔 기독교인들이 많구요, 그냥 소리없이 순응해서 사는 직업인들이나 아주머니들은 절에 더 많이 가요. 그러니까 야소교도들중엔 전투형이 많고 불교도들중엔 순응형이 많다고 말할 수 있죠. 그러니까 기독교는 재력이 많고 설치는 사람들이 많아요. 그래서 예수쟁인 조금만 모여도 와짝지끌하죠. 그래서 우리나라엔 기독교도가 많은 것처럼 보이지만 숫적으로 보면 오히려 보이지 않는 조용한 군중속에 불교가 더 광범위하게 분포되어 있어요."

그날 동행을 했던 나의 한 제자의 말이다. 상당히 일가견이 있는, 우리사회의 한 종교현상을 간파한 탁견이라고 나는 생각했다. 기독교를 진취적이고 동적이고 전투적이라고 하고, 불교를 순환적이고 정적이고 순응적이라고 과연 이분적으로 규정할 수 있는가? 그리고 기독교도들과 불교도들의 삶의 양태의 성향을 과연 그렇게 이원적으로 구획지어 말할 수 있는가? 하는 것은 별개의 문제라 하더라도 얼핏 우리사회의 신앙의 형태가 지닌 대체적 성향의 한 단면을 잘 간파한 말임에는 과히 대차가 없을 것이다. 그러나 문제는 우리나라 일반대중이 기독교편이냐 불교편이냐, 야소의 승리냐 신달타의 승리냐 하는 것을 편가름하려는데 나의 언어갈등(葛藤)의 소적(所的)이 있질 아니하다. 대중이 절엘 더 많이 가느냐? 교회엘 더 많이 가느냐? 이따위 문제는 나의 언어가 소기하는 바가 아니다. 허나 그날 내가 방통대 구내식당에서 느꼈던 중요한 문제의식은 우리나라의 보이지 않는 선남선녀들이 소리없이 불교라는 진리체계에 삶의 가치를 두고 살아가고 있다는 사실의 새로운 발견이었다. 그러한 사실의 표출이 바로 도올서원을 꽉 메우고 있는 대중들의 운집이라고 하는 예기치못한 현상이 아니겠는가?

　도대체 불교란 무엇인가? 불교는 과연 우리에게 무엇을 말해주고 있는가? 불교를 믿어서 도대체 어쩌자는 것인가? 심산유곡의 명승지를 찾아가서 공양을 하거나, 그곳에 가서 자녀합격기도를 하거나, 자연을 파괴하는 절건물이나 증축하는데 시주하는 것이 불교를 믿는다고 하는 신앙의 행위의 전부인가? 불교는 과연 우리의 삶에 어떠한 가치를 심어주고 있는가? 불교는 무엇이냐?

　그렇다고 기독교는 무엇이냐? 이러한 질문은, 이미 규정될 수 없는 것에 대한 규정에 대한 강요이므로, 그 질문자체가 엄중한 하자를 내포한 것이지만, 그러한 문제를 풀어가는 과정에서 "기술"(description)에 동원되는 많은 방편들이 잘 처리만 된다면 어느 정도 그 주관적 윤곽을 잡을 수도 있는 것이다. 그런데 이러한 문제의식에 대해 우리에게 속시원한 해결의 실마리를 제공하는 책이나 인간이 손쉽게 곁에 나타나질 않는다는 답답함이 나의 삶의 체험의 여정이었다는 독백은 비단 나의 독백으로 끝나는 문제는 아닐 것이다. 더구나 불교를 사랑하는 사람들의 경우, 그러한 "벙어리 냉가슴"은 증폭되어 나타난다. 우리나라의 기독교의 역사는 개화의 역사와 일치한다. 그리고 개화의 주역은 우리나라 20세기를 선두에서 지휘했던 선각자들이요, 지식인들이요, 유학생들이요, 상류계급이었다. 그리고 기독교라는 언어의 진원은 서양이었다. 헤브라이즘에서 출발하여 헬레니즘의 옷을 입고, 라틴의 치장을 거쳐, 근세 이성주의로 화려한 행군을 계속한 서양의 언어였다.

20세기 양식사학(Formgeschichte)의 치밀한 성과에 이르기까지 기독교신학의 언어는 매우 합리적이고 정돈이 잘되어 있다. 최소한 기독교를 알고자하는 많은 사람의 궁금증을 해결할 수 있으리만큼 그럴듯한 언어들이 차곡차곡 축적되어 있다.

그런데 불교는 어떠한가? 불교의 언어를 전공하는 사람의 입장에서 본다면 산스크리트어나 팔리어에서 출발하여 위진남북조의 한자라는 언어의 옷을 입고 수당에서 개화한 불교언어, 그리고 그것이 다시 서구라파 이성주의·실존주의에까지 둔갑한 불교언어의 화려한 행군이 결코 기독교의 언어의 역사에 뒤지거나 초라하다는 얘기를 할 수는 없다. 그러나 이러한 질과 양에 있어서 방대하고 고답적인 언어의 성과가 오늘 우리에게 살아있는 가치관으로 전달되어있는 모습이란 기독교의 그것에 비하면 너무도 조촐하고 소박하고 초라하다고 말할 수밖에는 없을 것이다. 한마디로 20세기동안에 불교는 방치되어 있었다. 지성의 현장에서 추방되어 있었다. 식자의 관심속에 소외되어 매몰되어 있었던 것이다. 그렇기에 더욱 어렵고 난해하고 고답적이고 기행적인 언어들만 난무하고 갈구하는 대중의 심령에 던져진 땡중들의 방할(棒喝)이란 무지의 깨우침아닌 무지의 전승이요 무지의 확대일 뿐이었던 것이다. 나는 입추의 여지도 없이 도올서원을 메운 대중들의 법석에서 바로 대중들의 참다운 갈망의 소재를 깨달았던 것이다. 그들이 『벽암록』이란 텍스트에 대한 나의 강론을 듣고 싶은 것이 아니다. 그들은 참으로 불교 그것이 궁금한 것이다. 그리고 이러한 궁금증과 갈증은 생각하는 것보다 우리사회에 널리 유포되어 있는 하나의 현상이다. 그리고 재미있게도 나의 도올서원법석을 메운 사람들은 불교도에 국한되어있질 않다. 절깐에 다니면서 알고싶어도 알 수 없었던 얘기들, 보다 정직하고 솔직한 얘기들을 듣고 그것을 삶속에서 실천하고 싶어하는 많은 생령들의 갈망은 불교도라고 하는 트레이드 마크에 국한되지 않는다. 광신적이라 말할 수 없는 건강하고 상식적인 기독교인이든, 기독교에 실망과 좌절과 분노를 느낀 길잃은 양이든, 아예 종교라는 이름에 귀속하기를 싫어하는 중성적 인간이든, 자신의 삶에만 충직한 밋밋한 인테리든, 모든 제도성을 거부하는 무정부주의자든, 宇宙의 내외를 소요하는 물리학자든, 불교에 대한 관심은 이들 모두에게 공통된 것이다.

"그것 참 너무 안타깝수다."
"안타깝긴 뭐가 안타까워?"
"아니 그래 도올서원에서 한번 강의하고 그냥 내버릴려구래?"
"불교란 내버릴수록 좋은게라우."
"그래도 좋겠지만 대중보시를 위해 어디 기고래도 한번 허시구래."
"돟디 !"

주변의 압력은 가중되었다. 이것 참 자화자찬하기 미안허지만 내 강의가 너무 좋으니 그걸 좀 많은 사람이 공유하도록 보살심을 발휘해달라는 것이다. 나는 기억한다. 天下無不逼出來的文章! 천하에 명문치고 쫓기어 나오지 않는 것이 없다네 ! 그래 한번 휘둘러볼까? 따르르르릉 !

"부장님, 이러쿵 저러쿵 사정이 있는데 한번 실어볼까요?"
　"좋디！"

　IMF시대야말로 새로운 가치관이 필요할 때, 서양따라가다, 세계화운운하다 이꼴 이짝 났는데 우리에게 묻혀진 이야기들 그것 좀 파내는 것이야말로 신선감이 있겠다는 『신동아』 전진우부장님의 말씀이었다.

　"아 좋죠！ 20세기가 컨스트럭션의 세기였다면 21세기는 디컨스트럭션의 세기가 되어야하지 않겠습니까? 거품걷어낸다는게 다 뭐겠어요? 그게 다 디컨스트럭션이라구요. 교수님말대로 20세기가 유위의 세기였다면 이제 우리민족이 무위의 가치를 배워야합니다. 21세기는 무위의 세기가 되어야한다구요. 기독교를 유위적 가치의 전형이라고 한다면 불교야말로 무위적 가치의 전형이 아니겠어요? 기독교와 서양의 컨스트럭션에 대해, 이제는 불교와 동양의 디컨스트럭션의 예지를 배워야한다구요. 20세기를 기독교와 개화(타자화)가 지배했다면 이제 21세기야말로 불교와 자기화가 우세한 세기가 되어야하지 않겠습니까? 제발 좀 긁어대주세요. 제발 좀 신선한 얘기들 좀 해주세요. IMF다 해서 맨 돈 얘기만 하니까 식상해죽겠어요. 돈의 윤리를 얘기해야할게 아닙니까? 돈 이전에 사람얘기를 좀 해야할게 아닙니까?"

　오케이！ 역사는 시작되었다. 불교는 진리의 종교요 깨달음의 종교다. 기독교도 진리가 너희를 자유케하리라하고 진리를 말하고,

수없는 가시밭길 십자가의 깨달음을 얘기한다. 하나 기독교의 진리와 깨달음과 불교의 진리와 깨달음은 다르다. 기독교의 진리와 깨달음이란 그 자체로 자족한 것이 아니요 반드시 하나님이라고 하는 절대자에로의 귀의를 전제로 하는 것이다. 허나 불교는 깨달음 그자체를 하나의 궁극적 사태로 간주한다. 인간의 "깨달음" 그 무상정등각이야말로 그 위에는 아무것도 없는 실존의 궁극이다. 인간의 "깨달음" 그 위에는 신도 있을 수 없고 절대자도 있을 수 없다. 모든 존재성 그 자체가 거부되는 궁극이다. 따라서 "궁극"이라는 말 자체가 "절대"라는 말로써도 표현이 될 수 없는 그러한 궁극이다. 그러한 궁극은 "존재"가 아니라 "마음"이다. 따라서 불교는 마음의 종교요, 존재의 종교가 아니다. 따라서 불교에 대한 믿음이란 어떠한 타자에로의 귀속이 아니라 내 마음의 수행이다. 흔히 기독교를 의타(依他)종교라 말하고, 불교를 의자(依自)종교라 말하는 것이 바로 이러한 뜻이다. 따라서 불교는 신앙이 타자(他者)를 갖지 않는다. 불교에서의 타자란 내 마음속의 타자일 뿐이며, 그것은 내 의식의 분열상일 뿐이다. 그것은 결국 나의 식(識)이라고 하는 장속에서 이루어지는 능(能)과 소(所)의 분열일 뿐이다. 따라서 기독교에서 말하는 신(神)의 문제도 그것이 존재성이나 대상성을 갖는 한 유식(唯識)의 한 계기일 뿐이다.

기독교를 의타종교요, 불교를 의자종교라 말한다면, 불교의 궁극적 대상은 "나"(我)일 수 밖에 없다. 그런데 불교의 三法印(세가지 지고의 원리)중의 하나가 바로 "諸法無我"라는 것이다. 모든 法에는 我가 없다는 것이다. 불교의 출발은 苦요, 삶의 고통이다.

지금 우리민족이 당면한 IMF도 "苦"라는데 문제가 있는 것이다. 외환위기로 인한 물가상승이나 실직이 모두 우리삶의 고통과 통고로 연결된다는데 그 근원적 문제가 있는 것이다. 그런데 이 苦의 궁극적 원인은 IMF가 아니라 바로 "我"라는 것이다. IMF가 괴로운게 아니라 我가 괴로운 것이다. 이때 我라는 것은 나의 識에 나타나는 執의 총체상이다. 따라서 그것은 부정되어야만 하는 것이다.

기독교를 의타종교라하고 불교를 의자종교라 했을 때, 얼핏 이해하면 기독교야말로 자아를 부정하고 타자에게로 귀의하는 것이요 불교야말로 자아를 긍정키만하는 자만(自慢)의 종교라 생각할수도 있다. 허나 기독교의 부정은 부정이 아닌 "헌신"이다. 불교는 의자(依自)라는 의미에서 강렬한 자기긍정에서 출발하지만, 자기긍정의 궁극은 바로 강렬하고도 철저한 자기부정이 되는 것이다. "諸法無我"란 곧 모든 진리의 궁극에는 我가 부정된다는 것이다. 그것은 곧 멸집(滅執)의 상태요, 我를 구성하는 모든 집(執)으로부터 해탈되는 상태를 의미한다.

그런데 이러한 아집(我執)중에 가장 대표적인 것이 인간의 언어(言語)라는 것이며 선가(禪家)에서 갈등(葛藤)이라 부르는 것이다. 따라서 인간에게서 존재의 해탈이라고 하는 것은 언어의 부정이 없이는 이루어질 수가 없다. 이러한 언어의 부정을 "불립문자"(不立文字)라고 하는 것인데, 불교가 중국에 들어와서 중국인의 심성속에서 대승화되어가는 과정에서 그 궁극적 과제로 등장하는 것이 바로 이 불립문자라는 것이다. 불립문자가 소기하는 바는 곧 직지인심(直指人心)이다. 언어를 뛰어넘어 사람의 마음을 곧 바로 가리킨다는 것이다. 직지인심이야말로 우리의 논의가 최초로 지적했던 바로 "깨달음"이라는 의미의 본래면목인 것이다.

조선의 불교사는 선(禪)을 그 종주로 삼는다. 바로 이 禪이라는 것은 불립문자(不立文字)요, 이심전심(以心傳心)이요, 교외별전(敎外別傳)이요, 직지인심(直指人心)이요, 견성성불(見性成佛)이다. 조선의 불교가 선을 종주로 삼는다는 것은, 교학적 입장에서 본다면 그 폐해 또한 적지않은 것이지만(우선 불교계를 무식하게 만들었고 복잡다단한 현대언어사회에 적응력을 상실케 한 측면이 없지 않다. 佛經에 대한 이론적 탐색이 빈곤한 한국불교계의 현실은 불교를 이땅에 학으로 정착시키는데 너무도 많은 문제점을 노출시킨다), 그 기나긴 혜맥의 본상(本相)을 고구(考求)한다면 너무도 당연한 귀결이 아닐 수 없다. 선이야말로 인도불교가 중국문명에 도전을 시작하여 기나긴 중국화 과정(Sinicization Process)을 거치면서 펼쳐나간 동아시아 불교사의 최정점이요 최궁극점이기 때문이다. 불교는 원래 인도인의 산만한 언어에서 출발하였기 때문에 지극히 복잡다단한 개념적 장치를 가지고 있을 뿐아니라 매우 형식논리적 치밀성을 보유하는 이론체계다. 허나 제아무리 그 교학적 이론이 체계적이고 복잡다단하다해도 불교는 단 하나의 전제를 그 알파·오메가에서 잃어버리지 않는다. 그 전제란 모든 진리는 "해탈"을 위한 것이며, 해탈의 실천을 위한 것이며, 해탈의 수행을 위한 것이라는 것이다. 다시 말해서 불교사 전반에 공통된 하나의 입장은 어느 상황에 있어서도 프락시스

(실천)가 테오리아(이론)에 선행하는 것이요 가치적 우위를 점한다는 것이라는 것이다. 화살에 꽂혀 피를 흘리며 죽어가고 있는 인간 앞에서 화살의 구조나 성분, 그 화살이 박힌 각도와 빼는 각도에 대한 기하학적 연구, 화살주변의 세포손상에 대한 생리학적·병리학적 이론체계가 무의미한 것이다. 그러한 이론에 앞서 화살을 뽑아 사람을 살린다고 하는 행위 그 자체가 어떠한 경우에도 우선하는 것이다. 불교는 그런 의미에서 철저히 실천의 종교요, 수행의 종교요, 인간구원의 종교요, 해탈의 행위의 종교다. 그런 의미에 禪은 敎와 대립하는 것이 아니요, 禪이야말로 敎의 완성이요, 敎의 궁극이라 아니할 수 없는 것이다.(우리나라에서의 지나친 禪과 敎의 대립의식은 조선왕조초기에 불교를 통폐합하는 과정에서 선종과 교종으로 양분화시켰기 때문에 더욱 심화된 것이다.)

위진남북조·수당을 통하여 기나긴 교학불교의 치열한 언어전개가 현금 『팔만대장경』이라고 하는 大藏속에 大藏되어 있고, 이러한 교학불교가 北으로는 華嚴을 성립시키고 南으로는 天台를 성립시키는 등 중국불학의 장엄한 꽃을 만개시켰지만, 결국 이 모든 교학불교가 중국인의 심성속에서 선으로 귀속되게 된 데는 애초로부터 그 인도문명과 중국문명의 언어의 특이한 양상에 그 근본적 이유가 내재되어 있는 것이다. 인도언어는 굴절어인데(inflected) 반하여 중국언어는 굴절하지 않는다(uninflected). 인도언어는 표음문자인데 반하여(alphabetic), 중국언어는 표의문자이다 (logographic). 인도언어는 다음절어인데 반하여(polysyllabic) 중국언어는 단음절어이다(monosyllabic). 인도언어는 아주 형식적 논리와 문법을 고대로부터 확보한데 반하여(a formal grammatical system), 중국언어는 체계적이고 형식적인 논리에 맞추어 언어생활을 영위하지 않는다(no systematic grammar). 그리고 인도언어는 산문적이고 지루한데 반하여(discursive), 중국언어는 운문적이고 간결함을 그 최우선으로 삼는다(terseness). 불교의 교의가 실천을 제1의로 삼는다면 이제 그 궁극적 귀결은 명백해진다. 실천이란 곧 언어로부터의 해방이고, 언어로부터의 해방이란 언어의 부정이라기보다는 중국언어의 본래면목으로의 회귀를 의미하는 것이다. 禪이란 산문에서 운문으로의 복귀요, 지루함에서 간결함으로의 환귀요, 철학에서 시로의 회귀다.

晩唐에 이르러, 난숙한 문명의 폐해도 절정에 이름과 동시에 배불(排佛)의 기운이 휘덮어 불교는 끊임없는 法難에 시달리고 宋에 이르르면 흔히 신유학(Neo-Confucianism)이라 부르는 宋儒의 주체성회복운동이 일어나 불교는 문명의 뒷전으로 물러앉는 운명에 처해지지만 禪宗만은 쇠퇴의 기미에서 벗어나 있었으며 중국문명전반에 지속적인 영향력을 발휘하였다. 어찌 그럴 수 있었는가?

禪은 우선 不立文字를 지향하며 모든 권위를 부정한다. 인간세의 권위라는 것은 인간의 언어를 틈타 이루어지는 것이다. 그런데 언어가 存在하지 않는 인간들에게 무슨 세속적 권위가 의미를 지닐 수 있겠는가? 禪에 깊게 들어가면 따라서 하등의 권위가 사라지고 나의 실존조차 사라지고 오온육근(五蘊六根)에 구애받지 않는 깨달음 그 자체만 존재하게 된다. 따라서 선이란 아주 본질적인 무정부주의(fundamental anarchism)며 일체의 제도를 거부하게 된다. 따라서 선의 종단은 제도적인 조직을 통하여 성립한 것이 아니라 실존적인 의발(衣鉢)의 전수라고하는 도통 즉 가풍(家風)을 통하여서만 존속한 것이다. 사실 엄밀히 말하면 선(禪)은 종(宗)이 아니다. 그것은 불심인(佛心印)을 전하는 것일뿐 경교(經敎)에 의존하는 것도 아니요, 따라서 교상판석(敎相判釋)도 존재하지 않는다. 다시 말하면 선은 타종처럼 그 종을 성립시키는 "바이블"(經)조차 없는 것이다. 선이란 언어의 해탈을 지향하며 불심(佛心)을 직지(直指)하는 깨달음 그 자체며 그것은 인간의 모든 근원적 사유의 저변에 내재하는 것이다. 어떠한 종교든 그 종교적 진리가 구원과 절대를 희구하는 한에 있어서는 이 선의 경지에 도달하지 않을 수 없는 것이다. 기독교도 그 구도의 궁극에 도달하려하는 한에 있어서는 이 선의 경지에 入하지 아니할 수 없는 것이다. 禪은 교리가 아니요, 교리의 개념화인 경전이 아니요, 그 교리를 지탱하는 조직이 아닌 것이다. 禪이란 순수한 무교회주의자들이 말하는 것과도 같은 무조직의 수행 그 자체요, 따라서 禪에는 宗이 없고 수행한 자들의 삶만 있을 뿐이다. 선은 삶이요 覺이요 佛心이다. 따라서 제도적인 박해에 대하여 강할 수밖에 없는 것이요, 唐武宗의 會昌5년 박해에도 불구하고 살아남을 수 있는 소이가 바로 이러한 무제도성에 있었던 것이다. 禪은 박해이후에 오히려 유학이 창성한 宋代에 이르러 크게 융성하게 되는 것이다. 그리고 우리나라 조선조가 정도전의 排佛이래 숭유억불책(崇儒抑佛策)을 표방하였음에도 불구하고 조선의 불교가

禪을 통하여 강인하게 살아남을 수 있었던 것도 禪宗자체에 내재하는 무정부주의적이고도 무제도적인 본질성격에 기인하는 것이다.

그리고 禪宗이 晚唐의 박해에 살아남을 수 있었던 것은 바로 그 리더들의 수행과 실천의 철저성에 기인한다. 다시 말해서 會昌五年(845)의 법난으로 대표되는 폐불(廢佛)의 가장 중요한 이유는 외면적으로 표방한 종교적 이유(도교만을 숭상하고 제종교를 엄금) 때문이 아니라, 실제로 사탑의 지나친 건립, 승려의 출가에 수반된 불교교단의 번영, 국가적 불교행사의 국가부담의 격증, 요역에 면제된 승려와 불사영유의 토지의 증가등의 사회적 사태가 국가의 세입을 감소시키고 재정을 궁핍시켰기 때문이었다. 따라서 비대해진 사원경제와 그에 수반된 도덕적 타락을 방지하기 위해서는 종교개혁이 필수적인 과제로 등장했던 것이다. 따라서 會昌法難은 단순한 법난의 차원을 떠나서 기울어져가는 국운을 되돌이켜 보려는 衰唐의 안깐힘이었던 것이다. 그것은 조선조말기의 대원군의 서원철폐와도 유사한 성격을 지니는 것이었다. 이러한 사회경제사적 토대의 관점에서 본다면 배불은 국가재건의 필연적 관건이 되었다 말할 수 있는데, 禪宗은 이러한 사원경제의 몰락과 무관하게 존속할 수 있었다. 왜냐하면 禪의 수행자들은 세속적 승려들과는 달리 육신의 생명을 유지하는 최소한의 물질만을 보유했으며 그것조차 대부분이 자신들이 경작하여 먹고사는 자급자족의 생산체제를 갖추었기 때문에 법난의 대상이 되질 않았다. 그런 연유로 禪宗은 宋·明代를 통하여 오히려 융성하였고, 臨濟·曹洞 兩宗은 그 세를 펼쳤다.(뒤에 가서 얘기하겠지만 특히 임제종은 동아시아 근세불교사의 主流를 이루었다.)

　선종의 최초의 출발은 석가모니가 가섭에게 拈花微笑하여 이심전심으로 법을 전했다고 하는데서 기인했다고 하지만 그것은 후대에 원조에게서 출전을 구하는 견강부회의 소치일 뿐이고, 중국적인 禪 그자체의 출발을 가리키는 것은 아니다. 그후에 達磨(Bodhi-dharma)라고 불리우는 波斯國출신의 한 역사적 인물이 중국으로 渡來하여 普通8년(527) 9월 21일에 廣州에 도착하였고 그후 嵩山少林寺에 들어가 면벽(面壁)한 것이 9년, 神光이라는 異僧이 달마의 마음을 움직일 수 없어 밖에서 끝까지 버티고 있는데 밤사이 눈이 허리까지 차올라와도 움직이지 않고 법을 구하니 달마가 드디어 9년간의 침묵을 깨고 "諸佛의 도는 오랜세월을 정진하며 참기어려운 것을 능히 참고 행하기 어려운 것을 능히 행하지 않으면 안되거늘 어찌 경망한 마음으로 진실의 불법을 구하려느뇨"하고 꾸지람하니, 神光이 바로 칼을 들어 왼팔을 잘라바치고 드디어 入室을 허락받았다는 고사가 『楞伽師資記』에 수록되어 있다. 바로 이 神光이 慧可요, 慧可가 바로 第二祖다. 중국에서 禪을 일으킨 第一祖가 바로 이 달마라는 인물인데, 世壽 150세를 누리고 大同년간 혹은 太和년간에 遷化하였다는 이 달마가 과연 역사적 인물인가 하는 것은 그 정확한 전기가 재구성될 수 없다고 하는 측면에서 보면 후대의 설화속에 남은 픽션이 아닐까하고도 의심해볼 수 있지만, 하여튼 당대의 불교계가 經論의 연구강연만에 힘쓰고 있을 때 學解를 물리치고 空無所得의 실천적 선풍을 주도한 어떤 역사적 인물이 실존했었다는 사실을 추론키에 그리 난감함만을 느끼지도 않는다.

제1조 달마에서 제2조 혜가(慧可)로 제3조 승찬(僧璨)으로 제4조 도신(道信)으로 제5조 홍인(弘忍)으로 의발은 전수되어 갔으나, 실제로 중국불교사에서 禪法을 크게 진작시킨, 그리고 가장 중국적인 頓悟의 선풍을 창성시킨 자는 바로 제6조 혜능(慧能, 638~713)이었다. 홍인의 의발을 둘러싼 신수(神秀)와 혜능(慧能)의 갈등은 유명한 게송, "菩提本無樹, 明鏡亦非臺, 本來無一物, 何處惹塵埃"로 잘 알려져 있으나 혜능이 30여세의 선배인 신수를 물리치고 의발을 전수받은 그 배면에는 혜능의 지근(智根)이 보다 중국적인 문화의 특성을 유감없이 발휘하고 있기 때문이었다. 신수는 북방의 長安·洛陽근방에서 포교하여 漸修主義를 펼쳤고 혜능은 韶州(廣東省)·廣州에서 40여년 頓悟主義를 펼쳤다. 이로써 北宗禪·南宗禪이니, 北漸·南頓이니 하는 선종의 대세가 형성되었으나 北宗禪은 시들고 南宗禪이 크게 창성한 것은 무엇보다도 혜능의 法系에서 뛰어난 인재들이 배출되었기 때문이다. 臨濟·曹洞宗으로 개화되는 소위 五家七宗이라하는 禪門 모두가 이 혜능의 법계에서 발전되어 나간 것이다. 南宗이 득세한 것은 무엇보다도 그것이 취한 입장이 중국인의 심성의 갈구를 보다 본질적으로 충족시켜주었기 때문이다. 『금강경』과 『열반경』을 중시하고, 돈오견성(頓悟見性)과 계(戒)·정(定)·혜(慧) 三學의 一體를 설파하고 무상심지계(無相心地戒)를 창시한 혜능이야말로, 전기구성이 확실한 역사적 인물이며 선종 中興의 祖다. 중국적인 禪은 바로 이 혜능으로부터 출발하는 것이다.

禪에는 보통 묵조선(默照禪)이니 간화선(看話禪)이니 하는 말이 있다. 묵조나 간화나 그 구경(究竟)으로 말하자면 다 방편의 문제요, 근원적으로 2원화될 문제는 아닐 것이다. 묵조선이란 오로지 침묵만을 지언(至言)으로 삼는 것이고 그 마음을 청정케하고 그 정신을 오로지하여 묵유내관(默游內觀)하여 그 法의 근원을 철견(徹見)하는 것이요. 일체의 장애를 없애 공공(空空)한 상(相)이 있는 그대로 보응(普應)케 하는 것이다. 그것은 곧 인간 내면의 본래적 자아에 대한 절대적 믿음을 의미한다. 인간의 마음이란 묵조하면 스스로 드러나는 것이지 의심하고 참구하고 개칠할 아무 필요가 없다는 것이다.

허나 간화선이란 묵조선과는 달리 인간의 언어를 빌린다. 간화의 간(看)이란 참간(參看)의 뜻이다. 즉 "참고한다"는 뜻이다. 간화의 화(話)란 옛사람들의 화두(古人之話頭)다. 지난 수행자들이 깨달음의 실마리로 삼은 이야기들인 것이다. 간화선이란 이러한 이야기들을 참고하여 항상 그것을 생각함으로써 어느 삶의 순간에 큰 깨달음에 이르게 된다는 것이다. 물론 묵조는 깨달음을 지향하지 않는데 반해 간화는 철저한 깨달음을 지향한다. 그 화두는 단 한글자일 수도 있고 긴 스토리일 수도 있다.

이러한 간화의 실마리를 제공하는 佛祖들의 언어동작이 담긴 이야기체계를 우리는 보통 공안(公案)이라 부른다. 공안이라는 말 자체가 중국문명이 얼마나 관료제의 권위주의를 벗어나지 못했는가를 말해주기도 하지만 그 말이 전달하고자하는 의미는 바로 "公"의 "大公無私"함의 측면에 있다. 공안이란 "公府의 案牘"이다. 요새말로 하면 "관공서의 문안"이라는 뜻이다. 公이란 천하의 모든 길이 하나로 통하게 되는 至理를 말하는 것이요, 案이란 성현이 진리를 실천한 바를 기록한 正文이라는 뜻이다. 이 公案은 唐에서 唱하여 宋에서 盛하였다. 이 公案이란 사실 별게아니고 고승들의 삶의 자취요, 깨달음의 궤적이다. 公案이란 원래 모든 수행자들이 의거하여야 할 헌법과도 같은 공문서라는 의미지만 그 실내용인즉 우리나라헌법과 같은 조문이 아니요, 바로 깨달음을 갈구했던 인간들의 생생한 삶의 이야기다. 우리는 바로 그 이야기들을 통해 간화선의 방편을 발견하게 되는 것이다.

나는 말했다. 禪은 宗이 아니다. 禪은 삶이다. 禪은 경전이 아니다. 禪은 삶의 이야기인 것이다. 따라서 禪宗의 바이블은 『法華經』이나 『華嚴經』같은 經이 아니고 바로 公案이다. 이러한 公案의 모음집으로서 우리가 "宗門第一書"라고 존숭하는 책이 있으니 그것이 바로 『碧巖錄』이라고 하는 희대의 걸작, 최고의 문학인 것이다.

『벽암록』은 北宋初期의 雪竇重顯(980~1052)의 편저인 『雪竇頌古』중의 本則과 頌에 대해 北宋晚期의 圜悟克勤(1063~1135)이 垂示·著語·評唱을 붙인 것을 일컫는다. 설두중현은 雲門의 四代孫, 즉 香林澄遠·智門光祚를 이은 雲門法系이며 원오극근은 臨濟宗 楊岐派의 嫡孫이다. 그래서 이 『벽암록』

은 임제종계열에서 특히 애지중지한 책이지만 禪宗의 公案으로서
는 그 機鋒의 峻烈함과 그 言語의 直截함이 이『벽암록』일서
를 당해낼 책이 없다.

　『설두송고』라는『벽암록』의 고층대를 형성하는 책은 설두스님
이『景德傳燈錄』,『雲門廣錄』,『趙州錄』등의 禪錄중에서 공
안 100개를 뽑아 그것을 "本則"이라하고, 그 "本則"에 대해 설
두스님이 깨달은 바를 자신의 자유로운 스타일로 게송(운문)을 읊
은 것을 "頌"이라 한다. 이 本則과 頌이 결국『벽암록』의 골조
를 이루는 것이며 本則은 시작할 때 "擧"(다음의 이야기를 들어
보자！)라는 말로 시작한다. 그러니까 本則은 설두스님이전의 공
안이고 頌은 설두스님자신의 작품이 된다. 이 설두가 編하고 作
한 本則과 頌에 대하여 근1세기후에 원오라고 하는 一機一境,
一言一句 그 혜망이 날카롭기가 이를데 없는 禪師가 本則과 頌
에 대하여 각각 著語와 評唱을 붙이고 또 垂示를 붙였는데, 垂
示란 本則과 頌 전체를 묶어 자기자신의 경지에서 갈파한, 本則
과 頌으로 도입시키는 암시의 밀도높은 언어다. 著語는 本則과
頌의 구절구절마다 매달아 놓은(著) 일종의 논평(語)과 같은 것인
데, 너무도 황당무계하여 읽는 이로 하여금 어리둥절하게 만드는,
언어를 초월케 만드는 언어로서 쉽사리 이해가 갈 수 없는 함축적
이고 묵시적인 단평이다. 본칙과 송의 구절구절에 자신의 언어를
개입시킴으로서 본문의 맥락과 조화와 부조화의 긴장을 일으키는
妙機를 야기시키고 있다. 著語는 本則과 頌을 잘 이해시키기도
하지만 때로는 그 본의에서 너무 과도하게 빗나가 독자를 곤혹스

럽게 만든다. 허나 그 곤혹함이야말로 바로 논리적 인과를 거부하는 "不立文字"의 본질이라 말할 수 있는 것이다.

착어에 비하면 "評唱"은 요새말로 논문에 해당된다고 말할 수 있는 주석부분이다. 평창은 本則과 頌에 각각 붙어있으며 이 평창이야말로 선종의 준열한 혜망과는 달리 평이한 원오의 학식의 넓고 깊음을 잘 드러내주는 언어다. "벽암록"이란 바로 설두의 本則과 頌과 원오의 垂示 · 著語 · 評唱을 합쳐서 부르는 것인데, 垂示만은 100측에 다 붙어있지 않을 때도 있다. "벽암"이란 원오스님이 湖南 澧州의 夾山 靈泉院에 머무를 때 그 方丈室의 편액에 "猿抱兒歸靑嶂後, 鳥啣花落碧巖前"(원숭이가 새끼를 품에 안고 푸른 절벽뒤로 돌아가고 새가 꽃을 물어 푸른 바위앞에 떨어뜨린다)이란 글귀가 걸려있었는데 그 중 "벽암"이란 말을 취하여 "벽암록"이라 한 것이다.

『벽암록』이 성립한 연대가 朱子學이 성립한 시대와 같은 세기에 속하고 있다는 사실은 결코 朱子學이 불교가 말살된 터전위에서 새로 흥기한 것이 아니라 바로 禪宗의 文學이 최절정기를 이룬 시대의 터전에서 싹튼 것이라는 사실을 상기할 때, 주자학의 샘물의 배면에 『벽암록』과 같은 사유의 암반이 있었다는 역설을 같이 기억해야 할 것이다. 朱子의 排佛은 바로 중국화된 佛學의 薰香의 한가운데서 이루어진 것이다. 따라서 『벽암록』과 같은 파라독스를 이해하지 않고 宋儒의 유학적 단편만을 말하는 것은 그 宋儒的 사유의 본질을 왜곡하거나 그 협애한 억견만을 고집하는 것이다.

　우리나라에도 이미 安東林선생에 의한 『벽암록』의 역본(玄岩社, 1978)이 있고, 또 최근에는 연세대학교 辛奎卓교수가 장경각에서 선림고경총서로 펴낸 『벽암록』(1993) 역본이 있다.(그런데 이 책에는 역자의 이름이 밝혀져 있지 않다. 이 모든 것이 학문의 발전을 억압시키는 폐단이다. 역자를 정확히 밝힘으로써 그 역자가 정확히 사회적으로 검증받을 수 있도록 해야하고 학문의 책임소재를 명료히 해야 하는 것이다.) 나의 東京大學 중국철학과 직계후배인 신규탁교수의 『벽암록』은 직역에 충실하였고, 『장자』의 좋은 역서를 내신 안동림선생의 『벽암록』은 그 의미를 잘 알 수 있도록 의역한 것이며 두 책이 다 장단점은 있으되 같이 참고할만한 공든 번역들이다. 영어판으로는 Thomas and J.C. Cleary에 의한 *The Blue Cliff Record*(Shambhala, Boulder & London, 1977)를 꼽을 수 있고 일본어판으로는 최근에 岩波文庫에서 이리야(入矢義高)·미조구찌(溝口雄三)·스에키(末木文美士)·이토오(伊藤文生)가 공동 譯注해낸 『碧巖錄』(1992)을 들 수 있다.

　그러나 이 모든 역서들이 단순한 번역이고 어의의 해설일 뿐 그 내면적 의미를 풀어헤치고 있질 않다. 그것은 언어도단의 세계이며 불립문자의 세계이며 직지인심의 세계이기 때문에 그러할 수밖에 없다는 변명도 가하겠지만 내가 생각키엔 그 언어의 궁극에 부닥쳐 그 언어를 초탈해버리는 지근이 못미치는 것이요 자기의 깨달은 바를 如如한대로 풀어내는 素朴하고 진솔한 마음이 모자라는 것이다. 그리고 기실 그 배면의 깊은 뜻을 언어화하지 못하면 그 해석(번역) 자체의 정당성도 검증할 길이 없다. 『벽암록』의 언어는 우리의 합리적인 언어의 질서속에 있질 아니하다. 허나 그것은 초합리(trans-rational)지 비합리(irrational)가 아니다. 초합리가 되었든 비합리가 되었든 모두 합리의 궁극에서만 느껴지고 밝혀지는 것이다. 합리의 궁극에까지 도달치아니하는 초합리는 비합리일 뿐이며 그러한 비합리는 용졸한 인간의 잡설에 불과한 것이다. 우리나라의 선승들중에는 진실로 존경할만한 인물들이 많으나 현금 우리나라의 禪界를 지배하는 병폐는 초합리를 합리의 벼랑길에서 밝히지 아니하고 또다시 무지의 기만속으로 얼버무리고만 있다는 것이다. 한마디로 무식한 인간이 무식한 얘기만 하면서 그것을 불립문자라 하고 그것을 언어도단이라고 하면서 자기기만적 언행만을 일삼고 있는 것이다.

선은 삶이다. 그러므로 그것은 삶의 진실이다. 삶의 진실은 언어를 통해 다 밝힐 수 없는 것이지만 언어를 통해 투영될 수 밖에 없는 것이다. 그리고 그것은 궁극적으로 인간 삶의 平常心이요 本分事다. 玄妙한 機境을 論究하는 것은 아니다.

나 도올이 이제 와서 『벽암록』을 번역한다는 것은 별 의미가 없다. 번역 그 자체를 상고하려면 시중의 安本이나 辛本으로도 그 문맥을 어느정도는 파악할 수 있기 때문이다. 나는 『벽암록』에서 本則과 설두의 頌만을 취한다. 그리고 원오의 장황설은 나의 해설의 자료로서 참고할 뿐 번역의 대상에선 제외한다. 허나 원오의 垂示는 좋은 導論이라 생각되어 본칙앞에 붙인다. 도올의 『벽암록』강화는 垂示, 本則, 頌의 우리말 번역과 그에 대한 나의 생각을 실은 檮案으로 구성되어 있다. 이 "도안"을 통해 우리시대의 불자들이 함께 웃고 울고, 함께 우리자신의 삶과 사회의 문제를 생각하는 마당을 만들어갈 수 있기를 간절히 바랄 뿐이다. 『벽암록』은 宋代의 어록체라고 하는 백화문학의 조형을 이루는 구어체로 쓰여져있으며 우리가 상식적으로 생각하는 "한문"의 틀을 벗어난다. 十三經을 읽는 한문실력으로만 해결될 수 없는 독특한 문학양식이다. 그렇다고 그것이 당시의 완벽한 구어체를 말하는 것도 아니다. 문어적 표현과 일상적으로 자유롭게 말하는 구어적 표현이 기묘하게 짬뽕되어 있는 특이한 언어양식인 것이다. 當代의 해탈한 선사들이 자신의 생각을 표출하는 수단으로서 출전에 얽매이는 정통문언을 고집할 이유가 없었을 것이다. 그냥 되는대로 전달만 된다면 내깔긴 것이다. 오늘날 우리나라의 불교계의 문제도 바로 이러한 언어양식에 정통적으로 능통한 학자가 부재하다는 사실에 있으며 이것은 반드시 『朱子語類』나 元代의 희곡등 白話文學전체의 확고한 실력기반위에서 용해되어야 할 문제라는 것을 부기해둔다.

전거로 삼은 판본은 조선조 세조 11년에 제작한 을유자로 찍은 삼성출판박물관(소장 김종규) 소장본을 썼다. 그 자세한 것은 신규탁의 『벽암록』을 보라.

# 第一則 達磨廓然無聖

垂示云：「隔山見煙, 早知是火； 隔牆見角, 便知是牛。舉一明三, 目機銖兩, 是衲僧家尋常茶飯。至於截斷衆流, 東湧西沒, 逆順縱橫, 與奪自在。正當恁麼時, 且道, 是什麼人行履處？看取雪竇葛藤。」

## 제1칙  달마가 말했다. 텅비었는데 뭐가 성스러워?

[수시] 산 넘어 연기가 피어오르면 거기에 불이 난 것을 즈레 알 수 있다. 담 넘어 뿔이 지나가는 것만 보아도 거기에 소가 지나가고 있음은 쉽게 짐작할 수 있다. 하나만 들어 얘기해도 셋을 알아차리고 눈으로 척 보아도 몇근 나가는지 알아맞추는 것 정도는 선승들이 보통 밥먹고 차마시듯이 하는 일이다. 그런데 뭇흐름을 끊어버리는데 이르러서는, 동쪽에서 솟았다간 서쪽에서 잠적하기도 하고, 따라 내려가기도 하고 거슬러 올라가기도 하고, 종으로 갔다가 횡으로 갔다가, 주었다 뺏었다 하곤 하는 것들이 모두 상황에 맞게 자유자재롭게 이루어져야 달성될 수 있는 것이다. 마침 이러한 상황에 직면했을 때, 한번 말해보라! 과연 어떤 인간이 어떻게 행동했을까 하는 것을! 그걸 알려면 다음 설두의 칡덩쿨처럼 타래엉킨 이야기를 한번 들어보라!

[교안] 산넘어 피어오르는 연기만봐도 거기 불이 났다는 것을 안다는 것은 인간의 논리적 추리와 합리적 사고의 전형을 말하는 것이다. 그런데 보통 인간들은 그런 것 조차도 추리를 할 능력이 없

을 때가 많다. 연기를 보고 연기로 그치고, 직접 두발로 산넘어 걸어가 불난 것을 두눈으로 봐야 겨우 알아차리는 우매한 인간들이 대부분이다. 선승의 경지는 산넘어 피어오르는 연기만 봐도 불난 것을 알고 담장넘어 뿔(우리나라 소뿔이 아니고 중국의 水牛의 양쪽으로 뻐친 큰 뿔을 연상하라)만 보아도 소가 지나가는 것을 아는데 있다. 허나 이따위 합리적 추리나 하나를 들어 열을 아는 정도는 智根의 기본이요 그걸 들어 자랑할 꺼리라곤 없는 것이다. 우리가 요즈음 "茶飯事"(다반사)라고 말하는 것도 바로 이 唐宋代 어록체의 백화문에서 나온 말이다. 그것은 선승의 다반사에 속하는 일이라는 뜻이다. 여기 납승가(衲僧家)라고 하는 것은 옛 선의 수도승들이 누더기 옷(衲)을 걸치고 걸식하며 살았기 때문에 납승이라 한 것이니 이는 선승(禪僧)이란 뜻이요, "家"는 친근미를 나타내는 접미어다. 그런데 선의 경지는 이따위 논리적 추론의 교묘함이나 합리적 사고의 탁월성에 있지 아니하다. 여기 衆流(뭇흐름)를 截斷(끊는다)한다는 것은 인간사고의 뭇흐름을 끊는다, 즉 절대적 사유의 세계로 비약한다는 뜻이다. 또 衆流를 인간의 욕망의 뭇흐름으로 볼 수도 있을 것이고, 인간만사가 이루어가는 역사의 洪流로 볼 수도 있을 것이다. 이러한 절대적 경지에 이를려면, 東湧西沒할줄 알아야 하고, 逆順・縱橫・與奪이 자유자재로와야 한다는 것이다. 이것은 단선적인 단순의 논리로는 절대 불가능한 것이다. 東湧西沒이란 지금 우리말로 신출귀몰(神出鬼沒)이란 말과 같은 말이고 역순・종횡・여탈이 자유자재로와야 한다는 것은 주어진 상황상황에서 자유롭게 종횡무진으로 대처하는 인간 그릇됨의 분방함과 기민함으로 말하는 것이다. 그런데 과연 어떤 인간이 이렇게 대처할 수 있을까? 어떠한 이야기들이 우리 인간세의 역사의 배면에 숨어있었을까? 자아! 다음 설두가 펴는 "개구라"를 한번 들어보자!

"恁麼"는 현대 백화의 "怎麼"와 같은 것이며, "이와 같은"(如此)의 뜻이다. "行履"는 문자그대로 "걸어간 족적"이요 동사로는 "행위한다"는 뜻이다. 마지막의 "處"字가 매우 해석의 걸림돌이 되기쉬운데 이것은 宋代백화의 한 특성이며 해석하면 안된다. 그것은 "곳"이라는 뜻이 아니고 감탄을 나타내는 語氣助詞인 것이다.

"葛藤"이란 원래 칡덩쿨이나 등나무덩쿨이 마구 얽혀 어디가 어딘지 분간할 수 없는 모양을 가리키는데 선가에서는 갈등을 "인간의 언어"를 지시하는 말로 쓴다. 인간의 언어란 풀려고 할려면 더 엉켜들어가기만 하는 미궁의 세계요, 감켜들어가게만 만드는 집착의 세계다. 그러나 인간은 이 갈등을 통해 또 갈등을 풀지않을 수 없는 갈등의 존재다. 그래서 선가에서는 "갈등선"(葛藤禪)이란 말이 있다. 갈등을 통해 선으로 들어간다는 말이니, 곧 문자선이란 뜻이다. 원오가 "자아 이제 설두의 갈등을 보라!"한 것은 곧 이러한 갈등선의 한 예를 말하는 것이다. 양무제가 달마를 만난 이야기도 하나의 "갈등"이다. 그러나 우리는 이러한 갈등을 통하여 우리의 갈등을 해소할 수 밖에 없는 갈등의 존재인 것이다.

IMF? 거 좋지! IMF? IMF가 비정상이 아니라 IMF이전의 상태가 비정상이었지. 이제 IMF덕분에 겨우 정상이 된 것이다. 그런데 불행하게도 정상이 된 것이 자율적으로 된 것이 아니라 타율적으로 된 것이라는데 우리 조선사람들의 우매성이 있다. 허긴 김영삼대통령이 우리나라에 크게 공헌한게 있다더라! 그게 뭐꼬? 남북한의 경제적 격차를 줄였다는군. 참 위대한 공헌이다. 물러나는 놈 이제와서 치사하게 때려 뭐할꼬? 그런데 참 왜 IMF가 됐다더냐? 그거야 당연하지, 우리나라의 지도자라 하는 사람들이 산 넘어 연기보고도 거기 불난 것을 못 알아차리는, 선승의 다반사에도 못 미치는 놈들이 이었기 때문이 아니겠누? 그건 그래. 새끼가 발호하면 지신세 조진다는 추리도 못하고, 뭐 금융실명제하면 마피아만 날뛴다는 사회암면도 생각못하고, 매년 의례적으로 임투만 하다간 지목아지 친다는 추론도 못하고, 바닥이 들어났는데 그래 계속 퍼내기만 해! 에이그 이 미련한 녀석들아! 이젠 좀 정신 차릴 때도 되지 않았느냐?

역사를 절단한다구? 역사의 홍류를 틀어? 그게 어디 쉬운 일이겠나? 김대중당선자님? 신출귀몰, 역순·종횡·여탈이 자유자재로 우셔야 할텐데, 산넘어 연기보고 불난줄도 모르는 놈들 데리고 갑자기 그렇게 역순·종횡·여탈이 자유자재로울 것인가? 이 때 한번 말해보자! 과연 누가 어떻게 해나갈 것인가를! 자아! 이제 이 도올의 갈등을 들어보게나!

【本則】 舉：梁武帝問達磨大師：「如何是聖諦第一義。」
磨云：「廓然無聖。」 帝曰：「對朕者誰？」 磨云：「不識。」
帝不契，達磨遂渡江至魏。帝後擧問志公。志公云：「陛下
還識此人否？」 帝云：「不識。」 志公云：「此是觀音大士傳
佛心印。」 帝悔，遂遣使去請，志公云：「莫道陛下發使去
取，闔國人去，佗亦不回。」

본칙 들어보자! 양나라의 무제가 달마대사에 물었다.

"도대체 불교에서 말하는 최고의 성스러운 진리라는게 뭐요?"
달마가 대답했다.

"텅비었지. 성스럽긴 뭐가 성스러워?"
무제가 말했다.

"도대체 짐을 대하고 서있는 당신이 누구요?"
달마가 말했다.

"몰라."
앗뿔사! 무제는 깨닫지 못했다. 그래서 달마는 드디어 강을 건
너 위나라로 갔다. 그 후에 무제는 당대의 고승 지공에게 이 지
나간 이야기를 들어 물었다. 지공은 깜짝 놀라 말했다.

"폐하! 아직도 이 사람이 누군질 모르신단 말입니까?"
무제가 말했다.

"몰라."
지공이 말했다.

"이분이 바로 부처님 심인을 전하는 관음대사이십니다."
양무제는 후회막급이었다. 그래서 사절을 보내 돌아오시도록 청
하게 했다. 지공이 말했다.

"폐하! 사절을 보내 모셔오는 그따위 짓거릴랑 하지 마세요. 온 국민을 다 보내도 그는 돌아오지 않습니다."

案語 『벽암록』이란 공안백개의 冠頭가 바로 중국에서 선불교가 시작되는 모우먼트가 된 조종(祖宗)의 이야기로 장식되는 것은 너무도 당연한 일일 것이다. 그리고 이 양무제와 달마의 만남의 이 역사적 장면이야말로 공안백개를 이끌어갈만한 힘이 있는 무한한 상상력과 삶의 근본의(根本義)를 제공하는 탁월한 갈등이다.

나는 달마가 구체적으로 어디까지 역사적 인물이었는지 알지를 못한다. 그러나 그가 527년 廣州에 도착했으며, 『낙양가람기』에 달마가 150세경 洛陽의 永寧寺의 伽藍의 華美로움을 찬탄하여 하루종일 "南無"를 외치면서 합장하고 돌아다녔다고 하는 역사적 기록을 보아 역사적 엑스(historical someone)가 달마라는 현금의 규정되는 성격을 구현하는 존재로서 존재했다는 상정은 쉽게 해볼 수 있을 것이다. 허나 禪家에서는, 물론 佛家전반에 공통된 이야기이겠지만, "報身"이라고 하는 역사적 업보의 존재를 중시하지 않는다. 그러한 보신에 대해 法身이라고 하는 진리 그자체의 구현체로서의 존재, 그것은 역사적 실존이라기 보다는 가치적 허상이요, 진리의 정체 그자체인 것이다. 달마 역시 보신이 아니라 법신이다.

그러나 이야기가 양무제로 오면 이야기는 달라진다. 양무제야말로 도올 김용옥과도 같은 생몰연대가 확실하며 그 사적과 유적이 확실한 역사적 "보신"의 정형태이기 때문이다. 그리고 양무제가 달마를 진짜로 만났는지 안만났는지는 내 알 수가 없으되 달마가 동쪽으로 왔다면 그 온 시기가 양무제의 전성시기와 일치하기 때문에 그 두사람의 만남은 자연스럽게 역사의 무대에 오르게 된 것이다. 우리의 첫이야기는 이렇다. 달마라는 法身과 양무제라는 報身의 해후 !

양무제(464~549, 재위기간은 502~549)는 남조 梁의 제1대 황제로서 南蘭陵(江蘇)의 사람이며 원래 齊王室의 疎族이었다. 姓은 蕭, 名은 衍, 字는 叔達이다. 南齊를 멸하고 502년 스스로 제위에 올랐다. 재위 48년이나 되는 기나긴 기간은 보통 大通연간을 境으로 하여 兩半期로 나뉜다. 전반기는 沈約·范雲·周捨·徐勉과 같은 명족을 재상으로 등용하여 훌륭한 정치를 폈다. 모든 일을 검약하게 하였고, 官等의 제정, 梁律의 반포, 大學의 설치, 인재의 등용, 土斷法이라는 새로운 호적제도의 실시 등 政務에 힘썼다. 그의 九品中正制의 개혁은 귀족제에서 과거제로 옮아가게 되는 역사적 계기를 마련하는 중요한 시책이었다. 그러나 후반기에 오면 朱異등을 중용하고, 慈善大士·寶誌와 같은 승려들과 친하면서, 520년경부터 점차로 방종에 흐르기 시작했다. 여기 寶誌(418~514)가 바로 이 공안에 나오는 志公이다. 神異와 奇行과 학식으로 크게 이름을 떨쳤다. 그가 학문을 일으키고 불교를 홍륭시킨 공로는 크게 평가할 바도 있지만 그의 말년의 행각은 좀 상상키어려울만큼 지나친 바가 있다. 大通元年을 최초로 해서 전후 서너번 捨身을 행하여 무황제 스스로 사원의 노예가 되어 봉사하였고, 이에 따라 群臣들은 일억만금을 모아 황제를 대속하였다. 사탑의 건립은 京師의 同泰寺로 시작하여 수없이 많은 사찰을 세웠으며 승려의 수는 10萬을 넘어 南朝佛敎의 極盛시대를 출현시켰다. 불경의 교의를 깊게 탐구하여 많은 저술을 지었고 계율을 돈독히 지켰음으로 世에서는 "황제대보살"이라고 그를 칭송했다. 특히 황제 스스로 가사를 걸치고『放光般若經』『大般涅槃經』등을 강의했다. 그는 말년으로 갈수록 대자대비의 실천에 눈이 어두어 王族·貴族들의 방자와 방종을 허락하였고 막대한 재물을 절간에 낭비하여 국가재정의 곤란을 야기하고 가렴주구를 발호케두어 官紀의 문란을 초래시켰다. 이때 東魏部將 侯景이 항복하여 들어왔다. 帝는 그를 신임하여 군대를 맡겨두었는데 侯景은 드디어 반란을 일으켜 都로 진격하였고 帝는 幽閉되어 울분속에 憂死하는 비극적 최후를 마쳤다(549).

달마가 중국(남방)에 왔을 때는 중국은 이미 황무지가 아닌 중국남조불교의 전성기였다. 그 전성기를 연출한 南朝의 전륜성왕 양무제와 달마의 만남의 첫장면은 그야말로 절정에 오른 역사의 한 클라이막스에서 이루어지는 긴장감을 느끼게 한다. 양무제가 달마라고 하는 당대 무명의 납승 한명을 만났을 때 그가 던진 질문은 무엇이었던가? "如何是聖諦第一義" Shit ! 무제가 뭘 말하자고 했을까? 참으로 성스러운 제일의 진리를 알고자 했을까? 그것은 불교사찰의 노예가 되기까지해서 불사를 일으킨, 불교문화의 외형의 찬란한 꽃을 피운 장본인인 그 위대한 연출가의 찬란한 과시였을 것이다.

"봤지? 요 납승아 ! 난 이렇게 불법의 찬란한 꽃을 피웠다. 내가 세운 사찰 사탑의 눈부신 모습을 보아라 ! 무엇이 진리드냐?"

전두환은 감옥에서 나오면서 말했다. "왜 이리 나라가 이꼴이 되었는지 모르겠군. 내가 치세를 할 때는 모든 기업이 융성하고 88의 올림픽의 꿈을 완성시켰고 한강의 중흥의 기적을 이룩했는데—."

달마가 당대의 전두환, 아직도 감옥에서조차 정신못차리는 전두환을 만났다면 무어라 말했을까? 그것이 다 자기업보라는 것도 모르는 그 녀석앞에서 뭘 말할 수 있었을까?

"텅 비었군 ! 뭐가 찬란해? 아무것도 없는데, 니미 뭐가 성스럽다는게야? 종교에 니미 무슨 성스러움이 있다는게냐?"
당황한 전륜성왕 무황제는 말했다.

"도대체 감히 나 짐앞에서 그런 말을 하는 너는 누구냐?"
그 최고의 언사, 그 갈등을 뛰어넘은 갈등은 다음 한마디였다.
"몰라."

Shit ! 몰라 ! 무제는 알아차릴 수 없었다. 훗날 지공에게 물었다. 지공은 말했다.
"아니, 폐하 아직도 그사람이 누군질 모르신단 말씀입니까?"
"몰라."

여기 두 개의 같은 "몰라"(不識)가 등장한다. 앞의 몰라는 달마의 몰라요, 뒤의 몰라는 무제의 몰라다. 이 두 몰라는 같은 몰라일까? 다른 몰라일까? 니에미 내가 그걸 어떻게 알아? 너 도올이나 알겠지? 도올인들 알까? 나도 몰라. 속칭 왈, 앞의 몰라는 달마의 대각에서 우러나온 몰라요, 뒤의 몰라는 무제가 그 사람이 어떤 사람인지를 모른다는 불인지의 몰라라 한다. 과연 그럴까? 같은 몰라라는 말에 그렇게 대각과 졸부의 차등이 있을까? "확연무성"이라 했는데 몰라에도 그런 등급이 있을까? 에이라 나도 몰라! 나도 몰라!

여기 지공이 "觀音大士"라 한 말에서, 觀音의 觀은 세상을 굽어 살핀다는 뜻이다. 音이란 世上의 고통의 소리요 구원의 갈구의 부르짖음이다. 觀音이란 세상의 비애로운 통고의 소리를 들을 줄 아는 자비의 부처다. 이 때의『관음경』의 신앙에 의하면 관음보살이 갖가지 인간의 모습으로 化하여 나타나 중생을 제도한다는 化身의 믿음이 있었다. "佛心印"을 전한다 하는 것은 바로 禪의 출발을 의미하는 것이다.

요즈음 IMF덕분에 정리해고가 한참이다. 정리해고? 거 좋지! 짤라야 빈 자리가 생기고 그래야 또 들어갈 구멍이 생기겠지. 니미 웃기지마 구멍은 무슨 구멍? 짤라? 니 그거나 짤라라! 짤르는건 좋다. 그런데 좀 알고 짤러라! 나뭇가지를 칠 때도 자를 가지가 있고 안 자를 가지가 있나니라!

정리해고? 좋지! 뭔 그게 새 말이냐? 우리사회가 날 한번 고용해준 적이라도 있다더냐? 난 한번도 고용된 적이 없어 짤릴 염려도 없다. 짤러? 잘못 짤랐다구? 쳐선 안될 가지를 쳤다구? 늦었어? 후회가 된다구? 그 짤라진 가지 도로 주서다 접붙인다구? 웃기지마라! 난 안간다. 짤를 때 정확히 짤라라. 그리고 날 몰라보구 날 마구 짜를 때 원망하지마라! 되돌아선 달마는 돌아오지 않았다. 짤렸다구? 미련없이 떠나라! 뒤돌아 보지말구.

"闖國人去, 佗亦不回!"

【頌】　聖諦廓然, 何當辨的?
　　　　對朕者誰? 還云不識。
　　　　因茲暗渡江, 豈免生荊棘?
　　　　闖國人追不再來, 千古萬古空相憶。
　　　　休相憶, 淸風匝地有何極?
　　　　師顧視左右云:「這裏還有祖師麼?」
　　　　自云:「有。」「喚來與老僧洗脚。」

| 송 |

　　　성스러운 진리는 텅 비었다.
　　　언제나 과녁을 맞출꼬?
　　　날 보고 있는 넌 누구냐?
　　　아직도 모른다 말하는군.
　　　그래서 달마는 몰래 강을 건넜지.
　　　이제 양나라는 쑥밭이 되었군.
　　　나랏사람 몽땅 뒤따라보내도
　　　그는 돌아오지 않지.
　　　천년만년을 부질없이 그리워하네.
　　　이 녀석들아! 뭘 아쉬워해?
　　　시원한 바람이 땅을 스치는데

어디 極이 있다더냐?
설두스님 갑자기 좌우를 돌아보시더니만
"여기 달마가 있느냐?"
그리곤 멋쩍게 스스로 말하기를
"있소."
"그래 그럼 그놈 불러와 이내 늙은 중
꼬랑내 나는 발이나 씻게 하거라!"

揭 案  已說得太多。默然最好。

(1998. 2. 9.)

진리를 갈망하는 어느 벽안의 어린 스님이
천리길을 마다하고 각고의 신고 끝에
당대 최고의 선사 조주스님께 찾아왔다.
그리고 감격스럽게도 조주스님을 뵐 수 있었다.
어린 스님 엎드려 간청하길,
　"스님! 스님! 저는 스님의 가르침을 얻고자
이렇게 천신만고 끝에 이 총림에 당도하였습니다.
부처님의 지극한 도가 무엇입니까?
가르쳐 주시옵소서. 제발 비옵나이다."
침묵의 시간이 흘렀다. 아슬아슬한 순간이었다.
이때 조주는 조용히 입을 열었다.
　"아침 먹었나?"

# 최고의 道는 어렵지 않은걸!

[蛇 足]　　禪은 인도불교의 중국화(Sinicization of Indian Buddhism)의 頂點이다. 그것은 중국언어의 특성속에서 피어난 것이며, 중국언어를 빌은 중국인의 상상력속에서 개화된 것이다. 그런데 중국언어라는 것은 역사적 축적체다. 중국언어는 중국인의 감정과 생활습관과 과거사건의 통시적 축적태인 것이다. 그리고 그러한 통시적 축적태는 일정한 사유의 구조를 갖는다. 『벽암록』의 제1칙! 우리는 그것을 하나의 우발적 상상력의 소산이라고 보아서는 안된다. 禪을 말하는 자 儒를 모르고, 儒를 말하는 자 禪을 모른다.

제1칙을 바라보는 갈등의 요체는 바로 "聖"이라는 단 하나의 글자에 있다. 다시말해서 "聖諦"라 했을 때 그 무게중심이 眞諦라 하는 諦에 있는 것이 아니라, 그를 수식하는 "聖"에 있다. 모든 종교는 "聖"을 강조하고 "聖"을 第一義로 가장한다. 모든 종교가 "俗"에 대한 "聖"의 권위를 존중하려한다. 그리고 聖의 특수한 권위가 없이는 종교는 성립할 수가 없다고 생각한다. 루돌프

옷토(Rudolf Otto, 1869~1937)는 聖(Das Heilige)을 존재로부터는 차단시켰지만 그는 또 다시 聖을 도덕이나 이성이 접근할 수 없는 절대적 영역(numinous)으로 실체화하고 있다. 이러한 본체적 영역은 어떠한 타자에로도 환원될 수 없는 것(sui generis)이며, 그것은 인간에게 "떨림"을 불러일으키는 궁극적 신비다(mysterium tremendum). 그것은 강렬한 끌림의 요소다 (mysterium fascinans). 그에게 있어서 聖은 존재가 아니요 느낌(feeling)이요, 바램(longing)이라는 의미에서 과거의 기독교적 사상가와는 획을 긋는 측면이 있지만, 옷토와 같은 이들에게서 끝끝내 해탈을 기대할 수 없는 것은 불필요한 지나친 경건주의 (Pietismus)다. 옷토는 그의 성적 영역(numinous)속에서 동과 서의 신비주의를 융합하려고 했지만, 그가 말하는 서는 마이스터 엑카르트(Meister Eckehart, c.1260~1327)요 그가 말하는 동은 힌두사상가다. 그는 중국의 禪에는 이르지 못하였다. 옷토는 聖을 콘스트럭트하려고 했지만 달마는 聖을 여지없이 디콘스트럭트해버린다.

   廓然無聖！俗諦아닌 聖諦가 무엇이냐? 諦를 말하기전에 聖은 무어말라빠진 聖이냐? 텅 비었는데！확연(廓然)에는 마이스터 엑카르트의 이탈(Detachment, 독일어로 Gelassenheit 혹은 Abgeschiedenheit)조차 의미를 잃는다. 영혼과 神의 合一을 論究할 바탕조차 없다. 聖을 向한 모든 염원이 달마의 "확연무성" 앞에서 확연히 다 무너져버린다. "경건"만이 종교의 제1의라고 생각하는 모든 편견이 타파되어버리는 것이다. 禪에는 경건조차 없다. 경건조차 없을 때 "절대"는 우뚝 솟게 되는 것이다. 물론 이것은 말장난이 아니다.

재미난 얘기를 하나 들어보자! 난 대학교시절에, 그때 한국에 처음 부임되어온 평화봉사단원(Peace Corps K1)들에게 영어로 동양사상, 특히 노장사상과 불교철학을 강의한 적이 있다. 그때 나의 영어강의를 수강한 사람중에 독일선교사가 한명 있었다. 그의 이름은 게하르트 브라이덴슈타인(Gehard Breidenstein). 그는 사회주의적 성향의 진보적 기독교인이었는데, 그는 박정권하 한국의 초기자본주의발전양상에 매우 비판적인 관심을 가지고 있었다. 그는 선교사이면서도 "예수"를 팔아먹을 생각은 안하고 사회운동 조직에만 관심이 있었다. 그리고 기독교를 조선땅에 팔아먹기전에 조선땅에서 무언가 배움으로써 자기기독교신앙의 틀을 벗어볼려고 안깐힘을 썼다. 그는 한국에 있는 동안 KSCF(한국기독학생회총연맹)의 운동을 이론적으로 조직하여 『학생과 사회정의』(1971)라는 책까지 발간하였고, 남·북한 경제의 비교연구없이는 한국을 총체적으로 조망할 길이 없다고하여 나중 출국후에는 북한 현지에까지 직접 가서 북한경제를 연구했던 인물이다. 그의 당시의 논문 하나가 프랑크 볼드윈(Frank Baldwin)이 편한 책, 『평행선을 넘어서』(Without Parallel)속에 "Capitalism in South Korea"란 제목으로 들어가 있다. 내가 그를 처음 만난 것은 고려대학 "하꼬방"이라고 부르던, 현금 고려대학교 홍보관 앞쪽으로 너절하게 펼쳐져 있었던 학생 써클실이 자리잡은 판잣촌의 고대기독교학생회 써클실에서였다. 나는 당시 고려대학교 철학과 3학년학생으로서 기독교운동에 열심이었고 그는 고대기독학생회 초청강사로 와서 바이블을 가르치고 있었다. 그런데 나와 그의 첫만남에는 묘한 화두가 개재되어 있었다. 내가 고려대학교 철학과 학부학생으로 있을 때 나는 이미 신학대학을 다닌 경험이 있는 청년이었다. 그러나 그때 나는 담배를 지독히 피웠다. 고교시절부터 워낙 불량끼가 많아 담배를 몸에 익히긴 했지만, 관절염으로 기나긴 투병생활을 하는 동안 지독한 독서벽과 함께 흡연의 습관은 가중되어만 갔다. 요즈음은 어떤지 잘 모르겠지만 당시 기독교인의 홀마크는 담배·술을 안하는 것이었다. 보통 담배·술을 끊기위해 교회간다는 것은 일제시대때부터 내려오는 한국기독교의 위대한 전통이었다. 그런데 나는 신학대학에 가서도 담배를 못끊었다. 한국신학대학 재학시에 나는 학생처장댁에서 그 교수님 아들 가정교사노릇하면서 방을 얻어 살았는데, 처장댁에서도 담배를 피워 처장님을 곤혹스럽게 해드렸다. 물론 신학대학에서는, 그것은 퇴학처벌의 행위였다.

신학대학에서 내가 고려대학으로 학교를 옮겼을 때 나는 해방감의 자유를 만끽했다. 그런데 기독학생회는 당대의 일반통념에 따라 교계가 요구하는 엄격한 도덕성을 지키고 있었다. 나는 브라이덴슈타인의 바이블 클라스시간에 우연히 무의식중에 담배를 피워물었다. 젊은 시절의 내가 아무리 무례했다기로서니 사대부가의 훈도를 받은 자가 강의시간중에 피웠을리는 만무하고, 아마도 잠깐 쉬는 시간이었을 것이다. 그런데 기독학생회 회장이 나보고 담배를 학생회실에서는 피우면 안된다고 화를 내는 것이다. 그러나 나는 반항심에 나가지않고 계속 담배를 피웠다. 그런데 재미있게도 이 진보적인 독일선교사 브라이덴슈타인이 내편을 들어 학생회장을 비판하는 것이었다. 지금 돌이켜 생각해보면, 내가 분명 잘못한 일일 것이고, 회장이 담배를 써클실밖에 나가서 피우라고 한 것은 잘못된 일이 아니다. 그런데 이 회장의 실수는 바로 "聖"이 한마디였다. 기독교학생회의실은 기독교도들이 모이는 곳임으로 교회와도 같이 성스러운 곳이기 때문에 이곳에서 담배를 피워서는 안된다는 것이었다. 바로 여기에 "신앙"과 "성"과 "교회," "학교써클실"이라는 개념이 얽힌 논쟁이 시작된 것이다. 브라이덴슈타인은 신앙과 聖스러움과 담배와 대학은 혼동될 수 없는 문제라고 하는 나의 주장을 후원했다. 그는 나의 날카로운 논리와 무엇보다도 나의 유창한 영어실력에 깊은 인상을 받았다. 그리고 그는 나에게 담배를 한개피 달라고 하더니 나와 같이 피우기 시작하는 것이었다. 우리는 기독교학생써클실을 나서면서 나이를 초월해서 친구가 되었던 것이다. 한마디로 그와 내가 만난 첫 인연은 "확연무성"이었다. 그런데 이야기는 여기서 끝나지 않는다.

그뒤로 브라이덴슈타인은 내가 한국에서 만난, 영어를 잘하면서 동양철학에 밝은 유일한 사람이라는 이유로 날 좋아했다. 그리고 이제는 거꾸로 내강의를 들었다. 그런데 "無聖"의 공안으로 만난 그와 나였지만 그와 나는 만날 때마다 계속 싸웠다. 그의 사고는 항상 선교사본색을 떨쳐버리지 못했기 때문이었다. 내가 儒를 말하든, 道를 말하든, 佛을 말하든 그는 내 말끝마다 서양에도 그런 사상이 있다고 훈을 달았다. 그리고 기독교 교리의 바른 해석은 내가 말하는 동양사상을 충분히 수용할 수 있다는 것이었다. 그렇다면 그대는 도대체 왜 동양사상을 배우려하는가? 기독교가지고 콩죽도 쑤고 팥죽도 쑤고 다해먹으면 될 것이 아닌가? 왜 날 괴롭히누? 그러면서도 내가 브라이덴슈타인과 사상적 교류를 계속했던 이유는 그의 강변을 통해 내가 피상적으로 생각했던 서양사상들의 깊이를 다시 깨달을 수 있었기 때문이었다. 철학은 논전 즉 아규먼트로부터 시작한다. 소크라테스도 소피스트들과의 논전속에서 그의 철학을 키웠다. 孟子도 위대한 논객이었다. 논란이 없으면 자기 문제에 대한 성찰이 결여된다. 젊은 날 나의 철학적 성찰을 출발시킨 집요한 두 논객이 있었으니 그 첫사람이 바로 독일선교사 브라이덴슈타인이요, 그 두번째사람이 대만대학 동반동학이었던 이스라엘인 요아브 아리엘이었다. 그들은 한결같이 나에게 동양사상을 배우려하면서도 나의 동양철학아성을 파괴시키려 들었다. 나는 거꾸로 나의 아성을 고수하면서 그들의 아성을 무너뜨려야만 했다. 그것이 그들의 깨달음의 계기가 된다고 믿었기 때문이었다. 내가 서양에서 벗어나오느라고 겪었던 心의 고초와 身의 고통을 (내가 신학대학을 들어갔다가 뛰쳐나오는 삶의 역정으로 상징화되는) 최소한 그들도 겪어야된다고 나는 믿었다.

나는 브라이덴슈타인에게 『老子道德經』을 강의했다. 한문 한자한자를 영역해가면서 그 배후의 의미를 설명했다. 그와의 논전이 짙은 녹음과 함께 무르익던 어느 한 여름날, 나는 호도나무잎 파리의 향기와 쓰르람매미의 따가운 소리가 귓전을 때리는 남루한 고찰, 광덕사에 브라이덴슈타인과 앉아 불교철학을 설파하고 있었다. 나는 광덕사에서 수도승생활을 한 경험이 있다. 브라이덴슈타인이 불교의 냄새를 느낄 수 있는 곳으로 데려다 달라고 간청했기때문에 나는 그를 광덕의 가람으로 안내했다. 내 고향 천안 풍세안켠에 자리잡은 광덕사는 당시 거의 돌보는 사람이 없는 폐찰에가까웠으나 그만큼 자연스런 고찰의 풍모를 그대로 간직하고 있었다. 물레방앗간이 옛모습 그대로 돌아가고 있었고 밑구녕이 훤히내다보이는 시원한 판자때기 측간에, 주승은 오간데 없이 인경소리만 객의 마음을 달래고 있었다. 아름다운 가람이었다. 조실스님방에 앉아 발을 거두고 모기를 쫓으며 찌그러진 서안에 푸른 백발의 브라이덴슈타인과 미래의 철학자 도올은(참 그땐 도올이란 號도아직 없었구나!) 푸근한 정담과 비지땀 흘리는 논전을 아끼지 않았다.

"해탈이란 하나님마저 해탈해버리는 거라니깐."

"그래봤자 절대의 경지에 도달하는 건 마찬가지래두."

"아 글쎄 절대조차 없다니깐."

"엑카르트의 신비주의에는 4단계가 있지. 첫째가 차별성(Dissimilarity), 둘째가 유사성(Similarity), 셋째가 합일성(Identity), 넷째가 초월성(Breakthrough). 그런데 넷째단계에오면 영혼과 신의 합일상태마저 초탈되어야 해. 즉 궁극적 초월이란 신마저 버려야한다는 것이거든. 신이란 인간이라는 존재 이전의 존재이기 때문이야. 이런 신비주의에 오면 기독교와 불교의 차이가 없어져."

"그래도 기독교와 불교는 분명히 달라! 불교를 기독교 신비주

의방식으로 이해하면 안되지. 논리는 비슷할지 모르지만 색깔이
다르고 냄새가 달라. 더구나 선은 완전히 달라! 이걸 어떻게 설
명하면 좋지?"

기독교와 불교는 결국 같은 것이라고 강변하는 독일선교사앞에
서 짧은 영어로 그 총체적 느낌을 다 전달할 수 없어 안절부절하
는 도올 김용옥! 강박관념에 사로잡힌 나에게 번뜩 스쳐가는 영
상이 하나 있었다. 조금 전에 그 조실스님방 벽장속에서 내가 보
았던 그림이었다. 당시 나는 그 그림의 출전을 전혀 몰랐다. 그런
데 나중에 알고보니 그것은 『景德傳燈錄』 14卷, 『五燈會元』
5卷등에 실려있는 단하소불(丹霞燒佛)이라는 공안을 그린 明나
라때의 유명한 그림의 복사품이었다.

단하천연(丹霞天然, 739~824)은 石頭希遷의 門下다. 그가
東京(河南省) 慧林寺에 머물 때 몹씨 추운 겨울 어느날이었다.
좌선을 하다가 추우니까 단하는 좌선하던 불당의 제단에 놓인 木
佛像을 내려다가 도끼로 패서 캠파이어를 피운다. 그리고 따끈하
게 불을 쬐는 것이다. 놀라 기겁한 院主가 달려와서 왠일이냐고
꾸짖는다.
"어쩌자구 부처님을 태우노!"
천연득스럽게 단하는 부짓깽이로 훨훨타오르는 목불장작을 들척이
면서 왈 :
"부처님 태워 사리를 얻을려구 그러지."
원주 성나서 왈 :

"아니 나무부처에서 사리가 나와?"

단하는 다시 대꾸하길 :

"아 그렇든가? 사리가 안나오면 부처님 몇개 더 태울까?"

그런데 훗날 단하는 멀쩡했는데 원주스님은 천벌을 받아 눈썹이 다 빠져버렸다.


내가 본 그림은 이 공안을 기초했을텐데, 스님이 좌선을 하다가 궁둥이가 몹씨 시러우니까 선방에 모셔놓은 나무부처님을 도끼로 패서 장작불피우고 법복허리를 클러 궁둥이를 발라당 까놓고 항문·불알이 다 보이도록 발그스렌 볼기에 불을 쬐고 있는 모습이었다.

"그래 이래도 불교와 기독교가 같단 말이냐?"

나는 갑자기 광덕사 조실스님방 벽장을 확 열어제키면서 브라이덴슈타인보고 말했다.

"보란 말야! 보란 말야! 이래두 불교하구 기독교하구 같애!"

"오우 노오!"

그 순간 경악속에 이지러지는 브라이덴슈타인의 얼굴에 진정한 깨달음이 있었다면, 그것은 기독교의 "다스 하이리게"(聖스러움)의 확연한 허무러짐이었다. 그는 진실을 있는그대로 받아들일 줄 아는 순수한 인간이었다. 그것은 나의 논리적 승리이기 이전에 그의 깨달음의 승리였다. 순간 나의 눈에도 피잉, 희열의 눈물이 돌았다.

일본역사에는 이런 희한한 史實이 있다. "후미에"(踏繪)라는 얘기 들어보신 적이 있으신지? 임진왜란의 주인공을 아는가? 너무 황당해서 잘 이해가 안되는 사나이, 풍신수길(豊臣秀吉), 토요토미 히데요시(1536~1598)! 해뿌리나라 일본의 센고쿠(戰國)를 통일하고, 조선, 중국, 필리핀, 인도를 정복하여 아시아전대륙의 황제의 꿈을 꾸었던 풍운의 사나이, 이순신의 거북선앞에 무릎을 꿇고 그 꿈이 좌절되자 홧병이 나서 꿈속으로 그 혼이 날아가버린 사나이, 토요토미 히데요시! 1587년 큐우슈우(九州)遠征때의 일이다. 하카타(博多)에서 滯陳중에 히데요시는 키리시탄 다이묘오(切支丹大名, 기독교인 영주) 아리마(有馬)氏의 領內에서 침실을 시중들 아릿따운 미녀들을 뽑아오게 하였다. 히데요시는 當代 전국최고의 지배자! 그 영광스러운 침실에 수청들러온 여인들! 이건 또 왠일인가? 그 여인들이 모두 수청은 들지않고 하나둘 貞潔이 목숨보다 더 소중타며 혀를 깨물고 자결해버리는 것이 아닌가? 이게 도대체 왠일이냐? 당시 일본의 봉건윤리관념속에서는 도무지 상상조차 할 수 없는 이상한 사태였다.

"도대체 이들이 왜 이러는가? 도대체 이들이 누구란 말이냐?"
"키리시탄(切支丹)이라 하옵니다."
눈이 번쩍 띄였다. 무서운 일이다. 키리시탄! 무서운 자들이다. 토요토미 히데요시는 생전 처음으로 키리시탄에 눈을 뜬다. 그리고 큐우슈우일대가 이미 외국인선교사들의 강력한 지배에 있을뿐 아니라, 나가사키(長崎)가 이미 키리시탄 敎會領이 되어있다는 사실을 발견하고 경악하기에 이르른다.

"日本은 神國이다. 키리시탄나라로부터 邪法을 받는다는 것은 있을 수 없는 일이로고. 이제부터 그런 일은 용납될 수 없나니라."

기독교전도가 금지되고, 외국인선교사(伴天連[파테렌], Padre)의 국외추방령이 내려지고, 나가사키지방의 교회령이 몰수된다. 그러면서 일본은 쇄국의 일로를 걷는다. 그리고 이러한 키리시탄탄압은 히데요시의 후계자이며 戰國을 끝내고 토쿠가와幕府정권을 탄생시킨 토쿠가와 이에야스(德川家康, 1543~1616)의 치세기간 동안에 가차없이 강화되어간다. 그러나 기독교는 본시 탄압할수록 강해지는 법, 누를수록 전염병처럼 퍼져나간다. 세키가하라戰爭이 끝났을 무렵 키리시탄信徒는 75만명에 이르렀다.

우리는 천주교박해를 생각하면 기껏해야 용산 한강변 새남터(沙南基)나 절두산(切頭山)聖地에 흘린 피를 연상할 것이다. 그러나 일본의 경우 키리시탄박해는 햇수로도 꼭 3백년을 앞서는 것이요, 그 박해의 잔혹함의 스케일도 우리 상상을 초월하는 것이다. 같은 이웃나라의 역사지만 우리보다 그 개화의 스케일이나 체험의 깊이가 차원을 달리한다는 사실에 눈을 떠야할 것이다.

토쿠가와정권은 우선 "테라우케쇼오몬(寺請証文)이라는 제도를 만들었다. 이것은 요즈음 "주민등록증" 같은 것인데, 햐쿠쇼오(百姓)·쵸오닌(町人)·부시(武士)의 구별이 없이 전국민이 모두 어느 한 절깐에 주민등록을 하는 것이다. 이 제도는 절깐을 관공소化시키고 중앙정보부化시켰으며 결과적으로 일본불교를 완전히 타락시키고 생명력을 빼앗아 버렸지만 그 근본이유는 기독교도들을 색출해내기위한 목적에 있었다.

"후미에"란 무엇인가? 이것은 나가사키에서 시작되어 전국으로 확대되어 설치되었던 것인데, 일반백성들이 출입을 하는 남대문과 같은 성문의 바닥에 예수의 십자가상이나 성모마리아가 아기예수를 안고 있는 모습을 동판에 양각한 것을 깔아 놓은 것을 말한다. 모든 주민이 그것을 밟고 지나가면 내버려두고, 밟지 않고 비켜가면 그 자리에서 목을 베는 것을 말한다. 이렇게 "후미에"로 인해 목숨을 잃은 자, 1614년에서 1635년까지의 통계로 28만에 이른다. 이러한 잔혹한 박해는 결국 키리시탄의 시마하라(島原)·아마쿠사시마(天草島)의 반란에 까지 이르지만 일본의 기독교인은 에도(江戶)의 출발과 더불어 결국 멸종에 이르고만다. 오늘날에도 사람들이 하도 밟고 다녀 얼굴을 알아볼 수 없게된 성모마리아예수상의 후미에가 그 피비린내나는 함성을 외면한 채 박물관 여기저기에 걸려있다.

후미에 ! 생각해보라 ! 지나가다 예수 성모마리아의 동판을 밟는 순간, 내 목아지에 칼날이 왔다갔다 ! 생각해보라 ! **慧林寺**의 단하스님이 부처님의 후미에를 지나쳐야 할 운명이었다면 그는 어찌했을까? 아마 도끼로 콕콕 찍고 지나갔을 것이다. 아니, 과연 부처님후미에로 불교도를 색출할 수 있을까?

아니 그럼, 기독교도임을 자처하는 신학대학생 도올 김용옥이 나가사키후미에를 지나쳐야 할 운명이었다면 어떻게 했을까? 나 말하노라! 아마도 성모마리아상위에 오줌눗고 똥눗고 침까지 뱉고 지나갔을 것이다. 예까! 도올 이놈! 그걸 말이라고 씹어뱉냐? 그럼 후미에위에 차마 발길을 떨구지 못하고 췌췌기율(惴惴其慄) 그 잔혹한 칼날에 새파란 생명을 휘날려버린 그 생령들의 진실은 단하스님의 좆대가리터럭에 낀 서리만도 못하단 말이냐? 후미에를 비킨 28만의 죽음, 그들의 죽음이 있었기에 찬란한 오늘 일본문명의 자태가 있는게 아니냐? 새남터 절두산에 뿌린 수천명의 血淚가 있었기에 오늘 자랑스런 조국, 대한민국의 개화된 모습이 있는게 아니냐? 예끼! 니미씨발, 뭔 그 순교자 새끼들땜에 신도등쳐먹는 목사새끼들, 하루밤 사이에 솟고 또 솟는 교회건물, 조선의 밤하늘을 가득메운 로마형틀 십자가의 네온싸인만 백화점 광고보다 더 요란하게, 꼴대 앞에서 무릎꿇고 오 주여 할렐루야 쏘만 볼짝시냐? 예수는 십자가위에서 가난한 서민들 십일조만 빨아처먹다가 배가 꿰져 뒈졌다드라! 어 흠! 그따위 주둥아리 놀리다가 지옥에도 못떨어지고 유황불 나락으로 직행헐려구래?

과연 어느게 廓然無聖이냐? 단하소불이냐? 후미에의 진실이냐? 聖이 있는 것이 無聖이냐? 聖이 없는 것이 無聖이냐? 不識! 나도 모른다.

생각이 미천한 자들이 公案의 본뜻을 헤아리지 못하고 양무제와 달마의 만남을 역사적 사실로 착각한다. 허나 다시한번 내 말을 기억해 주기 바란다. 설두스님이 편한 이 『벽암록』의 제1칙은 양무제라는 報身과 달마라는 法身의 해후! 또 한번 기억해주게! 선은 인도불교의 중국화의 정점. 선은 중국인의 상상력의 소산. 중국인의 상상력은 반드시 중국인의 언어를 빌 수 밖에 없다. 중국인의 언어는 十三經이라고 하는 文字의 세계다. 양무제와 달마의 해후를 만든 이들은 과연 서역인이냐 중국인이냐? 禪을 아는 자 儒를 모르고, 儒를 아는 자 禪을 모른다.

생각해보라! 且道! 왜 하필 1칙이 양무제냐? 생각해보라! 且道!『孟子』의 첫머리가 뭐였더냐? 똑같은 양(梁)씨들이 아니드냐? 생각해보라! 且道! 동편에선 달마가 양무제를 만나러 가고, 서편에선 맹자가 양혜왕을 만나러 간다. 과연 동·서의 구분이 있다드냐? 생각해보라! 且道! 양혜왕은 "利"를 말하고 양무제는 "聖"을 말했다. 생각해보라! 且道! 맹자는 "何必曰利"를 말하고 달마는 "廓然無聖"을 말했다. 아 이놈! 이래도 못알아차렸느냐? 니 몸둥이 썩은 고목둥아리에선 龍이 울지 않느니라!

禪이 과연 佛敎인가? 나 도올은 말한다. 禪은 佛敎가 아니다. 禪에는 佛(부처님)도 없고 敎(가르침)도 없다. 禪은 佛敎가 아니다. 선은 祖師들의 도통체계인가? 달마가 인도로부터 내려온 법통으로 따져 二十八祖라드냐? 二十八祖란 니에미씨팔 십팔에 열 더해만든 숫자라드라! 나 도올은 분명히 말하노라! 선은 도통이 아니요, 법통이 아니다. 선은 오직 깨달음이요, 그 깨달음을 표현한 상상력은 결국 중국인의 문자인 한문의 구조속에서 이루어진 것이다. 달마와 양무제의 해후는 결국 孟學의 "性善"으로의 귀의다. 性善이란 性이 본시 善하다는 도덕적 판단이 아니다. 性의

본래모습속에 萬物이 다 구비되어 있다는 것이다.『孟子』「盡心上」에 이르기를 :

> 萬物皆備於我矣!  反身而誠, 樂莫大焉。

> 만물이 다 나에 구비되어 있도다.
> 그 몸을 돌이켜보아 거짓없다면,
> 그보다 더 큰 즐거움이 어디 있으랴!

혜능,『壇經』「付囑品」 第十에 이르기를 :

> 我心自有佛, 自佛是眞佛。

> 내마음 스스로 부처님 지니고 있고,
> 스스러운 부처님이야말로 진짜 부처님 아니겠나!

혜능의 頓悟는 맹자의 性善으로의 귀의다. 禪은 인도불교가 아니다! 아니 인도·중국 국적을 말할 건덕지가 없다. 유대땅의 기독교가 로마에 상륙해 비로소 인류의 종교가 되었다면, 인도의 불교는 중국의 禪에 이르러 비로소 오늘의 진정한 보편의 종교가 된 것이다. 禪은 唐을 빼놓고 말할 수 없다. 唐은 중국문명의 최고의 滿開다. 禪은 핍박과 억압속에서 움튼 종교가 아니요, 풍요와 舒暢함에서 피어난 깨달음이다. 그것은 인류의 최고의 無上無等의 正覺이요 지혜요 예지다. 혜능의 頓悟가 孟學의 性善으로의 귀의라면, 또 다시 禪을 핍박한 朱子學의 말로가 禪끼와 孟學을 품에 안은 陸王 陽明으로 귀결되는 역사적 진로는 결코 우연이 아니다. 陸象山은 "學苟知本, 六經皆我註脚"(배움이 진실로 그 근본을 깨닫는다면, 六經이 모두 나 존재의 후트노트일뿐이다)을 말하였고 王陽明은 "良知良能"을 말하지 아니하였던가?

다시 한번 기억하자! 『벽암록』의 대가리, 양무제와 달마의 해후로 꾸며진 이 탁월한 픽션이 『孟子』의 첫머리, 양혜왕과 맹자의 해후를 본뜬 것이라고 한다면, 이 짧은 픽션속에는 佛敎의 가장 근원적인 교리인 三身思想이 동시에 치밀하게 자리잡고 있다는 사실도! 양무제라는 報身, 달마라는 法身, 관음대사라는 化身!

廓然無聖! 확연, "텅 비었다"하니까 하나 생각나는게 있다. 요즈음 나는 혼자 산다. 아내가 공부 좀 더 해야겠다구 안식년을 틈타 태평양을 건너 가버렸다. 허긴 내 언어갈등에 지친 삶에 잠깐이라도 오붓한 자신만의 휴식의 시간이 필요하다는데 내가 막을 이유가 없을 것이다. 그래서 지난 주말 오랜만에 혼자 어슬렁 어슬렁 즐겨타는 북한산 山行길에 올랐다. 구기동계곡으로 해서 大南門으로 올라가는 밋밋하고 점잖게 생긴 코스를 택했다. 北漢山은 참으로 조선민족의 축복이요, 서울시민의 천혜의 행복이다. 제아무리 백두가 장쾌를 자랑하고, 금강이 수려를 자만하고, 지리가 위엄을 과시하고, 한라가 고고를 뽐낸다 하지만, 모두 현대적 삶속에선 화중의 병이요, 발길이 미치기 어려운 것이다. 허나 北漢은 비록 그런 名山의 뛰어난 一面을 과시하지 않으나 모든 名山의 면목을 一切 具備한 名山중의 名山이요, 質素한 중에 모든 수려함을 감추고 있는 제잠의 허리다. 서울과 같은 메트로폴리탄 한 복판, 엎드리면 코닿는 곳에 北漢과 같은 위대한 自然이 共存한다는 것은 이 地球上에서 꿈도 꿀 수 없는, 類比가 불가능한 天惠중의 天惠요, 낙원중의 낙원이요, 천지신명의 축복중의 축복이다. 서울시민이 세계를 향해 뽐내고 자랑할 수 있는 최고의 프라이드야말로, 서울대학교도 아닐 것이요, 청와대도 아닐 것이요, 동숭동 문화의 거리도 아닐 것이다. 바로 이 北漢의 存在다! 도올한의원에 와서 보약 100첩 잡수려니 北漢山에 한번 오르시라!

오랜만에 고독을 즐기며 北漢의 秀壯함을 음미하면서 어슬렁 어슬렁 뒷짐지고 오르는데 깔딱 깔딱 깔딱고개를 오르려니 제법 숨이 차고 비지땀이 비질비질 속옷을 적신다. 헉헉거리며 깔딱고개에 오르는 순간! 대남문까지 확트인 거대한 분지의 空寂함이 한눈에 들어온다. 역시 北漢은 名山중의 名山이로고! 그런데 도대체 이게 웬일인가! 廓然無聖을 강의하는 도올의 눈에 들어온 깔딱고개−대남문의 廓然이야말로 텅빔중의 텅빔이요, 萬籟를 감춘 如如의 本來面目이었다. 그런데 도대체 이게 웬일인가! 이 如如의 空寂을 꽉 메우는 電波의 世音이 있었으니 대남문 곁 암자에서 울려퍼지고 있는 법문 테이프였다. 마이크확성기를 통해 깨진 레코드판처럼 돌아가고 또 돌아가고 있는 佛家답지 않는 도덕적 내용을 담은 瑣說이었다. 나는 그때 때마침 교환교수로 와있는 안면있는 일본인교수를 중도에 만나 같이 걷고 있었다.

"한국에서는 도대체 어떻게 저런 일이 용납될 수 있습니까?"

우리나라 대중문화의 근원적 수준을 의심하는 말투였다. 나는 순간적으로 우리나라의 공중도덕의 감각이 타락하게 된 가장 근원적인 연원이 바로 일제식민지통치에 있다는 것, 국체의 상실이 공적인 영역에 대한 근대적 감각을 상실시켰다는 것, 바로 그 책임의 半은 당신 일본인들 자신에게 있다는 것을 말해주고 싶었지만 우리가 말하는 주제에서 너무 벗어난 역설이었기에 자제하면서 말을 이었다.

"글쎄, 저도 잘 모르겠어요. 어떻게 이런 현상을 해석해야 할지……."

"일본에서는 우선 대중들이 용납하지를 않습니다. 아마 당장 항의가 빗발칠 것입니다. 그러나 우선 이와같이 청정한 山寺에서는 산들바람에 살랑이는 인경소리 하나가 저 끔찍한 확성기소리 보다는 훨씬 더 사람들에게 깊은 감동을 주고 더 강력하게 佛法을 전한다는 인식이 보편화되는 것이 중요하겠지요."

나는 순간, 동경에서 유학하고 있던 시절, 뻐스정류장에서 담배꽁초 하나라도 무심코 내던지면 당장 주변의 사람들로 즉각 질책을 당하곤 했던 나 자신의 체험을 되살려 냈다. 정말 우리에겐 심미적 관심의 공적 문화가 부재한 것이다. 山에는 왜 가는가? 人爲를 벗어나 無爲가 그립기 때문이다. 모든 文明의 汚染에서 벗어나 自然의 淸淨함을 갈망하기 때문이다. 人世의 복잡한 조작적 인연에서 벗어나 自然의 단순한 如如의 心鏡을 회복하기 위하여 가는 것이다. 市中에서 들여마신 공기를 뱉고 폐세탁을 하기 위함이요, 巷間에서 들은 언어갈등을 후벼내고 귀청소를 하기

위함이다. 그런데 山寺의 스님들께서는 그러한 갈망과 소망과 희망을 품고 大自然이라는 부처님의 품안에 귀의하는 衆生들에게 전파로 세파의 똥물을 세례하고 계신 것이다.

"부처님은 …… 하시나니 ……하지말지어다！"

도대체 지금 이 세상에 그 누가 이따위 도덕적 훈계경구를 싸구려 서양음악배경에다 편집하여, 그것도 타락과 위선과 권위와 음탕으로 질펀한 땡중의 목소리로, 그것도 모든 감동을 가장하는 싸구려 변사쪼의 억양으로 가식한 이런 소리들에 감동을 받아 불문에 발을 들여놓으리라고 생각하는가?

삼각산 문수사！ 북한산 정상 해발 645m에 자리잡은 국내 三大文殊聖地중의 하나！ 고려 睿宗 4년(1109) 九山禪門중 堀山派 중흥조 大鑑坦然國師(1070~1159)가 開山하였고, 고려불교의 중흥조며 한국선불교의 宗主라 할 수 있는 太古普愚國師(1301~1382)도 잠시 住錫하였고 수많은 선객들의 선방이 되었던 文殊寺！ 조선조 朴文秀어사도 이 도장에서 기도해서 낳았고, 금세기 영욕을 한몸에 지닌 이승만도 그 자당이 여기서 기도해서 얻었다는데ㅡ. 나도 그 거대한 천연동굴속 부처님께 우리아이들 그저 건강하게나 해달라고 빌고 또 빌었건만ㅡ.

한국불교의 현금 최대의 難題는 승려들의 무식이 아니다. 승려의 무식이 순수한 것이라면 그것은 성철스님의 게송보다 더 위대한 돈오의 해탈일수도 있다. 그런데 한국불교의 최대의 난제는 바로 승려들의 인간적 품격의 결여요, 판단력의 협애함이요, 심미적 감수성의 저열함에 있다. 그리고 大衆들의 수준에도 못미치는 자신의 수준이야말로 가장 보편적인 진리라고 믿고 사는 착각이다. 고요한 대자연의 사찰에서 앰프마이크로 목탁소리·염불소리·재올리는소리·타종소리등을 마구 방영하고 있는 현금의 작태는, 참으로 대중보시나 시주유도에 조금도 보탬이 없는 단순한 소음공해에 불과하다는 사실 하나를 깨달을 수 없도록 무감각해져버린 승려들의 미감의 타락, 불교방송에서조차 이런 캠페인은 하나도 하지않고 있는 이런 불교계의 심미적 수준이 우리나라 사찰을 망치고 자연의 경관을 망치고 인간의 심성을 타락시키고 있다는 사실을 입증하는 것외에 아무것도 아니다. 요즈음은 예수쟁이들도 그런 무식한 짓은 하지 않는다. 그렇다고 이제와서 과거 프로테스탄트교회들이 하던 몰상식한 짓들을 반복하면서 그걸 불교의 대중화라 하겠는가?(시중에 자리잡고 있는 사찰에서 새벽·아침·저녁을 불문하고 목탁·염불·타종소리를 앰프를 통해 방송하고 있는 사태는 분명히 사회적 죄악이며 공해법 위반이며 불교의 격조를 실추시키는 부끄러운 행위다. 도무지 그러한 소리가 전파되는 범위가 사찰주변사람들에 국한될 뿐이며 그 소리는 오직 그들에게는 안면이나 독서를 훼방시키는 소음이 될 뿐이다. 그 소리가 만약 자연그대로의 소리로 들린다면 그것은 심신의 피로를 씻어주는 아름다운 낭만이 될 수도 있다. 제발 기계를 이용한 확성은 어느 경우에도 바람직하지 못하다. 왜 아름다운 자연의 종소리를 확성시켜 지겨운 소음소리로 만드는가? 우리가 사는 세계를 조용히 만드는데 불교가 앞장서자! 우리나라 사람은 너무도 공적인 무례[public rudeness]에 관용하고 무관심하다. 이러한 사태를 접할 때는 강력히 항의하여 그러한 공공의 잘못을 수정케해야 할 것이다.)

廓然無聖! 다시 한번 생각하자! IMF시대, 아니 모든 시대에 불교의 참다운 역할이 무엇인가? 그것은 바로 확연무성의 실천이다. 확연무성이라함은 바로 텅빈 것을 텅빈 채로 남겨두는 것이다. 인간의 마음을 텅비우고, 우리의 생활공간에서 소음공해를 텅비우고, 자연생태계의 순환속에서 텅빈 여유를 유지시킴으로써 모든 공해로부터 인간을 해방시키고 건강하게 만드는 것이다. 禪은 "빔"을 말한다. 老子는 "無爲"를 말하고 "虛"를 말한다. 禪의 空은 아무것도 없는 眞空이나 頑空이 아니다. 禪의 空은 인간의 생명이 살아숨쉬는 虛의 空이요, 無의 空이요, 寂靜의 空이요, 새소리 물소리 노래하는 생명의 찬가요, 보탬도 뺌도 없는 있는 그대로의 如如요 自然이다. 어찌 절간에서 목탁이나 염불이나 도덕적 훈계를 앰프마이크로 放送하고 있는가! 放下着! 이제 제발 마이크를 내려놓거라!

아 이놈! 도올! 사족이 너무 길어졌다. 빨리 2칙으로 가라! 누가 알아? 뱀다리가 길어지다보면 龍이라도 될른지!

# 第二則　趙州至道無難

垂示云：「乾坤窄, 日月星辰一時黑。直饒棒如雨點, 喝似雷奔, 也未當得向上宗乘中事。設使三世諸佛只可自知, 歷代祖師全提不起, 一大藏敎詮注不及, 明眼衲僧

自救不了。 到這裏， 作麽生請益? 道箇佛字， 拖泥帶
水；道箇禪字， 滿面慚惶。 久參上士不待言之， 後學初
機直須究取。」

## 제2칙  조주스님 왈. 최고의 道는 어렵지 않아

수 시  드높은 하늘, 드넓은 땅이 비좁게 오므라 들고, 찬란한 해와 달과
별이 일시에 빛을 잃는구나 ! 조사님의 방망이가 비오듯 내려치고 선사님
의 할(소리침)이 번개처럼 귀에 스쳐도 그것은 선종 수도승이 지향하는 최
고의 경지에는 미칠 수 없는 어림없는 짓거리다. 과거·현재·미래의 모든
부처님도 저 홀로만 깨달았을 뿐이며, 역대의 조사들도 이를 다 들어 말할
수 없었다. 해인사의 대장경도 이 경지를 다 주석달 길이 없었고, 눈밝은
(명철한) 선승도 제몸하나 구하질 못했다. 이 지경에 이르러서는 도무지 어
떻게 가르침을 구할소냐 ? 아 하 ! 그 놈의 부처님 佛짜 하나만 얘기하면
모두 진흙탕에 빠져 헤어나질 못하고, 더더욱 禪짜 하나만 얘기하면 얼굴
이 울그락 푸르락 만면 부끄러운 기색을 감추지 못한다. 오래 공부한 지근
이 뛰어난 자라면 내 말을 기다릴 필요는 없을 것이다. 허나 이제 막 공부
를 시작한 후학 초심자라면 곧바로 다음에 나오는 공안을 붙들고 고생 좀
해보아라 !

檔 案  『벽암록』의 제1 캐스팅은 누구냐? 『벽암록』의 최고급 주
연배우는 누구일까? 『벽암록』의 주역이라면 아마도 그는 아카데미
주연상을 받을 정도가 아니라, 선불교사의 깐느대상을 받을 인물
일 것이다. 선의 주역, 과연 그는 누구일까? 대답하는 이마다 생
각을 달리할지 모르겠지만 나 도올은 서슴지않고 조주(趙州) 종심

(從諗, 778~897?)을 꼽는다. 아마도 이 나의 선택에 감히 이의를 달 자가 없을 것이다. 『벽암록』의 최초의 편자 설두는 원래 雲門계열의 사람이다. 그래서 그런지 『벽암록』공안에 최대다수출연자는 역시 雲門이요, 그는 16회나 나온다. 그러나 趙州 역시 출연횟수 12회나 된다. 그리고 그 공안의 파우어에 있어 조주를 따를 자는 없다. 達磨이후 제2칙에 조주를 내세우지 않을 수 없었던 所以然이 바로 여기에 있다. 『벽암록』에서 조주를 빼어놓으면 『벽암록』은 휴지가 된다. 아니 禪에서 조주를 빼어놓으면 禪은 그 찬란한 平常心을 잃는다. 조주, 조주, 조주, 18세에 득도하고 120세에 입적했다하는 조주, 과연 그는 누구인가?

조주는 山東省 曹州 郝鄕의 사람이다. 姓은 郝氏다. 어릴적에 이미 曹州에 있는 扈通院으로 출가하였다가 훗날 安徽省 池州에 있는 南泉普願을 謁하고 契悟하기에 이른다. 남전(우리불교계에서는 보통 "남전"이라 발음하는데 "남전"은 잘못된 발음이다. 『廣韻』에 泉이 疾緣切로 되어있고 그 音이 全과 같아 그것을 "전"으로도 발음한 것 같으나 그것은 反切을 오독한 결과일뿐, 泉이나 全이나 모두 유기음이므로 "천"으로 하는 것이 더 일관성있고 바른 발음임을 명기해둔다. 허지만 불교계에서는 古來로 강한 발음을 약화시키거나 폐쇄음을 죽이는 경향이 있다. 그래서 나는 우리불교계의 관행을 따라 "남전"으로 발음하지만 "남천"이라해도 틀릴 것은 없다.) 보원이야말로 조주를 역사적 조주로 키운 위대한 선승이었다.

10대의 새파란 조주가 남전을 처음 찾아뵈었을 때 다음과 같은 얘기가 전한다. 남전은 때마침 선원 조실 따뜻한 아랫목에 두루누워 문을 열고 한가로이 동짓 겨울 소조한 풍경을 음미하고 있었다.

"어디서 왔느냐?"

"서상원(瑞像院)에서 왔습니다."

"그럼 서상(상서로운 모습)은 보았겠군."

"서상은 본적이 없고 단지 드러누워있는 여래불만 하나 보았습니다."(不見瑞像, 祇見臥如來。)

어랍쇼! 요 꼬맹이 봐라! 남전은 깜짝 놀라 벌떡 일어나 앉아 정좌를 하고 다시 물었다.

"네가 스승이 있는 사미냐, 스승이 없는 사미냐?"

"스승이 있습니다."

"그 스승님은 어느 절에 계시냐?"

그때 조주는 묵묵부답하더니 넙죽 엎드려 남전에게 큰 절을 올리며 하는 말이,

"겨울이 깊고 날씨 살을 에는듯 한랭하온데 스승님 기체후 만강하시옵소서."(仲冬嚴寒, 伏惟和尚尊候萬福。)

남전은 실로 놀랐다. 이 꼬맹이의 재치와 그 형형한 혜망을 간파한 것이다. 남전은 내심 기쁜 마음으로 入室을 허락키에 이르렀다.


남전의 시자가 된 조주는 어느날 스승 남전에게 묻는다.

"선생님, 도가 무엇입니까?"

"평상심(平常心)이지."

"평상심에는 어떻게 이르지요?"

"이르려는 생각에 이르면 곧 삐뚜로 가나니라."

"근본적으로 생각이 없어지면 도는 어떻게 알지요?"

"도라는 건, 아는 것도 아니요 알지 못하는 것도 아니다. 아는 것은 妄覺이요, 알지 못하는 것은 마비상태요 혼란이다. 의심할 바 없는 大道를 증득한다는 것은 우주의 텅 빈 확연한 공간과 같다. 이렇쿵 저렇쿵 관념으로 그를 속박할려 들지말라!"(道不屬 知不知. 知是妄覺, 不知是無記. 若是眞達不疑之道, 猶如太 虛廓然虛豁, 豈可强是非邪?)

이 평범한 설법을 듣고 조주는 大悟한다. 그리고 受戒를 받아 정식 스님(和尙)이 된 것이 18세!


어느날 조주는 남전과 선원 뜨락을 같이 거닐다가 문득 스승님께 여쭌다.

"있음을 깨달은 사람(知有底人)은 결국 어디로 가야하지요?"

"저 아랫 동네에 내려가 밭가는 소가 되거라."

갑자기 예상외로 들이닥친 남전스승님의 반전에 놀란 조주! 그러나 조주의 깨달은 환한 얼굴을 바라보는 남전. 침묵의 순간이 흘렀지만 두사람 사이에 교감된 언어는 인간의 언어를 억만배 초월하는 무진장의 언어였으리라! 조주는 아무말도 하지 않았다.

"가르쳐 주신 것 정말 감사하옵니다."(謝指示.)

그리고 조주는 말없이 떠났다. 조주의 뒷모습을 묵묵히 바라보는 남전은 이와같은 짧은 게송을 읊는다.

"간 밤 깊은 삼경 창가에 달이 드리웠지."(昨夜三更月到窓.)

이것이 전부다. 독자들이여 과연 아는가? 이들의 깨달음의 언어를 과연 깨달아 알아차렸는가? 과연 알아야할까? 도올의 갈등의 개칠을 들어야 할까?

조주의 득도의 가장 중심언어가 된 계기는 "평상심"이란 한마디다. 平常心是道! 이 평상심이란 한마디야말로 그가 남전스승으로부터 얻은 가르침의 전부였다. 그리고 깨달음의 첫순간부터 그가 120세로 입적할 때까지 조주라는 인간됨 그 전체로부터 이 "평상심"이라는 한마디는 떠나질 않는다.

"知有"란 무엇인가? 有를 안다, 有를 깨닫는다. 있음을 깨닫는다. 여기서 조주가 말하는 知有란 존재에 대한 단순한 지식을 말하는 것이 아니다. 그것은 존재의 如如한 모습에 대한 궁극적 깨달음이다. 다시 말해서 知無, 무를 깨닫는 것은 쉽다. 어설픈 선승들의 객끼가 증명하듯, 무를 깨닫고 무를 운운하고 무를 실천하기는 쉽다. 허나 有를 깨닫고 有를 실천하는 것은 어렵다. 知有! 그것은 知無를 초월하는 것이요, 理事無碍法界를 초월한 事事無碍法界인 것이다. 그것은 평상심의 구극적 표현이다. 자아! 이러한 구극적 경지에 이른 인간은 지금부터 어디로 가야하나? 단순한 질문같지만 남전은 조주의 깨달음의 깊이를 이미 깨달았다.

"저 아랫동네에 내려가 밭가는 소가 되라!"

여기에 소라고 하는 상징체에 특별한 의미가 있을까? 아마 그 순간 남전의 머리에 스친 어떤 대상이라도 되라했을 것이다. 깨달음의 道는 곧 나무든, 돌이든, 똥이든, 소든, 어디든지 불문하고 내재하는 것이다. 여기서 우리는 『莊子』의 「知北遊」에 나오는

장자와 동곽자 사이에 걸려 있었던 화두를 연상하게 된다. "所謂
道惡乎在?"(소위 도라는게 어디 있오?) "在屎溺。"(똥·오줌에
있오).

밭가는 소가 되라! 무소부재한 道, 깨달음의 도를 저 소처럼
묵묵히 실천하라! 각자에게 던져지는 그 이상의 언어가 어디있으
랴! 뭘 더 대꾸하랴! 뭘 더 안다구 是非의 핏대를 걸려고 하
는가?

"선생님, 정말 감사합니다. 가르침, 꼭 실천하겠습니다."
감격의 눈물이 핑도는 남전, 대각의 제자의 발랄한 생명의 순수한
열정의 피어남을 목격하는 스승 남전, 그의 눈에 어디 道아닌게
있고 기쁨이 아닌게 있었으랴!

"간밤 깊은 삼경에 달빛이 창가에 드리웠지!"
李太白의 "夜思"에 나오는 "牀前明月光, 疑是地上霜"이나
"月下獨酌"에 나오는 "花間一壺酒, 獨酌無相親"을 연상하는
것은 너무 사치스러운 일일까? 삼경에 드리우는 서리빛과도 같은
달빛, 득도의 경지! 그 이상의 표현이 어디 있으리요! 제자 조
주에 대한 최고의 찬사렸다. 禪의 세계란 다름아닌 생명의 찬가인
것이다.


이렇게 해서 남전의 훈도를 받으며 南泉山에 머무른 것이 40
년, 57세에 스승 남전의 遷化를 당한다. 이제 홀몸이 된 조주!
60세에 다시 그는 수도승의 행각을 하고 정처없는 유랑의 길에 몸
을 맡긴다. 黃檗·寶壽·鹽官·夾山, 당대 최고의 禪匠들과 問
答商量하면서, 境涯를 練磨한 것이 무려 20년! 그 80세의 고

령에 이른 어느날! 그는 수유(茱萸)라는 화상을 방문하게 된다.

"이 여든 노인네야! 그 나이가 되었으면 이제 그만 유랑하고 거처를 정해 法을 넓히고 후학들을 길러야지."

"그럼 어디 가서 살까?"

조주의 이런 소박한 대구에 깜짝 놀란 수유스님이 말하기를 :

"아니 이 늙은이야! 그래 아직도 老老大大하도록 거처 하나 모른단 말이냐?"

아는가? 과연 여기 어떤 公案이 끼어들었는지? 수유의 화두에 대하여 달관에 이른 조주는 그냥 "그럼 어디가서 살지"하고 평상적 언어를 내뱉는 것이다. 허나 여기에 조주는 발목이 붙잡힌 것이다. 해탈한 인간에게는 본시 定處가 없는 것이다. 바로 나 인간존재, 그 몸둥이 하나가 바로 나의 구극적인 定處일 것이다. 그런데 수유화상은 그 꼬투리를 붙잡는 것이다.

"아니 그 나이 되도록 네 정처도 모른단 말이냐? 수도 헛 했군!"

조주 대구하여 말하기를 :

"30년이나 말등위에서 말고삐잡고 놀았는데, 이제나 와서 말궁둥이에 채이는군!"(三十年弄馬騎, 今日却被驢踏。)

그리곤 조주는 대중들의 간청에 못이겨 河北省 趙州의 觀音院에 住持하게 된다. 그리고 이 조주지방의 관음원을 중심으로 江北에 독자적 새로운 선풍을 일으킨 것이 다시 40년! 120세 죽을때까지 그는 이 조주 관음원에서 머물렀다. 그래서 그의 이름이 조주가 된 것이다. 唐 乾寧4年 12월 2일 示寂한 것이다. 897년! 불과 10년후 哀帝를 끝으로 그 찬란했던 大唐帝國의 막이 내린다. 즉 조주의 죽음은 중국 최고의 문명의 죽음이었고, 찬란했던 禪學의 黃金시대의 大尾였다. 아니! 조주의 삶이야말로 禪의 大尾 아닌 龍頭였다. 初唐의 慧能으로부터 晚唐의 趙州에 이르기까지의 300년이 곧 禪僧들의 깨달음의 역사요, 『벽암록』을 장식하는 호화캐스트들의 삶의 역사다. 大尾의 조주가 『벽암』의 제2칙에 등장한 이유를 알겠는가? 조주야말로 혜능의 가장 정통한 후계자였던 것이다. 孟子이래 성인을 꼽으라면 慧能을 꼽지않을 수 없고, 慧能이래 성인을 꼽으라면 趙州를 꼽지않을 수 없다. 朱子의 道統論의 강력성에 퇴색당하여 이 盛唐의 혜능－조주史를 외면한다는 것은 東方의 思想史를 제대로 읽지 못하는 것이요, 왜 아직도 우리나라 불교사에 원효에 필적할만한 인물이 없는가를 깨달을 수 없는 것이다. 원효는 바로 海東에 핀 이러한 盛唐의 개화의 한 奇葩다!

조주, 그는 과연 어떤 사람인가? 조주, 우선 그는 귀엽다. 돈오돈수를 말하는 성철스님이나, 그의 사리탑건립을 강행하려는 그의 제자들처럼 위압적이 아니다. 조주는 사랑스럽다. 조주는 공손하고 솔직담백하고 우아단아하다. 조주는 말이없고 조용하다. 그러면서도 그의 일상적 한 마디마디가 의미가 심장하고 무엇보다도 윗트와 유모아에 번뜩인다. 그는 골계의 대가였다.

그가 살고 있는 절깐엔 많은 스님들이 타지로부터 새로 오가곤

하였다. 그중 한 스님을 붙들고 조주는 물었다.

"자네 여기 온 적이 있나?"

"네."

그러자 조주는 말하는 것이었다.

"차 한잔 들게."

그리고 또 한 스님에게 물었다.

"자네 여기 온 적이 있나?"

"아뇨. 스님, 전 요번이 처음입니다."

그러자 조주는 말하는 것이었다.

"차 한잔 들게."

그러자 후원의 원주스님이 조주스님께 여쭈었다.

"온 적이 있는 스님한테 '차 한잔 들게'라 말씀하시고, 또 온 적이 없는 스님한테도 '차 한잔 들게'라 말씀하시니 도대체 그게 무슨 뜻입니까?"

그러자 조주는 원주스님을 물끄러미 쳐다보더니 크게 불렀다.

"원주!"

겁먹은 원주는 갑자기 목청을 높여,

"네." 하고 대답했다.

그러니까 조주는 온화한 목소리로 다음과 같이 말했다.

"차 한잔 들게."(喫茶去。)

차를 마신다는 행위, 그 일상적 행위가 깨달음이요, 그것이 곧 해탈이다. 온적이 있던 없던 차를 마신다는 행위에 의미를 부여하려했던 원주 큰스님의 마음이 진애에 싸여 있는 것이다. 이것이 곧 평상심의 조주의 모습이다.

진리를 희구하는 어느 벽안의 어린 스님이 먼길을 마다하고 조주를 찾아와 엎드려 간청하는 것이었다.

"스님! 저는 이 총림에 처음 왔습니다. 사부님의 교시를 받고 싶습니다. 지극한 도를 가르쳐주시옵소서."

긴장감이 도는 순간이었다.

조주는 말했다.

"아침 먹었냐?"(喫粥了也未。)

"네. 먹었습니다."(喫粥了也。)

조주는 말했다.

"그럼 가서 밥그릇을 씻어라."(洗鉢盂去。)

그 벽안의 신참 스님은 그 순간 대각을 얻었다.

達磨도 처음에 廣州에 왔고 양무제도 江南사람이요, 慧能도 新州(廣東省 新興縣)에서 태어났고 그가 弘忍의 衣法을 相傳한 후 禪風을 크게 발양한 曹溪山 寶林寺도 廣東에 있다. 禪은 대체로 江南에서 크게 진작된 것이다. 그런데 조주는 이 南宗禪을 그 禪機를 달리하여 北方에 크게 발양시킨 것이다. 조주로 인하여 南宗禪이 北方에도 크게 떨쳤으나 그 맛이 자못 다르다.

"德山門에 들어가면 곧 棒에 맞고, 臨濟門에 들어가면 곧 喝에 맞는다." 유명한 얘기지만 조주는 이런 棒喝과 같은 어색하고 유치하고 치사한 짓을 하지 않는다. 조주는 조용히 말로 타이를 뿐이다. 방할(棒은 봉·방, 喝은 할·갈의 발음이 다 可하다. 그리고 읽는 방법도 봉갈, 봉할, 방갈등 門中의 습관에 따라 다를 수 있다. 허나 방할이 가장 古音에 가깝다.)과 같은 물리적 수단에 호소하는 뭇 선사들의 단수보단 역시 조용한 조주의 윗트가 윗길이다.

"趙州下載上載"란 말이 있다. 어느날 여러군데서 모여든 군승들을 놓고 한말이다.

"여기 南方에서 온 사람은 下載일 것이고 北方에서 온 사람은 上載일 것이다."

이말은 무슨 뜻인가? 방위적으로 남과 북은 下와 上으로 나뉜다. 그런데 남에서는 上向(위로 향)하게 되고 북에서는 下向(아래로 향)하게 된다. 그런데 조주는 말한다. 上向하는 놈은 하삐리고, 下向하는 놈은 상삐리다!

"윗 사람에게 붙어 도를 묻는 놈은 失道할 것이요, 아랫사람에게 붙어 도를 묻는 놈은 得道할 것이다."

그의 수도행은 向上宗乘中事가 아니요, 向下宗乘中事인 것이다. 그리고 또 말했다.

"바른 인간이 사법을 말하면 사법도 또한 정법이 되고, 사특한 인간이 정법을 말하면 정법 또한 사법이 되고 만다."(正人說邪法, 邪法亦隨正 ; 邪人說正法, 正法亦隨邪。)

그에게 중요한 것은 道가 아니라 인간이요, 인간의 일상적 됨됨이다. 조주의 언어는 언어를 초월키 위한 것이다. 그러나 조주의 언어는 명확한 논리가 있다. 그 논리가 천갈래 만갈래로 꼬기꼬기

우구려서 감추어져 있을지언정 확연한 논리가 있다. 그 논리를 터득치 못하고 不立文字를 말하는 것이야말로 언어도단(言語道斷)이다. 그래서 사람들이 말하였다. "조주의 입술에선 광채가 난다." (趙州口脣皮上放光。)

자아 이제, 그 어렵고 어려운 조주의 공안에 들어가 볼까?


【本則】 舉：趙州示衆云：「至道無難，唯嫌揀擇。纔有語言，是揀擇？是明白？老僧不在明白裏，是汝還護惜也無？」時有僧問：「旣不在明白裏，護惜箇什麼？」州云：「我亦不知。」僧云：「和尙旣不知，爲什麼卻道不在明白裏？」州云：「問事卽得，禮拜了退。」

|본 칙| 들어보자！ 조주가 법회에 모여든 대중에게 다음과 같이 설법했다. "3대 조사께서 이런 말씀을 하셨지 않은가？ '지극한 도는 어렵지 않다. 오직 선택적 판단을 싫어할 뿐이다'라고 말야. 인간의 언어가 있게되면 곧 선택적 판단에 떨어지지 않으면, 곧 명명백백한 절대경지로 가게되지. 그런데 이 조주 늙은이는 말야, 그 명명백백한 절대경지에도 있지 않단말야. 그런데 그대들은 아직도 그 절대경지를 구하고 있지 않는가？"
이때, 어떤 스님이 일어나서 물었다.
"좋습니다. 그런데 명명백백한 절대경지에도 있지 않다면 구할 대상조차 없어지는 것이 아닙니까？ 저희들이 뭘 구하겠습니

까?"

조주가 말했다.

"나도 몰라."

그 스님이 또 집요하게 물었다.

"스님께서 '나도 몰라' 하신다면, 왜 명명백백한 절대경지에도 있지 않다고 아는체 하셨습니까?"

조주스님이 말했다.

"다 물었냐? 그럼 이제 절하고 가 봐."

[檣案] 조주의 공안은 헤아릴 수 없이 많다. 그리고 그 공안의 대부분이 참으로 우리의 심금을 울리는 명공안들이다. 그런데 이 『벽암록』의 冒頭에 등장한 이 공안은 조주의 그 많은 공안중에서 가장 재미없고 가장 난해한 것이다. 허지만 이 공안을 풀면 조주의 공안이 모두 다 풀린다. 그런데 불행하게도 독자 여러분들은 나의 번역만 읽어도 쉽게 그 논리적 맥락을 터득할 것이다. 그래서 나는 참으로 부화가 터진다. 나는 이 공안을 이렇게 번역하는데 자그만치 19년의 세월을 소비해야 했으니까. 내가 이 공안을 처음 접한 것은 1978년 하바드대학에서였다. 나는 그때 양 리엔성(楊聯陞)교수의 "불교학특강"을 수강했는데 교재가 바로 이 『벽암록』이었다. 나는 이 두번째 조주의 공안에서 꽉 막히고 말았다. 그런데 사실 지근이 웬만한 사람이라면, 조주에 대한 웬만한 정보만 가지고 있다고 한다면, 이 공안이 了解안될 건덕지는 아무 것도 없다. 사실 그 대체의 요점을 잡기란 그리 어려운 문제가 아니다. 허나 문제는 매우 지엽적인데에 있었다. 이 공안의 특색은

그 내면에 흐르고 있는 "평행선"이다. 평행선이란 서로 만날 수 없는 두개의 선을 말하는 것이다. 하나는 논리와 분별을 근원적으로 거부하는 조주의 선이다. 또 하나는 논리의 철저성을 추구하고 무분별을 거부하는 問僧의 선이다. 그런데 이 問僧의 질문의 논리가 최소한 그 논리의 철저성을 추구하는 것이라면, 조주의 거부 이전에 철저한대로 우리에게 이해가 되어야 한다. 그런데 "老僧不在明白裏, 是汝還護惜也無?"라는 구문의 정확한 논리적 맥락과 그것을 논박하는 問僧의 "旣不在明白裏, 護惜箇什麼?"라는 논리의 초점이 우리에게 확연히 전달이 되지 않는다. 그리고 大唐帝國이 종언을 고한이래 아무도 이 나의 답답한 심정을 확연하게 풀어주는 이들이 없었다. 그런데 나는 그것을 풀었다. 19년이나 고민·고민 끝에 풀었다. 참으로 기나긴 숙제였다. 독자님들! 한번 잘 대조하면서 고민해보시게나! 또 다시 논리가 헝크러지지는 않으실런지, 禪이란 대우주도 한 미소로 잊어버릴 수 있다. 그러나 학문이란 터럭하나도 물샐틈이 있어서는 아니된다. 후학들! 정신차리시게!

훈덕지근한 지난 늦가을, 구중중하게 비가 내리고 있었고 나는 내가 졸업한 원광대학교재단에서 山本에 양·한방 협진병원을 만들었다고 그 축사를 해달라고 간청해왔다. 축사같은 것 하러 돌아다닐 시간이 있으랴마는 은사님들 뵈러갈 겸, 나는 山本에 가는 비좁은 지하철에 몸을 실었다. 비좁고 옹색하고 우산에선 물이 뚝뚝흐르고 전체적으로 화창할 수 없는 분위기였다. 그런데 어떤 학생이 나에게 비집고 다가왔다.

최고의 道는 어렵지 않은걸!  95

"도올선생님이시죠?"

"왜 묻나?"

"기철학이 무엇입니까?"

대짜고짜 기철학이 무엇이냐고 묻는데 내가 뭘 대답할 수 있으랴!

"나도 잘 몰라!"

"아이 그러시지 마시구요. 기철학은 선생님이 만드신 철학인데 선생님이 모르시면 누가 알아요. 그러시지 마시구요, 선생님이시라면 딱 한마디로 말씀해주실 수 있을 것 같은데요. 딱 한마디로 말씀해 주세요. 선생님은 대가시니깐 그렇게 말씀하실 수 있을꺼라구요."

입도 넙죽넙죽, 막무가내 물러갈 기미가 없었다.

"자네 어느 학교 다니나?"

"아주공대요."

"뭘 공부하나?"

"전자공학요."

"내가 궁금한게 하나 있는데 말해주겠나?"

"네."

"딱 한마디로 전자공학이 무엇인가?"

그 학생은 아무 대꾸도 하지 못했다.

"그만 물러가 보게! 다음 역에서 난 내려야돼!"


『장자』「추수」편에는 보통 "濠梁之上"이라고 불리우는 다음과 같은 장자와 혜시와의 유명한 대화가 실려있다. 혜시는 당시 名家

의 대표적 인물로서 탁월한 논리가요 정치가였다. 허나 장자는 근원적으로 논리의 장난속에서 진리를 찾고자하는 노력을 조롱한다. 장자의 이러한 태도는 "心齋"라든가 "坐忘"이라든가 "朝徹"이라는 말로 대변되는 것이다. 물론 이것은 모두 佛敎가 中原에 진입하기 이전에 불교와 무관한 중국인 고유의 사상이다.

장자와 혜시가 성곽밖의 해자호수위에서 거닐면서 놀고 있었다. 그 위에 걸친 다리위에서 잉어들이 한가로이 노닐고 있는 모습을 굽어보고 있던 장자가 다음과 같이 탄성을 발하였다.

"아~ 저 아름다운 비단잉어들 좀 보게. 한가롭게 노닐고 있군. 저것이야말로 저 잉어의 즐거움이 아니겠나?"(儵魚出游從容, 是魚之樂也。)

이때 혜시가 잽싸게 받아 넘겼다.

"아니 莊군!" 그대가 고기가 아닐진대, 어찌 저 고기의 즐거움을 안다고 말하는가?"(子非魚, 安知魚之樂。)

그러자 질새라 장자는 되쳤다.

"아니 惠군! 그대가 내가 아닌데, 어찌 내가 고기의 즐거움을 모른다는 것을 그대가 알 수 있는가?"(子非我, 安知我不知魚之樂。)

그러자 혜시는 집요하게 되쳤다.

"나는 물론 그대가 아니지, 그러니 물론 내가 그대를 알 수는 없지. 허나 똑같은 논리로 그대가 고기가 아니라는 것은 분명하지 않은가? 그렇다면 그대가 고기의 즐거움을 알 수 없다는 나의 주장은 완벽하게 성립하지."(我非子, 固不知子矣。 子固非魚也,

子之不知魚之樂, 全矣。)

여기서 장자는 논리적으로 분명히 깨졌다. 그렇다면 장자는 혜시의 논리앞에 패자임을 선언했을까? 아무말도 못하고 혀를 깨물고 말았을까? 그렇지 않다. 이제 장자의 마지막 논변을 들어보자.

"아~아~ 그러지 말구. 우리 이제 솔직하게 그 근본으로 돌아가 보자구! 그대가 처음에 '莊군, 네가 어떻게 그 고기의 즐거움을 아느냐'고 운운했을 때, 이미 그대는 내가 그 즐거움을 안다는 것을 알고 물은 것 뿐이야. 너무 입주둥아리만 놀리지 말게. 내가 그걸 어떻게 알았냐구? 나 그걸 바로 이 다리위에서 알았단 말야!"(請循其本。 子曰汝安知魚樂云者, 既已知吾知之而問我, 我知之濠上也。)

이 기나긴 피튀기는 논쟁에서 가장 중요한 것은 마지막 장자의 결론이다. "어떻게 알았냐구? 난 이 다리 위에서 여기서 알았단 말야!" 我知之濠上! 이 말 한마디는 이미 언어를 초월한 직관의 세계다.

말해보라! 且道! 혜시와도 같이 집요하게 물고 늘어지는 어린 間僧앞에 논파당한 조주의 최후의 한마디는 무엇이었던가?
"다 물었으면 절이나 하고 물러나게!"(問事卽得, 禮拜了退。)

나는 아주공대생에게 말했다.

"그만 물러가 보게! 다음 역에서 난 내려야돼!"

나는 무엇을 말했던가? 나의 기철학은 나의 삶은 직관의 총체다. 그것을 한마디로 말하라구? 물론 한마디로 말할 수 있겠지! 허나 그 한마디를 네놈이 알아들어 먹을려면 여우굴속에 100번 들어갔다 나와도 될까말까 하느니라! 예끼놈! 길거리 지하철에서 거저 주서먹을려구해! 그것은 구극적으로 너자신의 삶의 직관에 속하느니라!

생각해보라! 조주가 인도인인가? 중국인인가? 선이 불교인가? 莊周之道인가? 잘 생각해보라! 선은 불교도 아니고 도교도 아니니라. 오로지 "사람의 깨달음"이니라. 그것이 조주스님의 본뜻이 아니겠누?


【頌】　至道無難, 言端語端。
　　　　一有多種, 二無兩般。
　　　　天際日上月下, 檻前山深水寒。
　　　　髑髏識盡喜何立? 枯木龍吟銷未乾。
　　　　難! 難! 揀擇明白君自看。


송　　　지극한 도는 어렵지 않다.
　　　　그렇구말구, 우리가 하는 모든 말끝마다 다 그렇구말구.
　　　　하나속엔 여럿이 있구,
　　　　둘속엔 둘이 없네.
　　　　저 하늘녘엔 해가 오르면 달이 지고,

난간 앞의 설두산은 깊고 깊어 물이 차네.
해골박아지 의식이 다했으니
어디 기쁘고 슬픈 감정이 있을소냐?
말라빠진 고목에 용이 울건만
나무가지는 아직 마르지 않았어.
어렵네! 어렵네! 정말 어렵네!
선택적 판단이다 명명백백한 절대경지다 하는 것은
그대 자신이 풀어보구료.

案 이 공안 전체가 선종 제3대조인 **鑑智僧璨**의 『**信心銘**』이 라는 산문을 전제로하고 이루어진 것이다. 조주가 이 승찬의 『신 심명』을 매우 사랑하고 애송했던 것 같은데, 이 구절을 둘러싼 공 안이 무려 4칙이나 나오고 있다. 그 핵심이 된 한 구절이 다음과 같다. "**至道無難, 唯嫌揀擇, 但莫憎愛, 洞然明白。**"(지극한 도 는 어렵지 않다. 오직 간택을 싫어할 뿐이다. 단지 미움도 없고 사랑도 없으면 모든 것이 뻥 뚫리면서 명백하게 된다.)

"간택"이란 보통 사극에서 왕이나 왕자, 왕녀의 배우자를 고르 는 의미로 쓰고 있지만, 그 원래 뜻은 많은 중에서 골라 선택한다 는 것이다. 그러나 이 선택(간택)이라는 뜻은 인간의 언어인식행위 의 가장 기본적인 것이요, 모든 분별의 근원이지만, 불가에서는 결 코 긍정적인 의미로 쓰는 말이 아니다. 우리의 언어적 판단 그 자 체가 "간택"인 것이다. 그러나 이 『심신명』에서의 간택은 특히 인간의 감정의 호오와 관련되어 있으며, 불교의 근본의인 멸집(**滅 執**)과 관련되어 있다. 따라서 증오하거나 사랑하거나 하는 감정의 간택상태가 없어지게되면 **洞然**하게, 텅 빈것처럼, 모든 것이 명백하여 진다는 것이다. 여기서 명백이란, 간택이 인간의 상대적 집착을 말한다면, 그것은 상대가 모든 멸절되어버린 절대적 경계를 말하는 것이다. 허나 조주는 이 절대적 경계마저 부정했던 것이다.

설두의 송은 이러한 "지도무난"의 경지는 언어의 부정이라기보다는 모든 우리의 언어 단초가 지도무난의 경지를 지향하고 있다고 지적하는 것으로 시작한다. 하나(一)란 무차별의 전체를 말하는 것이다. 허나 그 하나속에 **多種**이 들어가 있다. 즉 평등속에 차별이 들어있다는 것이다. 둘속에 둘이 없다(二無兩般)는 말은 그와 반대상황을 가리킨다. 둘(二)이란 차별의 세계다. 무엇이든 하나면 무차별이지만 둘이면 차별이 생긴다. 여자도 한 여자만 있으면 전념하여 사랑하지만, 두 여자가 있으면 이 여자 저 여자 분별심이 생겨 왔다리 갔다리하다가 애증의 갈등이 생겨나게 되는 것이다. 허나 둘 속에 둘이 없다는 말은 차별속에도 하나됨의 평등이 있다는 것이다. 이 여자 저 여자 사랑한다 하지만 알고보면 다 인간의 집념에서 나온 허상이요, 그 진실을 밝히면 무차별한 존재의 실상이 드러나게 되는 것이다.

하늘에 해가 뜨면 달이 지는 것은 너무도 명명백백한 사실이다. 그리고 설두가 살던 설두산이 깊으니까 난간앞에 흐르는 시냇물이 차가운 것은 너무도 명명백백한 사실이다. 이것은 곧 명백의 절대경지다. 인간이라는 해골박아지! 즉 인간이라는 존재는 해골박아지와 같이 되어버리는 **大死一番**의 대각견성을 체험해야하는 것이요, 그 해골박아지와 같이 의식을 다 씻어내버리게 되면 어찌 근원적으로 애증이 성립할 수 있을까보냐?

허나 겨울에 죽은 듯이 보이는 나뭇가지도 바람이 불면 쌩~ 쌩~음~음~ 울게 마련이다. 이를 원래 『전등록』 曹山本寂의 장에서 "枯木龍吟"이라 표현했던 것이다. 그런데 枯木 속에서도 龍이 우는 것은 그 枯木이 완전히 죽었기 때문이 아니라(銷, 녹아 없어진다는 표현) 그 끝가지까지 새봄에는 항상 물이 오르고 있기 때문이라는 것이다. 즉 인간의 해탈은 촉루(해골박아지)와 같은 죽음의 경지를 희구하지만 禪의 생명력은 고목 나무가지에도 물이 흐르고 있는 것과도 같은 그 생명의 분출에 있다는 것이다. 촉루와 고목의 아이러니! 아~참! 어렵다! 어려워! 간택이니 명백이니 이 조주의 개구라! 나 설두가 어찌 다 설명하리! 관심 있는 선지식들이여! 그대 자신들이 간파해보게나!

(1998. 3. 8.)

"어르신네 좌선은 해서 뭐하실라오?"

"부처가 될려구요."

회양은 이때 깨진 기왓장을 집어들더니

숫돌에 그것을 열심히 갈기 시작했다.

그것을 쳐다보던 마조왈,

"그건 갈아서 뭐하실라오?"

"잘 갈아서 거울만들려구."

"아니 어떻게 개왓장을 갈아

얼굴이 비치는 거울을 만들 수 있단 말이요?"

"그런 말 하는 놈이 그래 좌선해서 부처되겠다구해?"

# 낮에는 해를보고 밤에는 달을보고

鳥足　**千佛이 모인 자리에서는 千佛이 싫어하고 群魔가 득시글거리는 데서는 群魔가 미워하는, 더러운 냄새의, 털안 깍아 짐승 같은, 法盲僧 하나가 오늘도, 오라지도 않은, 누구네 잔치의 앞자리에 버티고 앉았습. 咄!**

"선생님, 도무지 이 작자 우리 문학사에서 해결이 안되는 골칫덩어리올씨다. 아무도 건드릴 수가 없고 그렇다고 무시해버리기에는 찜찜한, 저 조선인의 언어의 검은 나락에서 내 뿜어대는 유황불같은, 코가 매캥매캥하고 눈이 찌릿찌릿하고 머리가 어지러운 작자올씨다. 선생님밖엔 해결사가 없을 것 같아 여기 책 한권 두고 가옵니다."

최근까지 『시사저널』 편집국장을 지낸 김훈學兄님의 말이다.

"그게 누구요?"

"박상융이라는 작자올씨다."

『七祖語論』! 훈兄이 내 책상머리에 남기고 간 갈등이었다.

전북 장수 촌놈이라던데, 박상융! 과연 그는 누구인가? 나는 말한다.

"박상융! 그가 바로 七祖다!"

게 무슨 망발인고?

"그래? 니그 박상융이 七祖라캐는 내말이 이상타고 생각하는 니가 바로 七祖다!"

朴兄! 말장난이 좀 심하십디다 그려. 우리 훈형 대가리를 어지럽게 해놀만 합디다 그려. 왜『七祖語錄』이 아니고『七祖語論』인가? 어록이란 생생한 살아있는 말들(語)의 꾸밈없는 기록(錄)이다. 그런데 어론이란 그 말들을 논술해낸 잡설(雜說)이다. 어록은 살아있는자들의 깨달음의 자취다. 그래서 간결하다. 어론은 죽은 언어들의 꾸민 논설이다. 그래서 장황하다. 그런데 박상융의 파우어는 "語論"에 있질 아니하다. 바로 "七祖"라는 이 한마디, 그 참신한 발상에 있는 것이다. 七祖란 무엇인가?

禪宗史에서 "七祖"란 있을 수 없는 말이다. 왜냐? 흔히 禪宗이란 衣鉢전수의 법통의 역사요, 祖師들의 계보의 전승으로 착각한다. 中華第一祖라 불리우는 達磨도 天竺의 계보로 말하면 第二十八祖요, 達磨의 법통도 二祖(29조) 慧可, 三祖(30조) 僧璨, 四祖(31조) 道信, 五祖(32조) 弘忍으로 엄격한 衣鉢전수의 계통을 밟아 내려간 것이라고 한다. 그런데 앞서도 이미 말했지만 제1조 摩訶迦葉으로 시작하여 阿難, 馬鳴, 龍樹, 般若多羅에 이르는 天竺의 계보는 제일 먼저 唐의 智炬의 撰인『寶林傳』

(801년)에 등장하여 『祖堂集』(952년)을 거쳐 『景德傳燈錄』(1004년)에 전승되고 있지만, 이는 명백히 중국인 선종史家의 창작이다.

五燈之首요, 1701人의 傳燈法系의 계보를 밝히고 있는 방대한 禪의 사료집이며, 禪宗의 체계적 역사서라고 말할 수 있는 『景德傳燈錄』이 세간에 빛을 본 것은 北宋 眞宗 景德 元年, 1004년이요, 때는 趙光胤으로 시작한 北宋정권이 아직 국권의 정초를 다지지 못한 北宋초기였다. 『경덕전등록』의 저자 道元은 法眼宗의 사람이며 蘇州 承天 永安院에 住하였다는 것 외로는 일체 그 生平이 알려져 있질 않다. 어떻게 이러한 방대한 사료가 이토록 치밀하고 생생하게 계통적으로 기록될 수 있었는지 그것은 아직까지도 의문의 베일속에 가려져 있지만 不立文字를 외치는 中國人의 역사기록에 대한 아이러니칼한 집념의 위대성 앞에는 절로 고개가 숙여진다.

생각해보라! 지금 우리가 영정조시절에 서울장안등지에서 산 사람들의 안방에서 다소곳이 오간 이야기 일천칠백개를 기술한다고 하면 과연 그것이 정확하게 사실적으로 계통적으로 기술될 수 있을까? 『寶林傳』『祖堂集』과 같은 先行하는 업적이 있기는 했지만, 『전등록』에 수록된 찬란한 선사들의 이야기는 상당부분 창작될 수 밖에 없었으리라는 추측은 쉽게 할 수가 있다. 그런데 이 『전등록』의 전등의 핵심은 一祖로부터 六祖까지의 衣法相傳의 법통이다.

그런데 『六祖壇經』으로부터 시작하여 『寶林傳』『祖堂集』
『傳燈錄』등의 선종사료가 쓰여지게 된 가장 본질적인 이유는 바
로 慧能의 南宗禪과 神秀의 北宗禪의 대립의 와중에서 慧能의
적통성과 頓悟見性의 心法印의 우월성을 주창하려는데 있었다.
그런데 혜능계열이 신수계열에 대해 내세울 수 있는 유일한 적법
성은 바로 弘忍의 衣鉢을 혜능이 전수받았다는 사실 하나에 매
달려 있었다. 神秀의 게송, "身是菩提樹, 心如明鏡臺, 時時勤
拂拭, 莫使惹塵埃。"에 대하여 일자무식꾼이던 慧能이 "菩提本
無樹, 明鏡亦非臺, 本來無一物, 何處惹塵埃。"를 타인의 손을
빌어 내걸음으로써 弘忍의 의발을 전수받았다고 하는 이 이야기
자체가 어찌보면 南頓, 北漸의 宗風의 차이를 전제로 해서 이
양인의 삶의 스토리를 戱化시킨 세간(남방계열)의 창작일 수도 있
는 것이다.

中國禪의 출발은 達磨가 아닌 慧能이다. 慧能이 애초에 文字
를 모르던 무식꾼이었든지 아니었든지간에 그가 曹溪寶林寺에서
禪風을 발양하던 때는 그는 이미 文字의 정상을 밟고 있는 위대
한 識者였다. 그리고 門下에서 五家七宗의 法系가 다 쏟아져
나왔다. 다시 말해서 慧能을 六祖로 만든 것은 五家七宗의 남
종선의 장난이다. 남종선이 남종선의 적통을 주장하기 위해 그들
의 祖宗인 혜능을 六祖로 만들어야 했고, 그 六祖라는 의미는
一祖인 達磨로부터 六祖인 혜능에까지 내려오는 의법상전의 적
통성인 것이다.

그러나 아이러니칼하게도 혜능의 위대성은, 혜능을 혜능답게 만드는 가장 위대한 祖宗的인 성격은 바로 이러한 적통성, 의발상전의 법통을 부정했다는데에 있다. 예수는 예수의 祖宗的 성격을 완수하기위해 애비를 죽여버렸다. 다시 말해서 요셉은 실부로서의 자격을 상실해버렸고 마리아는 신의 아그네스가 되어버렸으며 예수는 사생아가 된 것이다. 가부장제적 족보의 권위로부터 예수를 해방시키는 길은 父系를 차단시키는 길밖에는 없었던 것이다. 예수는 절대자가 되기위해 예수이전의 인간족보를 단절시켜야만 했던 것이다. 허나 혜능은 혜능의 깨달음의 절대성을 과시하기위해 혜능이후의 족보를 단절시킨 것이다. 혜능은 혜능의 의발을 아무에게도 전하지 않았다. 혜능은 본시 달마·혜가·승찬·도신·홍인으로 내려오는 의발을 전해받은 바 없는 인간이었다. 그러나 그 의발전수의 법통은 후대의 사가들이 남종의 북종에 대한 우월성을 입증하기위하여 그 적통성의 근거로 날조한 것이다. 그러나 그 의발전수의 법통은 혜능에서 完結되는 것이다. 禪이란 바로 그러한 권위의 정통성으로부터 해방되는데서 출발하는 것이다. 법통의 완결은 법통의 부정이다. 六祖는 六祖로서 완성되며 동시에 六祖는 否定되는 것이다. 禪은 법통의 역사가 아니요 의발전수의 역사가 아니다. 禪은 오직 깨달음의 역사요, 모든 깨달음이란 깨달음으로서 완성되고 단절되는 것이다. 깨달음은 절대요, 절(絶)대란 끊음이다. 禪宗에서는 七祖가 없다. 아니 七祖가 있어서도 아니 되고, 있을 수도 없다. 박상융이 이러한 구극적 진리를 알고 七·八祖를 운운한다면 그의 장황한 잡설은 一論으로 가상히 여겨줄 수도 있을 것이다.

중국의 선이 혜능으로부터 출발하고 혜능이 바로 의발전수의 법통을 부정했다고 한다면 禪의 절대적(對를 絶한다) 성격은 명약관화해진다. 禪의 역사는 의발전수의 역사가 아니요 절대의 깨달음의 점철일 뿐이다. 그런데 많은 사람들이 禪을 의발상전의 비전체계로 곡해하고 있음은 웬 연유에서 일까?

그것은 일차적으로 혜능의 신화의 본질을 파악치 못하고 그 傳燈의 燈의 의미를 곡해한데서 생기는 妄見에 불과하지만, 역사적으로 禪이 이렇게 곡해된 배경에는 아이러니칼하게도 외래불교라는 이방문화에 대하여 주체회복을 선언하고 강력한 도덕주의를 표방하며, 排佛의 기치를 높이 올린, 朱子學으로 대변되는 신유학(宋學)이 바로 禪宗의 도통론을 수입하여 자신의 입지를 정당화시키는 무기로 삼은데서 유래되는 정통론의 보편화가 더 크게 자리잡고 있는 것이다.

다시 말해서 혜능계 남종과 신수계 북종의 대립에서 남종이 남종의 정통성을 확보하기 위하여 의발의 師資相承의 法統을 날조했다고 한다면, 바로 주자는 유학과 불학의 대립이라고 하는 문제의식과 겹치는 靖康之變이후의 南宋의 특수한 정치분위기 속에서 南宗禪의 법통론에 못지않은 강력한 儒學의 道統論을 날조·고수해야만 하는 어떤 필연성을 감지했던 것이다. 朱子에게 있어서 子思子의 『中庸』이란, 어찌보면 南宗禪家에게 있어서

『六祖壇經』과 같은 것이었는지도 모른다. 朱子가 얼마나 강력한 도통론을 관철시키고 있는가 하는 것은 그의 "中庸章句序"에 아주 상세하게 나타나 있다.

中庸何爲而作也，子思子憂道學之失其傳而作也。蓋自上古聖神繼天立極, 而道統之傳有自來矣。

중용은 어떠한 목적으로 지었는가? 자사자가 도학이 그 전하여짐을 잃어버릴까봐 염려하여 지었다. 대저, 상고의 聖神이 하늘을 이어 인간세의 기준을 세움으로부터 그 道統의 전함이 유래가 있게 되었다.

이 주자의 "中庸章句序"의 前末은 내가 講述한 것을 도올서원의 재생들이 받아서서 낸 책 『도올선생 중용강의』(서울 : 통나무, 1995) 제3강에 아주 소상히 밝혀져 있다. 여기에 그 "道統"이라는 말이 분명히 나오고 있는 것이다. 이로서 朱子는 堯—舜—禹—湯—文—武—周公—孔子—子思—孟子로 이어지는 道統의 전수를 확립했다. 그리고 孟子에서 일단 단절이 생겼던 것을 다시 宋學의 先河, 程子가 이었고, 그 程子之傳을 바로 朱熹 본인이 이었다는 것이다. 慧能은 자신의 衣鉢을 曹溪의 寶林寺에 祕藏시키고 그 전수를 엄금시켰다. 傳燈의 燈은 그따위 의발로써는 相傳될 수 없다는 것이다. 허나 朱子는 堯·舜의 의발을 자기가 程子에게서 물려받았다고 萬方에 고함으로써 신유학의 새로운 시대의 도래를 선언한 것이다.

朱子가 물려받은 堯舜의 의발은 무엇인가? 그것은 옷님금·순님금의 입던 옷, 먹던 사발이 아니다. 그것은 의발이 아닌 經이요, 물건이 아닌 언어다! "允執厥中!" 이 4글자 1귀야말로 웃님금이 순님금에게 전수한 의발이다. 그리고 순님금(舜)은 웃님금 (禹)에게 3귀를 더해 전했다 : "人心惟危, 道心惟微, 惟精惟一, 允執厥中。"

　기실 이 "虞庭의 傳心訣"이라고도 불리우는 4귀의 역사적 의의는 혜능이 신수의 漸頌에 대하여 내갈긴 頓頌 4귀와도 같은 것이지만, 그 논리적 맥락은 매우 다르다. 允執厥中의 "厥中"은 실제 그 궁극적 인간학적 의미에 있어서 龍樹의 中論 (Mādhyamika)과 大差가 없다. 허나 龍樹는 부정에 부정을 더하여가는 순수한 초세간적이고 비윤리적인 中을 말했지만, 주자의 中은 세간적이고 윤리적인 中이다. 그 中의 윤리적 맥락은 "人心惟危, 道心惟微"라 하는 이 한마디인 것이다. 朱子哲學을 한마디로 요약하라면 "去人欲存天理"(사람의 욕심을 버리고 하늘의 이치를 보존한다)라 말할 수 있는데 人心은 곧 人欲이요 危(위태로움)한 것이요, 道心은 곧 天理요 微(은미함)한 것이다. 危한 人心을 버리고 微한 道心으로 돌아가라! 이것이 곧 朱子의 直指人心이요, 心法印이다. 내가 이렇게 말하면 언제는 유가입장에서 불가를 디립다 까더니만 지금은 또 불가입장에서 불가를 배척한 유가의 본질을 왜곡한다고 씹을 것이다. 여기서 씹히고 저기서 씹히고, 아이쿠 두야! 내 方便說法을 깨닫지 못하는자 주둥아리 놀릴생각마라!

朱子學의 人心道心論이나 存天理去人欲論은 알고보면 禪이 지나치게 권위부정을 추구한 나머지 空寂한 말장난에 빠져버린 역사적 병폐를 광정하고 인간세의 도덕적 현실을 직시하여 인간의 本分事로 회기하자는 외침이라고 볼 수도 있을 것이나, 佛家의 입장에서 본다면, 朱子學이야말로 禪家의 극단적 허무주의(Nihilism)에서 다시 四聖諦 八正道로 회귀한 불교자내의 도덕주의적 회복이라고 해석할 수도 있을 것이다.

과거 조선조의 유학자들이 朱子學의 정통성을 고수하고 이단을 배척하는 태도나 오늘날까지도 退栗의 권위에 찌들린 성균관유생 운운하는 자들의 작폐를 보면 宋儒의 道統論의 편협함의 병폐를 실감할 수 있다. 허나 이것은 禪家에 있지도 않은, 禪家는 慧能 당초로부터 이미 벗어던져버린, 傳燈의 방계적 말폐에 지나지 않는다.

朱子는 『傳燈錄』을 본따 『伊絡淵源錄』을 만들었다. 후대 黃宗義의 『明儒學案』이나 『宋元學案』도 모두 이 『경덕전등록』의 體裁를 仿照하여 만든 저작들이다. 우리나라의 족보편찬도 알고 보면, 그 본래 연원은 스님들의 法系편찬방식과 무관치 않은 것이다.

허나 진정한 傳燈의 기록은 이렇게 정통론을 고수하려는데 있질 아니하다. 傳燈의 등은 빛이다. 그런데 이 빛은 의발의 빛이 아니요, 깨달음의 빛이다. 그것은 정통의 빛이 아니요 이단과 정통의 분별심이 근원적으로 말소되는 혜지의 빛이다. 그 빛을 전한 기록은 계보의 배타성을 확보하려는 기록이 아니라 깨달음 그 자체의 역정을 통해 중생심으로 나아가려는 전법의 기록이다.

『요한복음』도 "빛"을 말하고 "로고스"를 말한다. 말씀이 빛이요, 빛이 곧 말씀이다. 허나 그 빛은 하나님의 變顯(the Transfiguration)의 실체의 빛이요, 초월적 존재에게로 회귀하는 빛이다. 허나 전등의 빛은 깨달음(the Enlightenment) 그 자체의 無體의 빛이요, 초월아닌 해탈의 진리의 燈불이다. 선의 전등은 깨달음의 우열이나 서열이나 대열을 말하려는 것이 아니요, 오직 깨달음을 전하여 인간의 마음을 열게하고 몸을 깨우치며 모든 망념에서 벗어나게 하려는 교육의 등불이다. 선의 역사는 깨달음의 역사요, 깨달음의 역사는 교육의 역사요, 교육의 역사는 빛을 전해가는 역사인 것이다.

그런데 이러한 禪의 宗旨, 公案의 本旨를 깨닫지 못하고, 주자학이 선학의 말폐를 흡수하여 편협한 도통론을 세운 것을 다시 재역수입하여 門中을 말하고, 깨달음의 우열을 말하고, 법랍의 서열을 말하고, 큰스님을 말하고, 祖室을 말하고, 방장의 권위를 말한다. 니기미 씨팔, 큰스님? 엿먹어라! 뭐가 크길래 큰 스님이냐? 좆대가리가 커서 큰 스님이냐? 씹대가리가 커서 큰 스님이냐? 가불마조(呵佛罵祖), 그게 뭐이더냐?『벽암록』그것이 바로 가불마조의 기록이니라!

우리사회는 내가 생각키로, 衣鉢만 전하려하지 진리의 빛을, 깨달음의 본체를 전하려하질 않는다. 그러기에 내 진실로 진실로 너희에게 이르노니, 21세기는 禪에서 배워야 한다. 새로운 전등의 기록을 세워야 한다. 새로운 깨달음의 빛을 전해야 한다. 가사와 바리때길랑 조계산 깊은 골에 깊게 깊게 묻어두어라 !

나의 책 『老子哲學 이것이다』 앞대가리에 보면, 나의 슬픈 삶의 이야기를 전하는 부끄러운 문장이 하나 실려 있다. "求原諒"! 나에게도 존경하는 선생이 있었고 사랑하는 제자가 있었다. 선생의 학통을 이으려했고 제자에게 나의 지식과 지혜를 전달하려고 애썼다. 나는 정말 학생으로서 선생으로서 학통을 지키기 위한 최선의 노력을 경주한 인간이었다. 그런데 어느날 이런 모든 노력이 허물어지는 체험을 한 것이다. 求原諒 ! 내 삶의 모든 진실을 담아 사모했던 스승이 날 저버리고 내 삶의 모든 정열을 담아 자애하던 제자가 날 배반한 것이다. 너무도 터무니없는 인간세의 瑣事의 와중속에서. 양심선언 ! 복직 ! 한의대 ! 나는 고려대학 石門을 나서면서 이렇게 중얼거렸다.

"이제 도올에게는 스승이 없다. 이제 도올에게는 제자가 없다. 나 이제 제자를 기르지 않는다. 스승을 만들지 않는다. 스치는 바람이 모두 나의 제자요 스승이다."


求原諒후 나는 깨달았다. 법통, 도통, 학통, 혈통, 씹통, 좆통, 다 허망한 것이더라. 그럼 넌 뭔 통이냐? 그래 난 벽암통이다.

나는 지금도 타인에게 지식을 전하는데 열심이다. 내가 알고 있는 바를 남에게 감추지 아니한다. 아마도 이 세상에 나만큼 대가리속에 많은 지식의 쓰레기더미를 쌓아올린 자도 그리 흔치는 않을 것이다. 그런데 지식이란 나의 것이 아니다. 인류의 갈등(언어)이 공통의 노력을 경주하여 만들어온 것이다. 지식이란 대부분 있는 것을 흡수한 것이지 내가 만든 것은 아니다. 그따위 지식을 가지고 자랑할 것이라곤 아무 것도 아닌 것이다. 알고보면 도서관 어딘가에 다 꽂혀있는 것이다. 그런데 이러한 지식을 발견하고 흡수하는 과정에서 어떤 깨달음을 얻는다. 나는 이 깨달음마저 전달할려고 노력하지만 결국 나는 깨닫고 만다. 인간의 깨달음이란 인간 孤存의 본연의 영역에 속하는 것이다. 깨달음이란 결국 전수될 수 없는 것이다. 깨달음이란 결국 나 개인의 시공의 연출의 한 계기인 것이다. 그것은 아무도 진입할 수 없는 나의 몸의 空이다. 『벽암록』은 이러한 몸의 空의 전수가 아닌 照影이다. 100칙의 공안이 모두 독립된 절대적 깨달음의 계기들이다. 우리는 여기서 『벽암록』을 읽는 태도를 명백히 해야한다. 『벽암록』은 조사들의 法嗣를 밝히려는 책이 아니다. 그것은 百箇의 燈이 동시에 相卽相入하는 華嚴의 壯觀이다. 그것은 생명이 약동치는 조사들의 삶의 이야기일 뿐이다. 그 이야기를 통해 우리는 우리의 마음의 가능성을 자각할 수 있을 뿐이다.

> 원숭이 새끼품고 푸른절벽 뒤로 돌아가고
> 새 꽃물어 푸른바위 앞에 떨어뜨린다

원숭이 뒤로 돌아가고, 새 앞에 떨어뜨리는 이 모든 광경이 내 마음 自內의 깨달음의 계기일 뿐인 것이다.

江西의 어느 절, 비탈길, 어느 젊은 스님이 손수레를 끌고 있었다. 그 비좁은 비탈길 아랫켠에 거대한 체구의 노장 조실스님이 다리를 뻗고 오수를 즐기고 있었다.

젊은 스님은 수레를 몰고 가면서 황망이 외쳤다.

"스님! 스님! 수레가 내려갑니다. 비키세요! 뻗은 다리를 오무리시라구요!"(請師收足。)

조실스님이 눈을 번뜩뜨면서 말했다.

"야 이놈아! 한번 뻗은 다리는 안오무려!"(已展不縮。)

그러자 젊은 스님이 외쳤다.

"한번 굴른 수레는 빠꾸가 없습니다!"(已進不退。)

앗뿔싸! 굴러가는 수레바퀴는 조실스님의 발목을 깔아뭉개고 말았다. 딱 부러진 발목을 질질끌고 법당에 들어간 조실스님, 거대한 황소같은 체구에 호랑이같은 눈을 부라리며 씩씩대며 나오는 손엔 날카로운 칼날이 번뜩이는 큰 도끼가 쥐어있었다. 바라가 울리고 대웅전앞 뜨락엔 대소스님들이 총집결, 엄숙히 대열을 정돈했다.

"아까 어떤 놈인가? 이 노승의 다리위로 수레를 굴려 발목을 부러뜨린 놈이! 나와!"(執斧子曰：「適夾碾損老僧脚底出來。」) 이 때 젊은 스님, 조금도 기개를 굽히지 않고 늠름하게 뚜벅뚜벅 걸어나와 조실스님앞에 무릎꿇고 가사를 제키고 목을 푸른 도끼칼날앞에 쑤욱 내밀었다.(師便出, 於祖前引頸。)

그러자 그 긴장이 감도는 순간, 노승의 얼굴엔 인자한 화색이 만면, 도끼를 내려놓았다.(祖乃置斧。)

도대체 이들은 누구인가? 도대체 이들은 뭘 하고 있는 것일까? 왜 이러는가? 뭘 추구하는가?

『傳燈錄』, 『指月錄』등에 그 용모의 奇異함을 "牛行虎視" (거대한 황소가 어슬렁이는 것 같고 장백산 호랑이가 눈을 부라리는 것 같다)라 표현한 이 노승 조실스님의 이름은 마쭈 따오이, 馬祖道一, 바로 『벽암록』 제3칙의 주인공이다. 그리고 그 스승의 다리를 부러뜨린 젊은 스님은 五臺山 隱峰, 馬祖의 一百三十九人 入室弟子중의 一人이다. 은봉(邵武의 사람, 俗姓은 鄧氏, 馬祖道一과 石頭希遷에 參하였으나 결국 馬祖의 言下에서 得悟)은 죽을 때 "隱峰倒化"라는 유명한 일화를 남겼다.

그는 五臺山 金剛窟앞에서 示寂하기 전에 그를 따르던 대중에게 물었다. "나는 여태까지 고승들이 누워죽고 앉아죽는 것을 많이 보아왔다. 그런데 서서 죽은 놈이 있느냐?(諸方遷化, 坐去臥去, 吾嘗見之。還有立化也無?)
그러니까 대중들이 말했다.
"있습니다."(曰:「有。」)
"그럼 거꾸로 물구나무 서서 뒈진 놈은 있느냐?"(師曰:「還有倒立者否?」)
"그런 것은 들어본 적이 없습니다."(曰:「未嘗見有。」)
그러자 은봉(인훵)은 거꾸로 선채 遷化하고 말았다.(師乃倒立而化。)
거꾸로 선채로 염을 다했는데도 그 시체가 꼿꼿이 서서 屹然不

動 도무지 움직이질 않는다. 어떻게 다비를 치를까 걱정이 되어 스님들은 의논하는데 구경하는 사람들은 모두 놀라 遠近에서 경탄함을 마지않았다. 이때 은봉의 여동생이 비구니스님이었는데 마침 그 자리에 있었다. 꼿꼿이 거꾸로 서있는 시체앞에 가서 외치기를 :

"오빠! 살아 생전에는 계율을 그렇게 무시하고 살더니만 죽어서는 이제 사람들을 현혹시키려 거꾸로 서있오?"
하고 시체를 툭 치미니 하염없이 피식 쓰러지고 말았다. 다비를 치르고 사리를 거두어 탑을 세웠다.


生死에 대한 自由無碍한 경지를 보여주는 일화지만 더욱 소중한 것은 그러한 무애함이 범인에게 자아내는 神異奇談의 현혹을 다시 깨쳐버리는 여동생스님의 一轉語다. 과연 마조도일의 제자다웁다.


마조도일! 과연 그는 누구인가? 어떤 사람인가? 馬祖에 대해 내가 상세한 생평을 논하기 전에 우선 馬祖라는 이 위대한 인물이 도무지 禪宗史에서 어떤 위치를 차지하는 인물인지를 먼저 살펴보자.

여러분들은 나의 第二話에서 평상심의 대가, 내가 중국선종사의 꽃이라고 표현한 조주(趙州從諗)스님을 기억할 것이다. 그리고 조주스님을 키운 위대한 스님 남전보원(南泉普願)을 기억할 것이다. 바로 남전의 스승이 이 마조다. 마조와 남전의 관계는 꼭 孔子와 顔回의 관계와도 같다. 마조에게는 139人의 입실제자가 있었고 제각기 一方宗主의 뜻을 펴 그 轉化가 무궁하였건만 그 중에서도 마조가 가장 애지중지한 제자가 바로 남전이었다. 그러니까 마조는 조주의 할아버지라 할 수 있다. 조주의 평상심은 마조의 "平常心是道"의 적통을 이은 것이다.

慧能에게는 뛰어난 제자가 5人이 있었다. 南嶽懷讓(677~744), 靑原行思(?~704), 永嘉玄覺(665~713), 南陽慧忠(677~775), 荷澤神會(670~758). 그런데 이 다섯사람중에서 남악회양과 청원행사의 二流만이 후세에 繁衍하였으니 남악회양아래서는 마조도일(馬祖道一, 709~788)이 나왔고, 청원행사아래서는 석두희천(石頭希遷, 700~790)이 나왔다. 마조는 江西를 중심으로 활약하였고 석두는 湖南을 중심으로 활약하여 天下를 半分한 禪界의 雙璧이라 불렀다. 마조의 밑에서 臨濟宗, 潙仰宗의 開祖들이 나왔을 뿐아니라, 실제로 禪宗史의 초기에 가장 많은 제자를 길러 禪宗의 대세를 굳혔다. 馬祖는 중국선종사의 가장 위대한 교육자였다.
慧能을 선의 씨앗의 생명력이라 한다면, 馬祖야말로 선의 뿌리요, 趙州는 선의 만개한 꽃이다.

馬祖는 709년 漢州 什邡에서 태어났다. 그러니까 지금의 四川省 成都의 사람이다. 때는 양귀비와의 로맨스로 유명한 唐玄宗이 즉위하기 수년전이었다. 그는 태어나면서부터 용모가 기특하였다. "牛行虎視"란 표현외로도 그의 혓바닥이 유난히 길어 쭉 내밀어 휘두르면 콧등을 덮었다고 한다(引舌過鼻). 그리고 발바

닥에는 두개의 동그라미가 그려져 있었다(足下有二輪文). 혓바닥이 긴 것과도 관련이 있겠지만 그는 유난히 큰 목청의 소유자였다. 그가 한번 소리를 치면 제자들의 귀가 사흘이나 먹었다고 한다(直得三日耳聾).

그의 俗姓이 馬氏였는데, "馬祖"라는 그의 通稱은 선종사에서 매우 이례적인 것이다. 우선 "祖"라는 타이틀은 당연히 六祖 혜능에서 끝나는 것임으로 반칙이다. 더구나 그 祖라는 타이틀이 馬氏라는 俗姓과 결합하는 것은 出家僧에게는 매우 이례적인 것이다. 예를 들면, 나 도올 김용옥을 "金祖"라 부르는 것과도 같은 것이다. 이러한 馬祖(The Patriarch Ma)라는 명칭은 혜능에 버금가는 그의 위치와, 또 聖과 俗이 구분이 되지않는 그의 삶의 역정에서 우러나온, 그를 사랑하는 사람들의 자연스런 애칭(별명같은 것)에서 유래되었을 것이다. 육조 혜능이 남악회양이 대각을 얻었을 때 다음과 같이 말했다고 하는 설화가 전해지고 있다 :

"天竺二十七祖 般若多羅께서 예언하시길 네 발밑에서 망아지새끼가 하나 나와서 이 세상을 짓밟으리라 하셨다."

마치 예수가 베드로에게 "너의 반석위에 교회를 세우리라. 죽음의 권세도 그를 이기지 못하리라"(And I tell you, you are Peter, and on this rock I will build my church, and the powers of death shall not prevail against it. 마태 16 : 18) 예언한 것과도 같은 맥락이지만, 여기서 "망아지새끼"란 馬氏의 "馬"를 은유한 것이다. 과연 馬祖는 天下를 짓밟았다. 百丈懷海, 南泉普願, 西堂智藏, 大梅法常, 鹽官齊安, 歸宗智常, 汾州無業, 五臺隱峰, 襄州居士龐蘊, 大珠慧海, 石鞏慧藏, 水

潦和尙, 藥山惟儼…… 이 수없이 찬란한 인물들에게서 語錄이 쏟아져 나왔고 南岳의 天下가 된 것이다.

마조는 어려서부터 九流六學을 통달하였고 이미 어려서 漢州 本邑의 羅漢寺로 출가하였다. 資州(사천성) 唐和尙께 삭발함을 받았고, 渝州(사천성)의 圓律師에게서 具足戒를 받았다. 그후 益州(사천성) 長松山, 荊南(湖北省) 明月山에서 山居修行타가 어느날 南岳(湖南省)에 육조혜능의 法嗣 懷讓이 수도하고 있다 는 얘기를 듣고 그곳으로 찾아가 홀로 南岳山에 둥지를 틀고 坐 禪에 정진하기에 이르렀다.

그때 회양은 남악산의 般若寺에 주석하고 있었다. 회양은 마조 를 보자 곧 그가 큰 그릇임을 직감한다. 그래서 마조가 둥지를 틀 고 있는 토굴로 찾아가 일문을 던진다.
"어르신네 좌선은 해서 뭐하실라오?"(大德坐禪, 圖甚麼?)
"부처가 될려구요."(圖作佛。)
그러자 회양은 마조가 좌선을 하고 있는 그 토굴앞에서 깨어진 개 왓장을 하나 집어 들더니만 숫돌위에 열심히 갈기시작하는 것이었 다. 호기심에 가득찬 마조는 내다보며 왈 :
"그건 갈아서 뭐 할라구 그러시오?"(磨作甚麼?)
회양대사는 희쭉 웃으며 대답하기를 :
"잘 갈아서 거울을 만들려구."(磨作鏡。)
어허, 홍미진진한 문답에 빨려들어가는 마조는 터무니없다는 듯 빙그레 웃으며 말하기를 :

"아니, 그래 어떻게 개왓장을 갈아 얼굴이 비치는 거울을 만들수 있단 말입네까?"(磨磚豈得成鏡耶?)

그러자 회양은 잽싸게 내치며 말하기를 :

"아니 개왓장을 갈아 거울을 만들 수 없다는 걸 아는 녀석이 그래, 좌선을 해서 부처가 되겠다구해? 아니 널 갈아봐라, 부처가 될씽싶드냐?"(磨磚旣不成鏡, 坐禪豈得作佛?)

김이 팍새버린 마조, 집요하게 묻는다.

"아니 그럼 난 어떻게 해야한단 말이요?"(如何卽是?)

"소달구지를 가지구 얘기해보자! 소달구지가 안가면 회초리로 소를 치냐? 달구지를 치냐?"(如牛駕車, 車若不行, 打車卽是, 打牛卽是?)

폐부를 찌르는 언변에 경악한 마조, 묵묵히 대답없이 벙벙하게 앉아 있을 수밖에 없었다.(一無對。)

회양은 이어 곧 말문을 열었다.

"니가 지금 坐禪을 배울려는 거냐? 坐佛을 배울려는 거냐? 네가 만약 앉아 禪을 배우겠다면 내가 말해주마, 禪이란 앉아있는 것도 아니요, 누워있는 것도 아니다. 네가 만약 앉아 佛을 배우겠다면 내가 말해주마, 부처란 정해진 모습이 있는 것이 아니다. 진리(法)란 본시 고착된 모습이 있는 것이 아니요, 무엇에 머물러있질 아니하는 것이다. 그러므로 그것은 취할 수도 없고 버릴 수도 없는 것이다. 앉아 부처가 되겠다구? 그건 부처를 죽여야 되는 것이다. 앉아서 도닦는 모습에 집착하게 되면 넌 그 진리에 도달할 길이 없어지는 것이다."(汝學坐禪, 爲學坐佛? 若學坐禪, 禪非坐臥; 若學坐佛, 佛非定相。 於無住法, 不應取捨。 汝若坐

佛, 即是殺佛。若執坐相, 非達其理。)

  마조는 이러한 회양의 교시(示誨)를 들었을 때, 목마른 심령에 퍼붓는 천상의 감로수를 마시는 느낌이 감돌았다. 그 자리에서 마조는 벌떡 일어나 회양대사에게 모든 예를 갖추어 절을 하고 나선 다시 여쭈었다.

  "어떻게 마음가짐을 가지면 그 모습이 없는 삼매경지에 들어갈 수 있겠습니까?"(如何用心, 即合無相三昧?)
그러자 회양대사는 친절하게 다음과 같이 설명해 주었다.

  "네가 마음 내면의 法門을 배운다고 하는 것은 꼭 들판에 씨를 뿌리는 것과도 같다. 내가 법문의 요체를 말한다고 하는 것은 그 들판에 내리는 하늘의 단비와도 같은 것이다. 그 인연이 닿으면 반드시 싹트게 되어 있는 법, 그대 나와 연이 있는 것 같군, 그대 반드시 道를 보게 되리라."(汝學心地法門, 如下種子。我說法要, 譬彼天澤, 汝緣合故, 當見其道。)
우직한 마조는 그래도 또 궁금해서 캐물었다.

  "아니 도를 보게 되리라 하셨는데, 도란 본시 색깔도 없고 형체도 없는 법, 어떻게 그 도를 볼 수 있단 말입니까?"(道非色相, 云何能見?)
회양대사는 여유롭게 다음과 같이 일러주었다.

  "마음속엔 달마눈깔이라는게 있어. 그 눈깔로 道가 다 보인단다. 모습이 없는 삼매경지도 그 눈깔이면 다 해결되지."(心地法眼, 能見乎道。無相三昧, 亦復然矣。)
아이쿠 두야! 그래도 석연치 못한 마조! 집요하게 또 묻는다.

깨우침이란 중도하차는 없는 법, 중간타협도 있을 수 없다!

"그 놈의 도라는게 만들어졌다가 부숴지기도 하고 그러는 겁니까?"(有成壞否?)

"이놈아! 도라는건, 만들고 부수고, 모이고 흩어지고, 그런 관점에서 볼려고하면 이미 날 샌거다. 그렇게 보면 도를 볼날은 없을 것이다. 이놈아! 귀찮아 더 못말하겠다. 게송하나 읊을게 들어보아라! (若以成壞聚散而見道者, 非見道也。 聽吾偈。 曰:)


우리의 마음속에 온갖 씨앗들어있어
은혜로운 단비를 만나면 모두 싹이트지
삼매의 꽃, 모습이 없으니
어찌 만들고 또 부수고 하리오?

(心地含諸種,
　遇澤悉皆萌。
　三昧華無相,
　何壞復何成。)


이에 우리의 주인공 마쭈 따오이(道一) 무명을 떨치고 개오를 한다. 그의 마음 초연하여 활짝 개인 봄날과도 같았다. 그 뒤로 회양대사를 시봉하기를 아홉가을, 날로 날로 그 현오함을 더해갔다.(一蒙開悟, 心意超然, 侍奉九秋, 日益玄奧。) 회양에게 入室제자 모두 6인이 있었는데 각기 회양의 인가를 받았다 : "그대들의 깨달음, 내 몸의 한 지체와도 같다." 法常은 그 눈썹을 얻어 威儀에 善하고, 智達은 그 눈동자를 얻어 顧盼에 善하고, 坦然은 그 귀를 얻어 聽理에 善하고, 神照는 그 코를 얻어 知氣에 善하고, 嚴峻은 그 혀를 얻어 譚說에 善하다. 마조 道一! 그야말로 그 마음을 얻어 古今에 善했다. 마조 도일! 古今에 善했다 함은, 곧 그야말로 선의 역사를 창출해냈다 함이다.

天寶元年(742) 建陽(복건성) 佛跡巖에서 開法하였고, 또 南康(강서성) 鄱陽湖 北岸의 新開寺, 撫州(강서성) 西裏山, 虔州(강서성) 龔公山 등지에 住하였고 大曆四年(769)에는 鍾陵(강서성) 開元寺(일명 佑淸寺)에 주석하면서 이곳을 중심으로 宗風을 擧揚하였다. 晚年 泐潭(江西省 靖安縣) 石門山 寶峰寺에 住하면서 宴默終焉의 地를 定하였다.

貞元四年 正月중에 石門山숲을 지나가던 어느 날 시자에게 이르기를 : "이제 이 내 썩은 기덩어리가 땅으로 돌아갈 때가 되었구나. 내 달쯤 되리라!"(吾之朽質, 當於來月歸茲地矣。)

말을 마치고 돌아왔는데 과연 다음달 2月 4日 微疾이 있었다. 목욕재계를 하시더니 방에 돌아와 가부좌를 틀고 조용히 入滅하시었다. 世壽 팔십이었다. 마조가 산 시대, 시인 李白(701~762), 杜甫(712~770)와 동시대, 玄宗과 양귀비가 로맨스를 펼치던 盛唐의 한나절을 지냈던 것이다.

마조의 위대성은 교육자로서의 위대성이었다. 마조의 말들은 매우 간결하고 좀 신비롭다. 우리의 상식적 논리의 인과를 따르지 않는다. 조주의 말들은 잘 상고해보면 치밀한 논리가 숨어있다. 허나 마조의 말들은 도무지 압축된 논리가 인과적으로 펼쳐지질 않는다. 그러나 마조의 언어의 파우어는 계발성에 있다. 그리고 그는 方便의 대가였다. 方便이란 상대방(제자들)의 智根과 주어진 상황에 따라 그때그때 그 계발성의 구조를 바꿔나가는 것을 말한다. 그리고 그 方便이란 언어에 한정되는 것도 아니다.

어느 스님이 마조화상에게 물었다.

"마음이 곧 부처라 말씀하셨는데 왜 그런 말씀을 하셨습니까?" (爲甚麼說卽心卽佛。)

그러자 마조가 대답했다.

"어린애 울음 그치게 할려구."(爲止小兒啼。)

"그럼 어린애가 울음을 그치면 뭐라 말씀하시겠습니까?"(啼止時如何?)

"마음이 곧 부처가 아니라 하지."(非心非佛。)

"그럼 우는 놈도 아니고 울지 않는 놈도 아닌 놈이 오면 뭐라 말씀하시겠습니까?"(除此二種人來, 如何指示?)

"그런 놈한테는 아무 것도 아니라 말하지."(向伊道不是物。)

"그럼 그런 놈도 아닌 우리 문중의 사람을 홀연히 만나면 뭐라 말씀하시겠습니까?"(忽遇其中人來時如何?)

"그럼 그런 놈한테는 열심히 몸으로 대도를 닦으라 말하지."(且教伊體會大道。)

마조의 대화는 여기서 퉁명스럽게 끝난다. 한문갈등속에 담긴 뜻을 가만히 홀로 상고해 보건대 솔직히 말해 그 뜻을 다 헤아리기는 어렵다. 허나 아주 생소하게 들리는 이 언어의 이면에는 불교의 기본적 이론의 틀이 다 담겨있다. 그 기본논리를 전제로 한 후에 비로소 이 수수께끼들은 풀린다.

"어린애가 운다" "어린애가 울지 않는다" 이런 명제들은 우리 삶의 긍정과 부정의 상징적인 표현들이다. "卽心卽佛"과 "非心非佛," 마음이 곧 부처일 수도 있고 마음이 곧 부처가 아닐 수도 있다. 그것 또한 긍정과 부정의 一端들이다. 그런데 "道不是物" 이라 한 것은 긍정과 부정, 그 양자를 몽땅 부정해버린 것이다. 그리고 "體會大道"라 한 것은 그 양자를 몽땅 긍정한 것이다.

마조의 말들은 우리에게 직접적으로 다가오지 않는다. 허나 이 모든 상황이 수수께끼같은 말로서 점철되는 이유는 바로 이 4상황 개개가 모두 마조에게는 方便의 계기라는 것이다. 이 상황에서는 긍정으로 대처하고, 저 상황에서는 부정으로 대처하고, 또 어떤 상황에서는 긍정도 아니고 부정도 아닌 것으로 대처하고, 또 어떤 상황에서는 긍정과 부정이 다 수용되는 상황으로 대처한다는 것이다. 이 우파야(upaya)라고 하는 "방편"의 산스크리트어는 본래 "접근한다" "도달한다" 라는 동사에서 파생된 말이다. 이것은 중생을 진리로 끌어가기 위한 교화의 방법이며, 교묘한 수단을 의미한다. 방편이 곧 진리 그 자체는 아니다. 지금 우리가 인용하고 있는 이 언어자체가 담겨져 있는 책이 明나라 萬曆 30년(1602)

에 序刊된 瞿汝稷의 책인데 그 이름이 『指月錄』이다. "指月" 이란 선종에서는 "經典"을 의미한다. 경전이 왜 지월인가? 지월 이란 손가락으로 달을 가리킨다는 뜻이다. 손가락이란 어디까지나 달을 가리키는 방편이요, 손가락이 곧 달은 아니다. 그런데 많은 사람들이 달을 가리키고 있는 손가락만 쳐다보고 달을 보지않는 다.

마조의 언어의 方便的 성격, 참으로 곤혹스러울 때가 많다. 허 나 현대 서양학문의 일방적 세례속에서 자라난 동시대인들에게 가 장 了解되기 어려운 부분이 이 方便일지도 모른다. 禪은 方便이 다. 그리고 이 方便이야말로 서양철학의 정교한 논리가 반성해야 할 제1의 과제상황일런지도 모른다. 논리 그 자체내의 절대적 법 칙을 인간에게 강요한다는 것은 과학이라는 方便내에서만 方便 的으로 가능한 것일 뿐이다. 인간은 허무요 챤스다 ! (Life is Emptiness. It is merely a chance.)

이왕 얘기가 나온 김에 마조의 방편사례를 하나 더 들어보자 !
마조의 제자들이 우글거리는 거대사찰 江西 種陵의 開元寺 ! 어느날 젊은 승려 한명이 마조에게 와서 추근거리면서 질문을 던 진다.
"대사님 ! 요리조리 구라만 치시지 말구요. 좀 속시원하게 말씀 좀 해주세요. 긍정이다 부정이다 이따위 4句어법을 쓰시지 마시 고, 백가지로 아니다 아니다 이런 것도 다 끊어버리시고 단도직입 적으로 가르쳐 주세요. 도대체 달마가 왜 서쪽에서 왔습니까?"(離

四句, 絶百非, 請師直指西來意！)

　선가에서 "祖師西來意"라고 하는 것은 특별한 의미가 있다. 일전에 배용균감독이 "달마가 동쪽으로 간 까닭은?"운운했지만 보통 선가에서는 "달마가 서쪽에서 온 까닭은?"이라고 하는 것이다. 페르시아에서 왔다고도 하고 南天竺國(남인도)에서 왔다고도 하는 이 이방 祖師의 행로를 중국인의 입장에서 보면 서쪽에서 온 것이요, 달마의 입장에서 보면 동쪽으로 간 것일게다. 허나 선가에서 쟈곤(jargon)이 되다시피 한 이 말은 "불교의 근본원리가 무엇인가"(What is the essential principle of Buddhism?)라는 근원적 질문을 보다 시적으로 뒤집어 말하는 것에 지나지 않는다. 이러한 단도직입적 질문에 마조는 어떻게 대답했을까?

　"오늘 내가 어쩐지 심히 피곤하다. 그러니 널 위해 얘기해줄 여력이 없구나. 저 아래 동채에 있는 서당지장(西堂智藏)에게 가서 물어보려므나！"(我今日勞倦, 不能爲汝說, 問取智藏去！)

　소크라테스도 기나긴 문답법의 말미에 오면 정의(definition)를 추궁하는 질문공세에 대해 반드시 잠깐 볼일이 있어 갔다오겠다든가, 오줌누러 갔다오겠다든가, 방귀뀌러 갔다오겠다든가 하고 자리를 피하는 것은 모든 哲人의 茶飯事렸다！ 그것도 모르고 수백 칸 긴 회랑을 지나 헐레벌떡, 마조의 수제자 서당에게 온 젊은 승려, 서당에게 묻는다. 서당이 말하기를 :

　"왜 마조스님한테 안 묻고 나한테 왔어?"(何不問和尙?)

　"마조스님이 서당스님한테 가서 물어보라구 했는데?"(和尙敎來問。)

이에 서당이 대답하기를 :

"아이구 오늘 내 대가리가 좀 심히 아프다. 두통이 심하단 말이다. 그러니 널 위해 얘기해 줄 여력이 없구나. 저 아래 서채에 있는 백장회해(百丈懷海)형님께 가서 여쭈어보려므나!"(我今日頭痛, 不能爲汝說, 問取海兄去。)

이 젊은 스님은 또다시 기나긴 회랑을 지나 헐레벌떡 백장에게 달려갔다. 백장에게 물었다.

"달마가 서쪽에서 온 까닭이 무엇입니까?"

백장은 진지하게 대답했다.

"난 그 질문에 오면 뭐가 뭔지 도통 모르겠네."(我到這裡卻不會。)

젊은 스님은 의문을 품은채 헐레벌떡 다시 마조에게 돌아와 두 스님의 얘기를 보고했다.

마조 이르기를 :

"지장의 대가리는 하얗고 회해의 대가리는 꺼멓다!"(藏頭白, 海頭黑。)

이 "장두백해두흑"(藏頭白, 海頭黑)이라는 유명한 공안은 참으로 난해하다. 과연 마조가 그의 두 제자의 家風을 각각 예견하고 평가한 말이건만 정확하게 그 의미는 전달되지 않는다. 보통 白이라 하면 명백한 것이요 순진한 것이요, 黑이라 하면 어두운 것이요 어슬프레 음흉한 것이다. 그렇다면 내가 생각키로 음흉한 것은 지장(藏)같고 오히려 솔직히 그 문제를 회피하지 않고 받아친 것은 회해(海)같은데, 그렇다면 당연히 "藏頭黑, 海頭白"이 되어야 할텐데 마조의 언어는 거꾸로 되어있다. 마조는 이와같이 우리의 인과적 언어를 단절시킨다. 그 구렁이 같은 속은 알길이 없다.

어느 주석가의 그럴듯한 해석에 의하면 옛날 옛날 어느 옛날에 백두건의 도둑놈과 흑두건의 도둑놈이 있었다고 한다. 그런데 백두건의 도둑놈은 좀 순진했고, 흑두건의 도둑놈은 좀 인정이 없었고 잔인했다고 한다. 그래서 백두건이 훔쳐온 물건까지 모조리 다시 훔쳐 먹었다고 한다. 그래서 왈, 지장은 대답을 아예 회피했으니까 여백을 남겼고, 회해는 아주 정직하고 종국적으로 그 질문을 대꾸해버렸음으로 더 잔인하다는 것이다. 그래서 장두백이요 해두흑이라는 것이다. 이런 식의 주석은 이현령 비현령 결국 말장난에 지나지 않는다. 장대가리가 검던 희던, 해대가리가 검던 희건, 내 알바 뭐냐? 문제는 달마가 왜 서쪽에서 왔느냐?는 근원적 질문 그 자체가 근본적으로 대답되어질 수 없다는데 있다. 그것은 질문자의 깨달음의 소관이다. 사실 이 **祖師西來意**에 대한 마조·지장·회해 이 **三人**의 **反應**은 **同一**하다. 결국 아무도 대답을 하지 않은 것이다. 어찌 **黑**과 **白**에 우열이 있으랴! 여기서 우리는 다시 한번 『노자도덕경』의 첫구절을 상고해보자!

**道可道, 非常道!**

도를 도라 말하면 그것은 이미 항상 그러한 참 도가 아니다.

여러분들의 대가리가 또 한번 혼미해졌을 이 즈음 내가 젊었을 시절 눈물을 펑펑 쏟았던 감격스러운 마조와 백장의 깨달음의 한 장면을 소개할려 한다. 과연 지금 독자들에게 그러한 감격이 전달될지 난 알바없다. 그러나 난 선사들의 공안을 읽을 때마다 웃음보다 눈물이 더 많이 나왔다.

마조에게 있어서 조주의 스승 남전은, 공자에게 있어서 안회와 같은 인물이었다는 것은 이미 말한바 대로다. 그런데 마조와 그의 입실제자 백장회해(百丈懷海, 749~814)의 관계는 공자와 曾參의 관계에 비유할 수 있을 것이다. 曾參이 『孝經』을 썼다고 말하듯이 증삼은 예·제식에 밝은 사람이라는 이미지를 지니고 있다. 百丈역시 중국의 선종의 콤뮤니티의 생활의 룰(규칙)을 세운 개창자로서 중국선종사에 혁혁한 위치를 차지한다. "百丈古淸規"(Holy Rules of Pai-chang)라 불리우는 그의 계율집의 내용이 실전되어 알바가 없지만 그로 인하여 禪林의 淸規가 마련되고 중국선이 보다 중국풍토적인 생활양식으로 토착화되어간 계기가 된 것은 확실하다. 그리고 百丈의 門下에서 黃檗希運과 潙山靈祐와 같은 龍象들이 나와 각기 臨濟宗, 潙仰宗을 개창케 되었으니 그 인품의 위대함은 더 말할 나위가 없다.

백장회해는 福州(복건성) 長樂의 사람으로 속성은 王氏요, 20세때 西山 慧照를 따라 出家하여, 南岳의 法朝律師에게 受具하고, 馬祖道一에 參하여 印可를 얻었다. 馬祖를 모신지 3년이 되는 어느날!

백장은 마조를 모시고 사이좋게 사원앞의 너른 뜰을 한가로이 거닐고 있었다.

그런데 그때 한 떼의 들기러기가 줄지어 푸른하늘에 수를 놓으며 날아가는 것이 아닌가? 그때 마조는 문득 백장에게 물었다.

　"저게 뭐지"(是什麼?)

　"들기러기요."(野鴨子。)

　"어딜 가는 거냐?"(甚處去也?)

그때 백장은 초연한 웃음을 띄우며 자신있게 답하였다.

　"그냥 날아가버렸어요."(飛過去也。)

이때였다. 마조는 갑자기 백장의 코를 꽉 잡더니만 내립다 있을 힘을 다하여 후악 비틀어 냉동이쳤다. 허리까지 비틀린 백장은 고통을 이기다못해 "아야야야~"하고 꽥꽥 소리를 질러댔다. 그러면서 마조는 코를 겊어쥔채 다시 물었다.

　"그래 이놈, 아직도 말할거냐? 그냥 날아가버렸다구！"(又道飛過去也?)

이 마조의 말에 백장은 뭔가 깨닫는 바가 있었다.(師於言下有省。) 그러나 그는 시봉스님들 료사채에 돌아와선, 하늘이 무너질 듯 구슬피 큰소리로 통곡하여 우는 것이었다. 그러자 그의 동료들은 그를 둘러싸고 어깨를 다독거리며 위로하기 시작했다.

　"고향에 계신 부모님이 생각나냐?"(汝憶父母耶?)

　"아니."(無。)

　"그럼 누구한테 억울하게 욕얻어먹었냐?"(被人罵耶?)

　"아니."(無。)

　"그럼 도대체 왜 운단 말이냐?"(哭作甚麼?)

그러자 백장은 억울한 듯이 입술을 삐쭉이면서 투정어린 목소리로

고백했다 :

"마조스님이 내 코를 확 비틀었단 말야! 그래서 지금까지 아퍼죽겠단 말야! 아이구 내코야! (我鼻孔被大師扭得痛不徹。)

동료들은 계속 추궁하면서 물었다.

"아니 마조스님하고 뭔 악연이 끼었길래 그렇게 아프게 비틀렸단 말이냐? 뭔 안맞는 일이 있었냐?"(有甚因緣不契?)

"그걸 왜 나한테 물어? 마조스님한테 가서 물어보라구!"(汝問取和尙去!)

동료들은 우루루 마조스님방으로 몰려가서 마조께 말씀드렸다.

"시봉스님 회해가 뭔가 안맞는 인연이 끼었는지 요사채안에서 시끄럽게 엉엉 울어대고 있습니다. 스님! 저희들을 위해서 웬 연고인지 한 말씀해주시죠!"(海侍者, 有何因緣不契, 在寮中哭, 告和尙爲某甲說!)

"아 이놈들아 그걸 내가 알긴 어떻게 알아. 그놈이 더 잘 알아! 그놈이 답을 갖구 있을테니까 그놈한테가서 물어봐라! 어흠!"(是伊會也。汝自問取他。)

동료들은 다시 우루루루 백장방으로 몰려왔다.

"마조스님이 말씀하시길 니가 더 잘안다구 하시더라. 우리보고 너한테 물어보라구 하시던데? 진짜 답은 니가 가지고 있다구."(和尙道, 汝會也。敎我自問汝。)

이때였다. 백장은 갑자기 깔깔대고 큰 소리로 자지러지게 웃는게 아닌가? 깜짝 놀란 동료들, 안심도 되지만 궁금증에 다시 묻는다.

"야 너 아깐 그렇게 구슬피 울더니만 지금은 왜 그렇게 또 깔깔대고 웃냐? 뭐가 그렇게 우서워?"(適來哭, 如今爲甚卻笑?)
백장, 활짝 개인 해탈한 얼굴로 단 한마디!
"아까는 울었고 지금은 웃는다."(適來哭, 如今笑.)
동료들은 망연히 신비로운 느낌에 휩싸였다.(同事罔然.)

이 백장의 마지막 한마디에 나 도올은 거대한 깨달음의 눈물을 쏟았다. 내가 이 공안을 접한 것은 20대, 저 푸른 하늘보다 더 푸른 나이였다. 나는 이 공안을 우 징시웅(吳經熊)선생의 사계의 명저, *The Golden Age of Zen*(『선학의 황금시대』)이라는 영어책 속에서 읽었다. 이 공안 역시 마조의 교육자로서의 방편설법의 탁월함이 잘 드러나 있다. 인간이 구극적으로 해탈해야 할 세계는 논리의 인과의 고리가 아니라 희노애락의 감정의 고리다. 코를 비트는 행위, 그 이상의 감정의 행위는 없다. 그것은 인간의 감정의 저변에 대한 최상의 언어다. 마조의 방편은 논리적 언어에 국한되지 않는다. 새가 날아갔다고 논리적으로 구성한 회해의 언어는 과연 감정의 저변에서부터 우러나온 해탈의 외침이었을까? 허나 이 공안에는 구체적 언어의 오감이 없다. 범상의 인과적 논리의 오감이 초월되어 있다. 코를 비트는 그 언어, 그것은 하나의 詩다. 그리고 詩를 보내고 받는 감정은 심미적으로 순화되어 간다. 너무도 아름답다. 너무도 평화롭다. 너무도 순진하다. 어린애같은 천진한 감정이 노출된 고승들의 따사로운 정이 느껴진다. 나는 눈물을 터트리고 말았다. 인생의 최후의 진실은 이것이다! "아까 나는 울었고 지금 나는 웃고 있다." 우리가 우리의 삶에 대하여 그 이상 무엇을 더 말할 수 있으랴! 마조가 그의 제자들에게 가르친 것은 "자아의 발견"이었다. 감정적으로 꾸밈없는 자아의 발견! 禪은 자아의 발견이다. 요즘같이 이토록 감정이 메말라 있고 비틀린 이 세상에 禪! 그 이상 뭘 더 바랄쏘냐!

다음날, 마조는 대중앞에서 설법하는 집회에 나가야 했다. 마조가 대중앞에 마련된 법석에 오르자 대중들이 말씀을 들으려 모여들었다. 그런데 백장이 나가서 법석에 오르는 카페트를 말아 걷어치워버렸다. 그래서 마조는 하는 수 없이 다시 법석에서 내려와야만 했다.(뭔가 카페트를 말아버리면 법석에서 내려와야 하는 의례적 약속이 있는지―. 하여튼 마조에게는 당황스러운 백장의 행동이었을 것이다.)

백장은 마조의 뒤를 따라 방장실로 가는데, 마조가 물었다 :

"아까 난 말도 시작하지도 못했는데 왜 카페트는 걷어치웠냐?"(我適來未曾說話, 汝爲甚便卷却席?)

백장은 단지 대꾸했다 :

"어제는 스승님께서 코를 비틀어 주셔서 코가 더럽게 아팠습니다."(昨日被和尙扭得鼻頭痛。)

마조가 물었다.

"어제 어디다 마음을 썼냐?"(汝昨日向甚處留心?)

백장은 또 아랑곳없이 대꾸했다.

"오늘은 코가 아프지 않습니다"(鼻頭今日又不痛也。)

마조가 말했다.

"어제 일을 깊게 깨달았구나!"(汝深明昨日事!)

백장은 엎드려 크게 절하고 물러났다.(師作禮而退。)


　"자치기"라는 게 있다. 우리 어릴 때, 동네에서 가장 흔히 놀았던 자치기! 자치기의 묘미는 타이밍에 있다. 자치기는 긴 막대와 짧은 막대로 구성되어 있다. 그런데 짧은 막대의 양끝은 사각으로 깎여있어 빈틈을 형성한다. 긴 막대로 그 빈틈을 때려 그것이 튀어오르는 놈을 냅다 후려치는 경기다. 그러나 잘못하면 헛스윙으로 끝난다. 선의 모우먼트들은 바로 이 "자치기의 예술"이다. 짧은 막대가 허공에 튀어올랐을 때 바로 치면 맞질 않는다. 그놈이 튀어 올랐다 그 긴장이 풀리며 떨어지려 하는 순간, 긴 막대기의 스윙은 바로 그 짧은 막대의 허리를 후려갈겨야 하는 것이다. 이것이 바로 마조의 교육방법이다.


　汾州無業(760~821)이라는 또 하나의 제자는 원래 律宗에 속한 대학자였다. 그리고 유난히 체구가 컸고 목소리가 낭랑하여 타인을 위압하는 힘이 있었고 아주 건장한 느낌을 주는 인물이었다. 그는 대장경을 통달할 만큼 책을 많이 읽었다. 商州(陝西省) 上洛의 사람, 속성은 杜氏, 아홉세부터 이미 절밥을 먹었다. 마조는 분주무업을 처음 봤을 때 그의 거대한 체구와 에밀레종보다 더 크게 울리는 목소리에 너무도 깊은 인상을 받고 한마디 건넸다.(祖覩狀貌奇偉, 語音如鍾乃曰：)
　"아~ 정말 우람찬 가람이군! 그런데 속엔 부처님이 보이지 않는군."(巍巍堂堂, 其中無佛。)

아마 체구가 크고 목소리가 우람차기로 말한다면 마조를 당해낼
자가 없을 것이다. 헌데 마조는 분주앞에서 위축되는 느낌을 받았
을지도 모른다.

분주는 그말을 듣자 곧 우아하게 무릎을 꿇고 절하여 말씀드리기
를 :
　"三乘의 문자와 배움을 대강 다 훑어보고 그 뜻을 이해했습니
다. 그러나 선문에선 마음이 곧 부처라 한다는 것은 익히 들어왔
지만 실로 그 뜻을 헤아릴 수가 없습니다. 정말 모르겠습니다. 가
르쳐 주십시요"(三乘文學, 粗窮其旨。常聞禪門卽心是佛, 實
未能了。)
그러자 마조는 말했다.
　"모르겠다고 하는 바로 그 마음, 그것이 바로 부처님마음이다.
그 외로 별개 없다."(秖未了底心, 卽是。更無別物。)
그래도 깨닫지 못한 분주는 계속해서 물었다.
　"달마가 서쪽에서 와서 몰래 심인을 전했다 하는데 그게 뭡니
까?"(如何是祖師西來密傳心印?)
　"그대 지금 쓸데없는데 정신이 팔려 있구먼! 지금은 이만 물
러가고 다음 기회에 다시 오게나!"(大德正鬧在。且去, 別時
來!)
분주는 하는 수 없이 맥이 풀려 되돌아서서 저만치 나가려 하는
데, 갑자기 마조는 큰소리로 부른다.
　"여보게!"(大德!)

이때 다시 분주 고개를 돌린다. 그 순간！ 마조는 하늘이 무너지듯 소리친다！

"뭐꼬?"(是甚麼?)

분주 이 순간 대오를 얻는다.

알겠는가? 분주무업의 깨달음과 나의 자치기이야기를? "祖師西來意"는 원래 논리적으로 대답되어질 수 없는 것이다. 분주의 논리를 물러가보라는 제스츄어로 일단 단절시킨다. 허나 자치기는 튀어 올랐다 긴장이 풀어지면서 내려오는 순간！ 마조는 후려친다. "是甚麼"는 "이게 뭐꼬?"로 번역하면 안된다. 是는 백화문에서는 "Be 동사"같은 것이며 "이것"이라는 지시대명사가 아니다. 그것은 독립된 의미의 단위가 아니다. "뭐꼬?" 그것은 절대를 향한 질문이다. 이것 저것이라는 대상이 없다.

마조에게는 인간의 냄새가 물씬난다. 그의 논리와 삶은 인간세를 멀리 떠나 있지만 그의 감정의 모우먼트 하나하나에는 인간의 따사로운 희노의 정감이 배어있다. 방편이란 인간에 대한 자비로운 마음이 없으면 위선이요, 타락이요, 타협이 되고 마는 것이다. 마조가 大成하여 天下에 위업을 떨치고 있을 무렵, 마조는 사천에 있는 자기 고향을 방문할 기회가 있었다. 그의 고향에선 마조와 같은 큰 인물이 온다고 그를 영접하려 부산을 떨었고 잔치를 준비하고 있었다.

그런데 마조가 어렸을 때 옆에 살고 있었던 늙은 노파가 그를 알아보고 말했다 :

"원 난 뭔 별놈이 오는 줄 알았는데, 바로 그 똥구루마 끌던 馬家놈의 그 꼬맹이새끼아냐!"

이에 마조, 유모어가 실린 듯 비애감이 실린 듯, 게송을 하나 지었다.


　　　　이보게들 고향엔 돌아오질 말게
　　　　고향에선 도인이 대접받질 못해
　　　　그 개천가의 노파
　　　　날 아직도 똥구루마새끼라고 불러

　　　　勸君莫還鄕, 還鄕道不成。
　　　　溪邊老婆子, 喚我舊時名。


예수는 말했다.

"진실로 내가 너희에게 이르노니, 선지자는 자신의 고향에서 대접받는 일이 없나니라."(Truly I say to you, no prophet is acceptable in his own country. 누가 4 : 24)

이 모두가 같은 인간의 냄새가 풍기는 푸념들이 아니겠누?

자! 이제, 우리의 본칙으로 돌아가자! 이 3칙은 馬祖가 죽기직전 세수 80의 어느날 石門山에서 있었던 일로 사료된다.

# 第三則　馬祖日面佛月面佛

垂示云：「一機一境，一言一句，且圖有箇入處，好肉上剜瘡，成窠成窟。大用現前，不存軌則，且圖知有向上事，蓋天蓋地，又摸索不著。恁麼也得，不恁麼也得，太廉纖生；恁麼也不得，不恁麼也不得，太孤危生。不涉二塗，如何即是？請試舉看。」

### 제3칙　마조스님 말씀키를，일면불 월면불

수시　마음가짐 한꼬타리, 대상세계의 한상황, 말한마디 한구절에서 깨달음의 한 입구를 발견하려고 도모하는 것은, 마치 멀쩡한 고운 피부에 상채기를 내서, 그곳에 둥지를 틀고 썩은 굴을 짓는 것과도 같다. 깨달음의 큰 쓰임은 어디에나 있는그대로 눈앞에 드러나 일체의 궤적을 남기지 않거늘, 초월의 구도의 길을 찾아헤매는 것은 하늘을 다 덮고 땅을 휘덮어도 어디서도 더듬어지지 조차도 않는다. 이렇게 해도 좋고 이렇게 안해도 좋다는 태도는 너무 갸날프다. 이렇게 해도 안되고 이렇게 안해도 안된다는 태도는 너무 고고하다. 이렇게 해도 좋고 이렇게 안해도 좋다는 긍정의 태도와, 이렇게 해도 안되고 이렇게 안해도 안된다는 부정의 태도, 이 양자의 길을 밟지않는다면 과연 어떻게 하는 것이 곧 정도일 것인가? 다음 마조의 이야기를 들어보자!

본안　"機"라함은 心機를 말하는 것이요, 우리 마음이 즉각 즉

각 움직이는 기능의 妙用이다. 機란 본시 "챈스"(Chance)요, 그 것은 氣의 조합이 변해가는 어떤 갈림길(Bifurcation Point)을 말하는 것이다. "一機一境"이라 할 때 機는 心의 주관적 기능이 요, 境은 그 기능에 상응하는 대상영역(viṣaya), 대상사물(artha), 인식범위(gocara)를 가리킨다. 눈에는 色이라는 境이 있고, 귀에 는 聲이라는 경이 있고, 코에는 香이라는 경이 있고, 혀에는 味 라는 경이 있고, 身에는 觸이라는 경이 있고, 意에는 法이라는 경이 있다. 眼·耳·鼻·舌·身·意를 六根이라하고, 色· 聲·香·味·觸·法을 六境이라 한다.

그런데 이러한 一機一境, 인간의 언어갈등의 一言一句에서 우리가 入處(깨달음의 실마리)를 찾으려하는 노력은 멀쩡히 고운 피부에 상처를 내는 것과 같다는 것이다. 인간의 마음이 慧能의 말대로 本來無一物이요, 塵埃가 일어날 곳이 없는 것이라면 깨 달음을 향한 인위적 노력 그 자체가 하나의 집착이요, 업보인 것 이다.

禪은 때로 깨달음을 향한 노력 그 자체를 거부한다. 인간의 깨 달음을 향한 부단한 向上心은 참으로 고귀한 것이다. 허나 이 깨 달음의 노력 그 자체가 거부된다고 하는 것은 方便설법이다.
의사가 사람을 튼튼하게 만들어주겠다고 하여 공연한 치료를 하 여 멀쩡한 사람이 병신되는 예가 하나둘이 아니라고 한다면, 큰스 님이랍시고 인간의 깨달음의 向心을 빙자하여 깨닫게 해주겠다고 하면서 쓸데없이 話頭나 던지고 방할이나 하고, 부질없는 설법으로 인간을 혼미하게나 만든다면 그것은 멀쩡하게 고운 살에 공연히 상채기를 내는 것(剜瘡)과도 같은 것이다.

여기 窠窟이라 한 것은 상채기가 깊어져서 고름구멍이 되는 것과도 같은 상황을 비유한 것이지만, 窠窟이란 본시 인간의 안락처요 동물의 보금자리인 것이다. 佛家는 모든 정체를 거부한다. 窠窟과도 같은 안락한 定處를 거부한다. 莊生의 「齊物」의 비유를 빌어 말한다면 그것은 나비의 고치와도 같은 것이다. 나비가 고치를 벗어나지 않는 한 그것은 누에일 뿐이다. 푸른 창공을 훨훨 날아다니기 위해서는 반드시 고치라는 窠窟을 벗어나야 하는 것이다. 一機一境, 一言一句에서 쓸데없이 깨달음의 入處를 찾으려마라고 하는 이 원오의 수시는 馬祖의 죽음을 앞둔 말년의 해탈경지를 전제로 한 것이다. 다시 말해서 원오가 말하는 마조의 공안은, 긁어 부스럼이 없고, 깨달음의 시도조차 좌절되고 마는 그러한 절대경지인 것이다.

"恁"(nen)이란 글자는 宋·元·明의 백화소설·희곡에서 널리 쓰인 글자로, 현재백화의 這, 那, 這麽, 那麽, 什麽 怎麽와 같은 다양한 의미로 쓰인다. "廉纖"이란 형용사 역시, 唐·宋의 詩나 어록체에서 흔히 쓰였던 말인데 원래 "가는 비(微雨)를 가리키며 "細小" "細微"의 뜻이 있다. 唐 韓愈의 『晚雨』詩에 "廉纖晚雨不能晴, 池岸草間蚯蚓鳴"이라 하였고, 宋 黃庭堅의 『次韻賞梅』에 "微風拂掠生春絲, 小雨廉纖洗暗妝"이라 함이 그 대표적인 용례다.

"恁麼也得, 不恁麼也得"라는 것은 어떠한 상황에서든지 매사를 긍정하는 것을 말한다. "～也得 ～也得"라는 구문은 "～해도 좋고 ～해도 좋다"는 뜻이다. "得"이란 요새말로 "오케이" 정도에 해당되며 현재백화로는 "行"에 해당된다. 따라서 매사를 긍정하는 소박실재론(naive realism)의 단계는 너무 여리고 갸냘프고 나약한 깨달음의 단계다.

"恁麼也不得, 不恁麼也不得"은 어떠한 상황에도 매사를 부정하는 태도를 말한다. 이렇게 부정적이기만 하면 너무 위험하고 고립되고 만다는 것이다. 여기 "太廉纖生" "太孤危生"의 "生"은 唐代에 쓰인 구어체를 반영하는 것으로 별 의미없는 "語助詞"이다. 이것을 문어적으로 번역하면 의미가 통하지 않게 된다. 긍정만 하면 너무 廉纖하게 되고 부정만하면 너무 孤危하게 된다. 긍정과 부정의 二塗(두 길)를 밟지 않고 깨달음을 추구하는 正道는 무엇일까? 그것이 바로 다음에 나오는, 죽음에 직면한 노장 馬祖의 달관의 경지일 것이다. 請試擧看!

【本則】 擧：馬大師不安， 院主問：「和尚近日尊候如何？」
大師云：「日面佛, 月面佛。」

본칙 들어보자! 요즈음 들어 마조도일 대사가 병이들어 몸이 편칠 못했다. 그래서 원주스님이 여쭈었다 :
"스님 요즈음 기체존후가 어떠하시옵니까?"
마조대사가 답하기를 :

## "일면불 월면불！"

檯案 세상에 요렇게도 짧은 공안이 또 있을까? 아니 이걸 공안
이라구 내 놨어? 내가 "일면불 월면불"을 번역하지 않고 여기 그
대로 음역하여 놓으니까 그 뜻이 전달되지 않는다.

죽음을 앞둔 馬祖, 80세의 마조, 자기의 죽을 날짜까지 정확히
예견했던 마조, 그 마조가 방에 앉아 툇마루앞에 나있는 미닫이
문을 열고 불편한 몸으로 밖을 내다보고 있을 무렵！ 주지스님이
와서 조실스님께

"옥체일향만강하시옵나이까"하고 묻는 것은 너무 흔한 스토리,
선승의 다반사아닌, 俗家의 예도에 속하는 일이다. 그런데 문제는
마조의 대답이다. 그 대답은 어쩌면 마조의 마지막 유언이었을지
도 모른다. 『祖堂集』 14권에는 "내일 새벽 遷化하려하는데 오
늘저녁 원주스님이 여쭈었다"로 되어있다. 그렇다면 때는 AD
788년 2월 4일！

레어티스와의 결투끝에 죽어가는 햄릿의 마지막 한마디는 무엇
이었던가?

"The rest is silence."

"나머지는 침묵뿐！"

"일면불, 월면불！" 이건 과연 무슨 개구란가? 정말 무슨 소린
지 아는가? 이 馬祖의 話頭가 던져진 것은 AD 788년！ 현금
1998년까지 일천이백십년동안 斯界의 주석가들은 모두 한결같이
다음과 같은 주석을 달아놓았다.

菩提流支譯의 『佛說佛名經』 卷七에 의거하여 日面佛은 변

함없는 해와 같아 1800세를 족히 사는 장수의 부처님이요, 月面佛은 항상 변하는 달과 같아 하룻밤(一日一夜)밖에 못사는 단명의 부처라는 것이다. 그렇게 되면 "일면불, 월면불"이라는 마조가 마지막 지상에 남긴 영원의 말은?

## "천년을 살든 하루를 살든"

죽어가는 마조에게 원주스님이 "느낌이 어떠하십니까?"하고 물으니 마지막 대답인즉, "천년을 살든 하루를 살든!" 시간의 초월이었다. 말해보라! 과연 그런가?

『莊子』의 「逍遙遊」에 보면 朝菌은 晦朔을 모르고 蟪蛄는 春秋를 모르는데, 楚나라남쪽의 冥靈이라 불리우는 큰나무는 500년을 봄으로 삼고 500년을 가을로 삼는다. 또 上古의 大椿이라는 나무는 8000년을 봄으로 삼고 8000년을 가을로 삼았다. 그러니 겨우 나이 700을 살았다 하는 彭祖를 놓고 세간에서 엄청나게 오래 산 인물로 전설화하고 있으니 이 또한 우스꽝스러운 일이 아닌가?
또 「齊物論」에 말하기를 :

天下莫大於秋毫之末, 而大山爲小。
莫壽於殤子, 而彭祖爲夭。

하늘아래 가을 터럭끝보다 더 큰 것이 없는가 하면
거대한 태산도 눈꼽만할 수 있는 것이요,

태어나자마자 죽는 아기보다 더 오래사는 사람이 없는가 하면,
팽조를 요절했다 말할 수도 있는 것이다.

天地與我竝生이요  萬物與我爲一이라, 공간의  大小나 시간의
大小가 모두 상대적인 개념이요 결국 하나로 통합되고 초월된다
는 것이다.

 "일면불, 월면불！" 천년을 살아도 아침만 살고 저녁이 있는
줄도 모르는 하루살이 벌레보다도 더 짧은 시간을 살았다 말할 수
도 있는 것이요, 하룻밤을 살았어도 700년을 살았다하는 팽조보
다 더 오래살았다 말할 수도 있는 것이다. 마조가 마지막으로 외
친 "일면불, 월면불"은 삶의 무상함과 영원함이 초월되는 순간이
었을까?

 도올은 말한다！ 이 모든 주석이 개구라다！ 갈등에 얽맨 拙
僧들의 稚解에 불과하다. 말인즉 그럴 듯하다. 혜망에 번뜩이는
원오도 오죽하면 "只這日面佛・月面佛, 極是難見。"(이 놈의
일면불월면불 참으로 해석키 어렵다！) 라고 고충을 털어놓았을
까? 나는 말한다！ 천이백秋의 몽롱한 주석의 구름을 헤치고 나
도올은 말한다！
 죽어가는 馬祖가 후대의 주석가들이 토를 달 듯이, 『佛名經』
을 인용했을리 만무하다. 아니 그렇게 해탈한 마조가 이제 죽음에
직면하여 출전에 의거한 무슨 공식을 話頭로 남겼을 리가 있겠는
가? 莊周의 朝菌과 大椿이 다 개구라인 것이다. 우리는 죽음에

직면한 한 인간의 진술한 삶의 이야기를 액면그대로 받아들여야 한다. 출전의 복선을 깔지말고 그대로 해석해야 한다. "日面佛, 月面佛"의 面은 "면한다" "바라본다"라는 동사다. "直面한다"라는 우리의 상투적 용법처럼. 日面佛은 문자그대로 해를 바라보는 부처요, 月面佛은 문자그대로 달을 바라보는 부처다. 거기에 무슨 구구한 1800년이니, 하룻밤이니 하는 시간의 개념이 있겠는가? 원오의 評唱에도 일체 그러한 시간의 길이에 대한 언급이 없다. 최소한 北宋의 설두나 원오만 하더래도 그러한 식으로 이 마조의 언어를 이해하지 않았다는 것이다.

내일 아침 죽을 마조에게 "尊候如何?(어떠하십니까?)"라는 말은 단순히 죽을 당시의 느낌을 묻는 말은 아닐 것이다. 한 인간의 장구한 깨달음의 드라마를 마감하는 위대한 한 소리를 듣고 싶었던 것이다.

"존경하는 스님! 선종의 뿌리를 내리신 우리의 조사 마조스님! 위대한 생애를 사셨습니다. 이제 돌아가시는군요. 스님! 스님께서는 스님의 생애를 되돌아 보시면서 뭐라 말씀하시겠습니까?"

"난 말야! 낮에는 해를 보고 살았구, 밤에는 달을 보고 살았어! 그냥 그렇게 살았어!"

위대한 마조! 소같이 덩치가 컸고 호랑이 같이 민철했던 마조! 그 마조의 이 마지막 한마디, "낮에는 해를 보고, 밤에는 달을 보고"이 한마디로 족하지 않을까? 이것이야말로 조균과 대춘의 시간을 초월하는 소박한 선승의 모습이 아닐까?

그는 분명 위대한 선사였다. 나는 일면불, 월면불의 마조에게서, 내고향 천안에서 멀지않는 서산 용현리 바위에 새겨진 마애삼존불의 미소를 읽는다. 동남쪽에서 해가 뜨면 근엄한 얼굴이 비치다가 해가 오름에 따라 차차 평온한 미소를 띠면서 자애롭게 변해가는 서산마애삼존불 ! 영원한 백제의 미소, 그 미소를 나는 마조의 일면불·월면불에서 읽는다.

구기동계곡을 따라 올라가면 지금 비구니 참선도량이 되어있는 승가사 ! 비봉아래의 마애불, 참으로 내가 사랑하는 신라의 위대한 예술이다.(고려시대로 상정하는 것은 잘못이다. 그것은 분명 통일신라의 작품이다. 진흥왕순수비와도 깊은 관련이 있을 것이다.) 자애로운 얼굴, 우람차게 솟은 어깨, 갸름하게 내려뻗은 허리, 피카소의 게르니카보다 더 강렬하게 짓누르는 오른팔뚝, 주욱 평온하게 뻗은 반가부좌다리, 치솟는 연꽃받침, 섬세한 발톱, 후덕하지만 고운 선을 그리는 붉은 입술 ! 나 야밤중에 홀로 그 부처를 대면하고 얼마나 많은 눈물을 쏟았던가 ! 개인의 원혼에 사로잡혔던 대자대비의 소망이었던 승가사의 마애불, 그것은 나의 미소요 위로였다. 낮에는 해를 보고, 밤에는 달을 보는 승가사의 부처, 그 부처의 미소에서 나는 마조의 환희와 정적을 읽는다.

【頌】　日面佛, 月面佛。
　　　　五帝三皇是何物?
　　　　二十年來曾苦辛,
　　　　爲君幾下蒼龍窟。
　　　　屈! 堪述。
　　　　明眼衲僧莫輕忽。

송　　낮에는 해를 보고 밤에는 달을 보고,
　　　삼황오제 뭐 말라비틀어진 게냐?
　　　내 이십년동안 얼마나 고생했던가,
　　　그대위해 저 푸른바다속 용굴에 몇번이나 내려갔던가?
　　　억울토다! 어찌 내심정을 다 말할 수 있으리오.
　　　똑똑한체 하는 스님네들! 제발
　　　이 일면불 월면불 쉽게 생각마소.

橋案　　"五帝三皇"이란 중국의 문명을 건설한 상징적 先王의
대명사다. 異說이 存하지만 五帝란 少昊, 顓頊, 帝嚳, 堯, 舜
을 이름이요, 三皇이란 燧人, 伏羲, 神農을 가리킨다. "일면
불·월면불"이라하는 마조의 삶의 경지에서 본다면 이러한 세속
의 이상군주의 세계가 다 뭐 말라비틀어진 것이냐? 세속의 어떠한
지고의 권위도 이 일면불·월면불 앞에서는 의미를 잃는다는 것이
다. 그런데 이 설두의 게송인즉, 출전이 있다. 그것은 유명한 禪
僧詩人, 禪月大師의 『禪月集』 중 「公子行」이라는 시에서 따
온 것이다. 여기서 "公子"란, 좀 안됐지만 내 똑똑한 후배(高大
同門) 김현철군을 연상하면 쉽게 상상이 갈 것이다.

"비단옷(錦衣) 찬란(鮮華)히 빛나고 손에는 매를 들고 사냥을 나간다. 한가로이 거니는 그 모습, 경박하기 그지없네. 피땀흘리는 농부의 어려움은 조금도 몰라. 五帝三皇, 뭐 말라빠진게냐?"

이 시는 당대의 왕후장상들의 세상물정모르는 사치와 민중의 삶의 노고를 배반한 세속적 권위의 타락을 풍자한 시다. 설두는 여기서 제2구를 따온 것이다. 或說에 의하면 『벽암록』이 "五帝三皇是何物"이란 구절때문에, 중국황실의 정통성을 거부했다하여 『대장경』에 편입이 안되었다는 설도 있으나 내 알바없다. "二十年來曾苦辛"은 설두자신이 이 "일면불월면불" 한 소리를 깨닫기 위해 20년을 고생했다는 아주 소박한 이야기로 풀어 마땅하다.

"爲君幾下蒼龍窟"이란 『大智度論』 卷12에 보이는 能施太子의 고사에서 온 것이다. 蒼龍窟이란 저 해저 깊숙한 바위속에 사는 용의 굴을 말하는 것인데, 그 깊은 굴속에 사는 용의 턱아래에 구슬이 있어, 그 구슬을 취하기 위해 바다속으로 들어간다는 것이다. 이는 호랑이 굴에 들어가야 호랑이를 잡는다는 우리 속담과 같은 맥락의 이야기다. "爲君"의 君은 馬祖일 것이다. 나 그대 때문에 저 깊은 푸른바다속까지 몇번이나 내려가야 했던고! 아 억울하다 억울하다, 그 고생 다 말할 수 없네! 수도자의 고충, 깨달음의 어려움을 표현한 말이렸다. 그런데 요즈음의 똑똑한 스님네들, 이 도올의 해설 하나로 "일면불월면불" 다 알아버려! 마조의 "일면불월면불" 입술에서 까는 구라로 다 해결해 버린다

구? 제발 제발 똑똑한 사람들이여 ! 서양철학, 야소철학, 수학 ·
물리 다 마스타한 석학님네들, 제발 일면불 월면불일랑 그리 쉽게
깨달아넘겨버리지 마소 ! 진리란 역시 어려운데 있고, 깨달음이란
역시 어려운데 있나니. 咄 !

(1998. 4. 10.)

인생은 걸어가는 그림자,

자기가 맡은 시간만은

장한 듯이 무대위서 떠들지만

그것이 지나가면 잊혀지는

가련한 배우일 뿐.

인생이란 바보가 지껄이는 이야기,

시끄러운 소리와 광포로 가득하지만

아무것도 의미하지 않는 이야기.

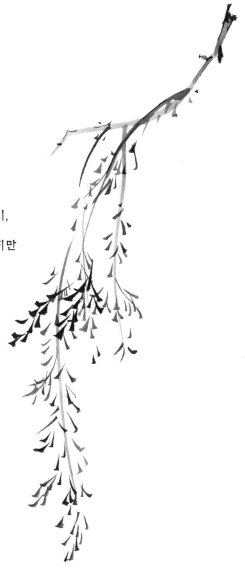

檮杌『碧巖錄』講話 제4화

# 눈(雪)위에 서리(霜) 그려본 들

馬 足 **The rest is silence.** (V/ii)

이제 남은 것은 침묵 뿐. 今歸于默。 햄릿의 마지막 말. 『햄릿』
은 공안이다. 셰익스피어도 하나의 공안이다.


To be, or not to be, that is the question :
Whether 'tis nobler in the mind to suffer
The slings and arrows of outrageous fortune,
Or to take arms against a sea of troubles
And by opposing end them. To die — to sleep
No more ; and by a sleep to say we end
The heart-ache and the thousand natural shocks
That flesh is heir to : 'tis a consummation
Devoutly to be wish'd. To die, to sleep ;
To sleep, perchance to dream—ay, there's the rub :
For in that sleep of death what dreams may come,

When we have shuffled off this mortal coil,
Must give us pause—there's the respect
That makes calamity of so long life.
For who would bear the whips and scorns of time,
Th'oppressor's wrong, the proud man's contumely,
The pangs of dispriz'd love, the law's delay,
The insolence of office, and the spurns
That patient merit of th'unworthy takes,
When he himself might his quietus make
With a bare bodkin? Who would fardels bear,
To grunt and sweat under a weary life,
But that the dread of something after death,
The undiscover'd country, form whose bourn
No traveller returns, puzzles the will,
And makes us rather bear those ills we have
Than fly to others that we know not of?
Thus conscience does make cowards of us all,
And thus the native hue of resolution
Is sicklied o'er with the pale cast of thought,
And enterprises of great pitch and moment
With this regard their currents turn awry
And lose the name of action.   (Ⅲ/ⅰ)


존재 할 것이냐, 존재하지 않을 것이냐, 그것이 문제로다.
난폭한 운명의 돌팔매와 화살을 맞고도
가슴속에 꾹 참는 것이 고매한 정신이냐?
아니면 조수처럼 밀려드는 환난을 두손으로 막아
그를 없애버리는 것이 고매한 정신이냐?

죽는 것은 자는 것, 다만 그 뿐이다.
잠 한번으로 이 육신이 물려받은
가슴앓이와 천만가지 갈등을 다 끝낼 수 있다 한다면,
죽음이야말로 우리가 바라마지 않는 삶의 완성,
죽는 것은 잠드는 것.
잔다! 그래 꿈도 꾸겠지!
꿈을 꾼다? 아! 참! 바로 거기에 문제가 있었군!
이 윤회의 굴레를 훨훨 벗어던지고
죽음이라는 정적 속으로 잠들 때에, 그 어떤 꿈이
우리를 찾아올까 생각하면
차마 잠드는 죽음으로 발길이 내키질 않는다.
그 바보같은 염려 때문에
우리는 삶의 고통을 일평생 끌고 나가게 된다.
그렇지 않다면 누가
이 세상의 채찍과 조소를 참을소냐?
짧은 단 한자루의 칼이면
그 자신의 삶을 깨끗이 청산할 수도 있을 텐메,
압박자의 억울한 횡포, 권세가의 무례, 멸시받는 사랑의 고통,
법률의 태만, 관리들의 오만,
유덕한 사람이 가치 없는 자에게서 꾹 참고 당해야만 하는 발길질,
이 모든 것을 과연 누가 참을소냐?
죽은 뒤에 무엇이 올 지 모르는 두려움과
나그네 한번 가면 다시 돌아 못 오는 미지의 나라가
사람의 마음을 망설이게 하고,
아지 못하는 저 세상으로 날아가느니
차라리 갖은 환난을 참게 하지 않는다면,
그 누가 이 무거운 고통의 짐을 걸머지고
지루한 인생행로에서 신음하며 진땀을 뺄 것인가?
이래서 분별심은 우리를 모두 다 겁쟁이로 만들고 만다.
이래서 또 결심의 상기하는 혈색 위에
침울한 사색의 창백한 병색이 그늘져
하늘을 찌를 듯한 기개를 품고 세웠던 중대한 계획도 마침내

잡념에 사로잡혀 발길이 어긋나고
실행이라는 이름조차 묘연해지고 만다.


　보통 햄릿을 우리는 동키호테라는 캐릭터와 대비적으로 정형화
시켜, 동키호테가 외향적이고 돌진적이고 실천적이라 한다면 햄릿
이야말로 내향적이고 반추적이고 사색적인 인간의 전형이라고 생
각한다. 그리고 동키호테를 과단성의 상징이라 한다면 햄릿이야말
로 우유부단의 주저의 상징으로 이해하기가 쉽다. 그리고 이 유명
한 "투비 오아 낱 투비"(To be, or not to be)란 햄릿의 독백,
아버지의 복수를 결심하고 오필리아를 만나기 전, 3막의 첫머리에
서 이루어지는 이 독백을 모두 햄릿의 우유부단함이 자아내는 멜
로드라마적 비극의 원천으로 생각한다. 기껏해서 그 "오아"(or)라
는 접속사에서 키엘 케골의 "아이더 오아"(either or)를 읽어내거
나, 우리삶에 항상 불어닥치는 실존적 결단의 한 모우먼트로 해석
하곤 한다. 그러나 햄릿의 독백을 지배하는 음산한 영혼의 외침은
"오아"라는 논리적 구조의 현상적 의미에 깃들지 아니한다. 햄릿
의 "오아"는 바로 우리삶의 현존의 순간순간에 밀어닥치는 모든
"오아"의 해탈을 의미하는 것이다.


　"투비"와 "낱 투비"는 단순히 사느냐 죽느냐의 문제가 아니다.
최재서의 "살아 부지할 것인가, 죽어 없어질 것인가," 이덕수의
"과연 인생이란 살 가치가 있느냐 없느냐," 강우영의 "삶이냐, 죽
음이냐"에 대하여 최종철의 "있음이냐 없음이냐, 그것이 문제로
다"라는 번역은 셰익스피어가 존재의 심연에서 의도하고자 했던

바를 보다 심층적으로 파고든 고충이 엿보이지만, "있음이냐 없음
이냐"라는 번역은 이것이 어디까지나 극작대본이라는 맥락에서 타
당칠 못하다. 그것은 한국일상언어에 없는 말이기 때문이다. 있음,
없음을 명사화시켜 이냐를 붙여본들 그것은 전혀 의미가 전달이
되는 말이 아니기 때문이다.

　햄릿의 "투비 오아 낱 투비"는 모든 존재와 비존재의 문제임에
틀림이 없다. 一切皆苦의 삼법인이 말하는 梵我一如적인 발상이
나, 중국인의 천지코스몰로지적인 萬物同胞(천지만물이 모두 하나
의 탯줄)의 일체감에 적용되는 모든 존재와 비존재의 문제의식이
여기 깔려있는 것이다. 삼촌 크로오디아스를 죽이든 말든, 그리고
햄릿 자신이 죽든 말든, 그의 문제의식은 죽느냐 마느냐 하는 실
존적 결단으로 해결의 실마리를 찾지는 않는다. 그의 독백은 죽음
과 삶의 선택이 강요되는 순간의 독백이 아니라, 죽는 쪽을 택하
든, 사는 쪽을 택하든, 근원적으로 문제가 해결될 수 없다고 하는
"무의미성"에 있는 것이다. 그가 지향하는 것은 모든 존재와 비존
재가 초월되는 그 무엇이요, 그 무엇은 바로 禪이 제시하는 해탈
일 수밖에 없다.

　인도 본래의 불교는 삶의 가치에 대해 죽음의 가치를 숭상한다.
프로이드의 언어를 빌린다면 그것은 에로스적 충동보다 타나토스
적 충동이 더 강하다. 불교가 말하는 멸집(滅執)이란 어떤 의미에
서 모든 에로스적 충동의 거부를 의미하기 때문이다. 내가 생각키
로는 인도문명의 저변에는 죽음에 대한 예찬이 감돌고 있다. 열반

이란 삶의 차별이 해소되는 무차별이다. 무차별은 죽음이다. 열반이란 결국 죽음이다. 삶이란 차별에서 오는 희·비의 연속이요 리듬이다. 허나 구극적 열반이란 이러한 모든 삶의 차별을 무차별로 돌린다. 삶은 차별의 가치요, 죽음은 무차별의 가치다. 산다는 것 그것이 결국 죽음을 향한 행진이다. 삶속엔 항상 죽음의 그림자가 있다. 그런데 그 죽음의 그림자가 인간에게 공포로서 대상화되는 것이 아니라 삶의 근원적 충동으로서 내면화된다. 그것이 열반이요, 대각이다.

그런데 중국인들은 이러한 인도인의 심성을 좋아하지 않는다. 중국인들은 죽음을 근원적 삶의 가치로 받아들이려하지 않는다. 유교는 죽음을 거부한다. 거부할 수 없는 죽음일 지언정 그것을 에포케(괄호)속에 가두려한다. "내 어찌 삶도 다 알지 못하거늘, 죽음을 알 수 있으리오?"(未知生, 焉知死?)라고 季路에게 답하는 孔子의 태도속에는 죽음의 거부가 아닌 죽음을 배제한 삶의 가치만으로 삶을 해결해보려는 강인한 윤리의식이 도사리고 있다. 유교의 仁愛를 거부하는 老莊조차도 철저히 생명의 약동을 예찬한다.

人之生也柔弱, 其死也堅强。
萬物草木之生也柔脆, 其死也枯槁。
故堅强者死之徒, 柔弱者生之徒。
(『老子』 76장)

인간의 삶은 여리고 약한 것이지만, 그 죽음은 딱딱하고 강한 것이다. 딱딱하고 강한 그 죽음의 세계, 그것은 전혀 노장의 가치세계에 긍정적 요소로 반입되지 않는다.

禪이란 무엇인가? 깨달음이란 무엇인가? 그것은 죽음의 가치를 삶의 가치로 전환시키려는 노력이다. 그것은 인도문명의 죽음의 평등이 중국문명의 삶의 차등으로 전환되는 계기이다. 기억하는가? 천신만고 끝에 천리길 만리길을 헤매고 달려온 사미승, 열반과 해탈의 길을 묻는 말에 조주스님의 그 한마디는 무엇이었든가?
"아침 먹었느냐?"

아침 한 숟가락, 거기에 바로 대각의 모우먼트가 깃든다. 그것은 바로 죽음의 평등이 삶의 차등으로 전환되는 바로 그 순간이었던 것이다. 禪에는 이런 말이 있다.

萬古長空,
一朝風月。

만고의 변함없는 거대한 스페이스, 혼돈과 무차별의 시공! 한 아침의 이는 바람 지는 달! 만고의 長空과 일조의 風月, 그것은 혼돈과 질서, 무차별과 차별, 영원과 순간, 정적과 운동의 콘트라스트를 의미한다. 禪의 모우먼트는 이 콘트라스트를 초월한다고는 하지만 결국 우리의 대각의 계기는 萬古의 長空 그 자체에 있는 것이 아니라, 萬古의 長空에 그려지는 一朝의 風月에 있다. 아는가? 그 유명한 바쇼오(芭蕉, 1644~1694)의 하이쿠(排

句, 5·7·5 열일곱자)를 !


후루이케야 (ふるいけや)
카와즈토비코무 (かわづとびこむ)
미즈노오토 (みづのおと)

적막한 옛 못
개구리 날라드네
물소리 퐁 당

"적막한 옛 못"은 萬古長空에 해당될 것이다. "청개구리 퐁 당"
은 一朝風月에 해당될 것이다. 적막한 옛 못은 열반이요 죽음이
요 여여요 적정이다. 그 적정을 깨뜨리는 개구리의 약동, 너울너울
원을 그리며 퍼져가는 퐁 당, 그 퐁 당이야말로 삶의 계기들이다.
적막한 옛 못과 청개구리 퐁 당에 또 무슨 차별심이 있으랴마는
이 하이쿠의 맛은 역시 적막한 옛 못에 대한 청개구리 퐁 당의 콘
트라스트에 있다. 허나 그 콘트라스트의 의미는 궁극적으로 옛 못
쪽으로 가는 것이 아니라, 퐁 당쪽으로 쏠리게 마련이다. 만물이
있는 그대로 비추이는 거울과 같은 옛 못위에 던져지는 삶의 계
기, 청개구리의 퐁 당이 근원적으로 존재하지 않는 적막한 옛 못,
과연 그것이 인간이 추구하는 열반의 궁극적 의미가 될 것인가?


청개구리 퐁 당
조주스님 왈
아침 먹었느냐?

햄릿은 혼자 중얼거린다. 죽는 것은 자는 것, 다만 그 뿐이다. 잠 한번으로 일체의 고뇌를 다 끊어버릴 수 있다면 죽음이야말로 삶의 완성(a consummation devoutly to be wished), 죽는 것은 잠드는 것, 잔다! 잔다! 그런데 꿈을 꾸지 않는가? 정말 또 그것이 문제로군! 아 인간은 또 다시 그 꿈이 두려워 삶의 무거운 멍에를 걸머지고 지루한 인생행로를 지속하고 있질 않은가?

 햄릿에 있어서도 죽음은 해탈이요 열반이요 삶의 완성이다. 허나 인간의 아이러니는 바로 그 열반에 대한 공포다. 여기에 인간의 최대의 비극이 있다. 여기에 삶과 죽음의 이중주가 있는 것이다. 열반이라는 꿈이 또다시 우리에게 분별심을 자아내고 그 분별심은 우리를 겁쟁이로 만든다. 또 다시 삶의 포로로 만든다. 죽음이라는 해탈 그 자체가 해탈되는 곳에 햄릿의 구원이 기다리고 있었다. The rest is silence. 그것은 침묵이었다.


O that this too too sullied flesh would melt,
Thaw and resolve itself into a dew,
Or that the Everlasting had not fix'd
His canon'gainst self-slaughter. O God ! God !
How weary, stale, flat, and unprofitable
Seem to me all the uses of this world ! ( I / ii )

아아, 너무도 너무도 추잡한 이 육신,

녹고 녹아 한방울의 이슬로 화해버렸으면 좋으련만,
아니면 영원한 주께서 자살을 금하는 계율이라도
제정하시지 않았더라면 좋았으련만,
아아, 하나님! 하나님!
세상만사 돌아가는 꼴이
나에게는 왜 이리도 지리하고,
맥빠지고, 김빠지고 부질없게만 보이는가?

맥베스는 외친다.


Life's but a walking shadow, a poor player
That struts and frets his hour upon the stage
And then is heard no more : it is a tale
Told by an idiot, full of sound and fury,
Signifying nothing. (*Macbeth* V/v )


인생이란 걸어가는 그림자,
자기가 맡은 시간만은
장한 듯이 무대위서 떠들지만
그것이 지나가면 잊혀지는
가련한 배우일 뿐.
인생이란 바보가 지껄이는 이야기,
시끄러운 소리와 광포로 가득하지만
아무것도 의미하지 않는 이야기.

여기서 너무도 명백해진다. 셰익스피어를 지배하는 삶의 실체는 기독교식의 원죄나 고통이나 사랑이나 구원이 아니다. 그것은 근원적 무의미성이다. 인생이란 아무것도 의미하지 않는 (signifying nothing) 잡음일 뿐이다. 다시 말해서 셰익스피어의 비극을 지배하는 정조는 기독교적 세계관과는 무관하다. 우리는 너무 서양을 단지 서양이라는 이유로 기독교식으로만 이해하는 뿌리깊은 악습에 젖어있다. 셰익스피어가 바라보고 있는 삶의 실체는 불교가 말하는 "空"이요, 노자가 말하는 "無"다. 셰익스피어의 해결방식은 이 虛無의 초월이 아니라 바로 그 虛無 속으로 융해되어 버리는 것이다. 이 점을 셰익스피어의 해설자 그 어느 누구도 이해할 수가 없었다. 셰익스피어가 말하고자하는 세계관의 근원이 초월이 아닌 순환에 있었다는 것을 그 누구도 인지하지 못하는 것이다.

햄릿, 자기가 죽인 오필리아의 아버지 폴로니어스의 시체를 찾고 있는 국왕에게 다음과 같이 말한다.


*King.* Now, Hamlet, Where's Polonius?

*Ham.* At supper.

*King.* At supper? Where?

*Ham.* Not where he eats, but where a is eaten. A
certain convocation of politic worms are
e'en at him. Your worm is your only
emperor for diet : we fat all creatures else

to fat us, and we fat ourselves for maggots.
Your fat king and your lean beggar is but
variable service— two dishes, but to one
table. That's the end.

*King.* Alas, alas.

*Ham.* A man may fish with the worm that hath
eat of a king, and eat of fish that hath fed
of that worm.

*King.* What dost thou mean by this?

*Ham.* Nothing but to show you how a king may
go a progress through the guts of a beggar.

*King.* Where is Polonius? (Ⅳ/ⅲ)


국왕 : 자아, 햄릿왕자, 폴로니어스는 어디 있느냐?

햄릿 : 식사 중이옵니다.

국왕 : 식사 중이라구? 어디서?

햄릿 : 먹는 장소가 아니라, 먹히는 장소에 있다구요. 지금 이 순간
한무더기의 정치꾼같은 구더기새끼들이 한참 그를 파먹으면
서 회의를 열고 있답니다. 구더기라는 건, 먹는데 관해서는
천하에 일등가는 제왕입니다. 우리가 다른 동물들을 살찌우
는 것은 왠 일인 줄 아세요? 우리가 살찌기 위해서죠. 그런
데 우리가 살찌는 것은 왜 그런 줄 아세요? 그것은 바로 구
더기를 살찌우기 위해서랍니다. 살찐 임금님과 여위어 빠진
거지는 하나의 구더기식탁에 올라앉는 종류가 다른 두 접시
의 요리지요. 결국 그렇게 한 식탁에서 끝나는 겁니다.

국왕 : 저런, 저런.

햄릿 : 사람이란 왕을 뜯어먹어 살이 찐 구더기를 미끼로 생선을
　　　낚을 수도 있고, 구더기를 먹어 살이 찐 생선을 먹을 수도
　　　있습니다.
국왕 : 그건 또 무슨 뜻으로 하는 말이냐?
햄릿 : 그저 임금님께서 거지 뱃속으로 화려한 행차를 하실 수도
　　　있다는 것을 보여드릴려는 뜻밖에는 없습니다.
국왕 : 폴로니어스는 어디 있느냐?


구더기란 중앙토(土)요, 중앙토란 五行의 근원이요, 그것은 부
숙지기운(腐熟之氣運)이다. 토란 썩힘이요, 썩힘은 모든 에너지의
근원이다. 그 토의 주체는 구더기요 미생물이다.

**From ashes to ashes !**

흙에서 흙으로 !


그것은 모든 순환론적 세계관의 정형이요, 꾸밈없는 인간의 최종
적 진실이다. 여기에 천당이니 지옥이니, 육신의 동굴이니 태양의
이데아니, 죽음이니 부활이니, 아무리 이런 거짓말을 나열해 본
들, 그것은 모든 종교의 속임수요 나약한 인간의 허울이요, 허약한
개념의 장난이요, 공허한 상상의 굴레일 뿐이다. 셰익스피어가 말
하려는 것은 기독교적 세계관이 아니다. 셰익스피어는 기독교적
삶의 가치를 정당화시키기 위해서 그의 위대한 예술적 혼을 혹사
시키고 있는 것이 아니다. 그가 보는 것은 아무런 의미없는 한 광
대의 잡음과도 같은 생명의 순환이요, 순환론적 세계관이요, 오늘

우리가 말하는 에코시스템(ecosystem)의 과학이다. 그는 그 이상을 인간에게서 말하려하지 않는다. 그것이 바로 그의 비극이다. 이러한 햄릿의 공안은 햄릿이 영국으로 유배되어 가는 길에 해적선을 만나 죽음을 면하고 다시 덴마크로 돌아왔을 때 우연히 목격하게 된 오필리아의 무덤을 파고 있는 묘지의 두 광대와의 대화에서 그 극치에 이르게 된다. 다음은 5막 1장에 나오는 두 광대끼리의 대화다.

*Other.* Who builds stronger than a mason, a shipwright, or a carpenter?

*Grave.* Ay, tell me that and unyoke.

*Other.* Marry, now I can tell.

*Grave.* To't.

*Other.* Mass, I cannot tell.

*Grave.* Cudgel thy brains no more about it, for your dull ass will not mend his pace with beating. And when you are asked this question next, say 'A grave-maker'. The houses he makes lasts till doomsday. (Ⅴ/ⅰ)

묘지일꾼 2 : 석수보다도, 조선공보다도, 목수보다도 더 튼튼한 것을 짓는 자가 누구냐고 했지?
묘지일꾼 1 : 그래, 그 대답을 한번 해봐. 대답하면 일을 좀 쉴테니까.
묘지일꾼 2 : 제기, 이젠 대답할 수 있을 것 같은데.

묘지일꾼 1 : 그래 말해봐.

묘지일꾼 2 : 제기랄, 정말 모르겠는걸.

묘지일꾼 1 : 이제 그 문제로 더 이상 자네 대가리를 짜내지 말게. 어차피 자네같은 멍청한 당나귀, 채찍질한다고 발걸음이 더 빨라질 리가 없어. 다음에 또 이런 질문을 받거든, "무덤파는 일꾼"이라고 말하게. 그가 짓는 집은 최후의 심판날까지 견딜테니까!


인간이 짓는 집, 그것은 문명의 전부다. 석수, 조선공, 목수들이 짓는 행위, 그것은 문명의 건설, 그것은 인간의 유위(有爲)의 장난의 가장 보편적 형태다. 그런데 그것은 결국 인간의 최후의 집이 아니다. 그것은 유위의 허상이다. 석수·조선공·목수가 짓는 집보다 더 튼튼한 집은 무엇일까? 그것은 무덤이다. 영원히 견디는 집, 영원히 인간이 귀속되는 대지의 자궁, 구더기의 왕국, 모든 인간적 가치의 종국적 형태다. 최후의 심판의 날까지 견디는 집! 그것은 죽음의 집이다. 그것은 최후의 심판을 기다리는 가건물이 아닌 인간의 영원한 집이다. 기독교의 천국이라고 하는 허상을 벗어난 셰익스피어의 진실속에 바로 서구인의 비극적 정조가 가장 진실하게 드러나는 것이다. 셰익스피어는 우피치박물관의 한 소장품으로 매몰될 그런 예술가가 아니다. 셰익스피어의 시대는 이미 헨리8세(1491~1547)가 천일의 앤 불린(Anne Boleyn, 1507~36)과 결혼하기 위하여 지상의 하늘의 권위였던 로마교황청과 결별하고 앵글리칸 쳐치를 세우는가 하면, 그에 반대했던 철인 토마스 무어의 대가리가 단두대의 이슬로 사라지고, 표독했던 앤의 딸

엘리자베드(1533~1603, 1558~1603 재위)가 스페인의 무적함대를 쳐부수는 그러한 인류문명사상 인간이성이 가장 개명한 로맨스를 구가했던 그러한 시기였다. 에이번의 시인(the Bard of Avon), 에이번의 백조(the Swan of Avon), 1564년 4월 26일 스트라트포드 어폰 에이번(Stratford-upon-Avon)에서 세례를 받았다는 기록이 있고, 바로 태어난 곳에서 쓸쓸히 소리없이 묘비에 이름하나 남기지 않고 1616년 4월 23일 유명을 달리한 셰익스피어라는 역사적 인물에 관해서 우리는 놀라웁게도 아는 바가 별로 없다. 갈릴리 촌놈 예수라는 역사적 인물에 대해 우리가 별로 아는 바가 없다면 똑같이 이 스트라트포드의 시골 신사, 유서에 두 번째로 좋은 침대 하나를 마누라에게 유산으로 남긴다는 쪼잔한 유서 한쪼가리를 남기고 죽은 이 촌놈에 대하여 정말 아는 바가 없다. 허나 그가 인류에게 찬란한 4대비극의 언어를 선사한 그 시대는 엘리자베드시대의 영화(the glory of Elizabethan Age)가 눈부신 향기를 발하고 이제 짙은 낙엽의 홍조로 물들여져 가던 그 때였다. 그는 엘리자베드시대의 로맨스의 절정을 구현한 혼이었다.

이 세상의 어느 집보다, 석수·조선공·목수가 짓는 어느 집보다 더 튼튼한 집, 如如의 自然! 거기에는 분명 죽음·열반에 대한 예찬이 숨어있다.

### 인도는 내주어도 셰익스피어는 내줄 수 없다.

인도인이 들으면 참으로 오만불손한 제국주의자들의 혐오스러운 발언이겠지만 분명 이 말은 구체적 맥락이 있다. 죽음을 예찬하는 셰익스피어의 세계관속에는 이미 인도문명이 구가하고자 하는 삶의 본질이 내장되어있기 때문이다. 인도의 가치가 셰익스피어에 떨어진다는 얘기가 아니라 인도문명이 세계인들에게 자랑하고픈 그러한 본질적 가치가 이미 셰익스피어의 내면에 물들어져 있다고 하는 영국인들의 자만감은 분명 허언만은 아닌 것이다. 마하트마 간디도 결국 셰익스피어가 교육시킨 인물이 아니겠는가? 그래도 영국놈들은 인도지배 300년에 마하트마 간디라도 길러놓았는데 왜소한 일본놈들은 조선지배 30년에 무얼 길러 놓았나? 참으로 쪼잔한 새끼들이다 !

묘지일꾼이 무덤을 파는 일을 시작한 바로 그 날이 햄릿이 태어난 날이다. 그리고 그 날이 바로 햄릿선왕이 포틴브라스를 쳐부신 날이다. 그리고 바로 햄릿이 죽는 그날, 햄릿이 물려받기로 했던 왕위가 포틴브라스의 아들에게로 돌아간다. 여기에 불교적인 윤회의 싸이클이 있다. 그리고 이러한 윤회는 공허한 혼령만의 외로운 윤회가 아니라 사람이 구더기를 살찌우고 구더기는 다시 사람을 살찌우는 그러한 구체적인 대지의 氣의 윤회다. 햄릿선왕의 유령도 기독교적인 유령이 아니다. 그것은 朱子가 말하는 鬼神論의 神이요, 魂魄論의 魂이다. 그것은 鬼의 자리를 갑자기 잃어버린 㷳神이요, 魄의 자리를 갑자기 강탈당한 寃魂이다. 셰익스피어의 문학적 언어속에는 인도문명과 중국문명이 공존한다. 그것은 셰익스피어가 인도철학을 습득하고 중국철학을 공부했기때문이 아니요, 로마의 정신적 압제에서 해방된 엘리자베탄 에이지(Elizabethan Age)의 인간본연의 자리다. 기독교라는 억압과 고통의 수난속에서 갈망하는 구원의 빛에 대한 염원이 아니라, 세계가 하나로 해탈된 대영 제국주의 르네쌍스의 정신이다. 셰익스피어의 비전은 초월이 아니요 내재요 생명의 순환이다. 종교의 구극적 과제는 구원 (Salvation)이 아니라 해탈(Enlightenment)이다.

햄릿은 처음부터 끝까지 그의 비극과 그의 죽음을 알고 이해하고 있다. 그의 죽음은 의도된 필연이요 우연이 아니다. 오직 오필리아만이 자기의 운명을 모른다. 오직 그만이 시끄러운 잡음을 남길뿐인 어리석은 광대, 이디어트, 백치일 뿐, 오필리아는 결코『햄릿』의 여주인공이 아닌 한 단역일 뿐이다. 존재와 비존재를 초월하는 저 검은 침묵의 위대성을 드러내기위한 한 방편일 뿐이었다. 햄릿은 혼자 죽지 않는다. 모든 셰익스피어의 비극이 그러하듯이 주인공의 죽음은 주변의 모든 사람의 죽음을 동반한다. 햄릿의 죽음은 같이 죽는 죽음이다. 투비의 죄악을 다 함께 묻어버리는 낱투비의 해탈이다. 햄릿의 죽음은 해탈이요 대각이다. 그것은 새로운 생명의 출발이다. 그것은 비극과 생명의 이중주였던 것이다.

아는가? 그대는, 『햄릿』이 쓰여진 그때, 1601년! 그즈음 동인도회사가 설립되고, 써 월터 랄레이(Sir Walter Raleigh, 1554?~1618)가 처녀여왕 엘리자베드의 처녀성을 상징하는 이름으로 미국 땅 최초의 영국식민지 버지니아를 개척하여 엘리자베드여왕에게 헌납한 사실을! 엘리자베드시대의 모험과 낭만과 자유와 회의정신을 대변하는 탐험가며 작가며 여왕 엘리자베드의 애인이기도 했던 랄레이, 화려한 외투와 토배코 파이프를 물고 저 남아메리카의 구이아나(Guiana)까지 끝없이 끝없이 항해를 계속했던 로맨티스트, 대담하게 이야기하고 회의주의철학에 관심을 기울이고, 수학에 심취하고, 항해학·화학·의학의 대가, 무신론의 선두에 섰던 랄레이, 셰익스피어의 희곡에까지 풍자되는 인물로 등장하는 모험의 정신, 끝끝내 제임스왕 1세의 미움을 사 반역의 누명을 쓰고 런던타우어에 감금되었다가 그 목에 시퍼런 도끼의 칼날이 떨어지고 말았던 그 랄레이와, 엘리자베드, 그리고 셰익스피어를 생각할 때마다 나는 고요히 나를 감동시킨, 20세기의 哲聖 화이트헤드가 『심볼리즘』이란 책의 冒頭에 헌사로 바친 그 은빛 찬란한 문장을 생각한다.

수학자·물리학자로서 생의 대부분을 캠브릿지대학과 런던대학에서 보냈던 화이트헤드(A. N. Whitehead, 1861~1947)가, 철학교수로서 변신하여 미국 하바드대학으로 초빙되어 간 것은 1924년, 그의 63세 되던 해였다. 이듬해 1925년 『과학과 근대세계』(*Science and the Modern World*)라는 불후의 명저를 발표하면서 미국의 지식사회에 충격을 던진다. 미국에 온 지 만 3년 되던 해, 화이트헤드는 미국의 버지니아대학(University of Virginia)에서 "상징주의"에 관한 일련의 강연을 부탁받고 1927년 4월 18일, 영국의 노신사 화이트헤드는 마사츄세츠 캠브릿지를 떠나 난생 처음 버지니아주의 주경을 넘고 미국의 수도 와싱턴디씨, 삼백년전 영국의 식민지로서 출발하여 지금 와싱턴메모리알의 첨탑이 국회의사당, 에이브라함 링컨의 거대석상과 함께 펼쳐지는 광활한 장관의 충격을 체험한다. 그 때 그는 다음과 같이 썼다.

# DEDICATION

These chapters were written before I had seen the Washington monument which faces the Capitol in the City of Washington, and before I had enjoyed the experience of crossing the borders of the State of Virginia — a great experience for an Englishman.

Virginia, that symbol for romance throughout the world of English speech : Virginia, which was captured for that world in the romantic period of English history by Sir Walter Raleigh, its most romantic figure : Virginia, which has been true to its origin and has steeped its history in romance.

Romance does not yield unbroken happiness : Sir Walter Raleigh suffered for his romance. Romance does not creep along the ground; like the memorial to Washington, it reaches upward — a silver thread uniting earth to the blue of heaven above.

April 18, 1927.

# 헌 사

　여기 이 『심볼리즘』의 章들은 와싱턴 디씨의 국회의사당을 마주보고 있는 와싱턴기념탑을 내 눈으로 직접 목격하기전에, 그리고 내가 버지니아의 주경을 건너는 체험을 향유하기전에 쓰여진 것이다. 그 체험이란 나 한사람의 영국인으로서는 참으로 위대한 경험이었다.

　버지니아! 그것은 영어를 말하는 사람들의 세계에 있어서는 로맨스의 상징이다. 버지니아! 그것은 영국역사의 낭만적인 시대의 가장 낭만적인 인물이었던 써 월터 랄레이에 의하여 세상에 그 자태를 드러내었다. 버지니아! 그것은 그 원래의 자태의 의미에 충실하게 인류의 역사에 있어서 찬란한 로맨스 속으로 속으로 젖어들어갔다.

　로맨스! 그것은 결코 깨질 수 없는 행복을 생산하지는 않는다. 월터 랄레이경은 그의 로맨스에 대한 대가를 치루어야만 했다. 로맨스는 땅만을 기어다니지는 않는다. 로맨스는 저 와싱톤의 기념첨탑처럼 위로 위로 뻗어 올라간다. 이 땅을 저기 저 드높은 하늘의 푸르름으로 연결시키는 한줄기의 은빛 실처럼!

일천구백이십칠년 사월 십팔일

白頭

　로맨스란 무엇인가? 그것은 새로움에 대한 동경이다. 미지의 세계에 대한 도전이다. 인간의 관념의 모험이요, 신체의 항해다.

禪이란 무엇인가? 그것은 정체를 거부하는 끊임없는 권위에 대한 도전이요, 이성의 오만에 대한 끊임없는 반성이요, 초월의 고매한 정신이 저지르기 쉬운 허구에 대한 반역이다.

禪이란 무엇인가? 열반의 꿈마저 거부하는 햄릿처럼, 이 땅(地)의 현실을 저기 저 드높은 하늘(天)의 푸르름으로 연결시키는 한 줄기의 은빛 실처럼, 끊임없이 인간을 고양시키는 깨달음, 그 깨달음 그 자체인 것이다.

## 第四則　德山到溈山

垂示云：「靑天白日，不可更指東劃西 ; 時節因緣，亦須應病與藥。且道，放行好? 把定好? 試擧看。」

### 제4칙　덕산, 위산에 올라

[수 시] 청천백일, 푸른하늘 대낮에는 동쪽을 가리키거나 서쪽을 가리키거나 할 수 없다. 시절인연, 인연이 맞는 결정적인 시기에도 반드시 병에 따라 약을 주어야 한다. 말해보라! 풀어놓는 것이 좋은가? 조여단속하는 것이 좋은가? 다음 덕산의 얘기를 한번 들어보자!

[案 案] 여기 "靑天白日"이라함은, 오늘 우리가 이 宋代白話의 用法을 그냥 일상용어에서 쓰고 있듯이 말 그대로다. 그런데 이

구름한점없는 대낮, 청천백일이란 말은 인간의 깨달음의 정신세계에 있어서는 어떤 동·서·남·북의 구분이 갈 수 없는 무차별의 절대경지를 일컬으며, 그것은 다음의 **"時節因緣"**이라는 말과 대비되는 것이다. 시절인연이라함은 봄은 봄다워야하고 여름은 여름다워야 하는 것이니 **"靑天白日"**이라는 말과는 좀 대비되는 "상대성" "상황성"의 뉴앙스를 지닌다. 즉 인간의 깨달음의 경지에는 반드시 이러한 두 측면이 있다는 것이다. 하나는 청천백일의 절대성이요, 하나는 시절인연의 상대성이다. 청천백일에는 동을 가리키거나 서를 가리킬 필요가 없다. 즉 상대적 언어의 갈등에 인간을 현혹시키거나 一曲에 얽매게 할 수가 없다. 청천백일의 **正中央**이야말로 방위가 사라지는 인간의 **無碍境**이기 때문이다. 허나 인간의 아이러니는 이러한 청천백일의 절대경만으로 깨달음의 삶이 이루어질 수 없다는 것을 의미한다. 청천백일과 더불어 시절인연이 반드시 **共存**하는 것이다. 시절인연에는 어떻게 해야하는가? 그때는 반드시 병에 따라 약을 주어야 하고 체질에 맞추어 **用藥**의 **妙**를 기해야 할 것이다. **應病與藥!** 이것이 곧 **佛家**에서 말하는 **方便**이다. 이 방편의 묘미는 어디에 있는가? 깨달음의 역정에 있어서 인간을 방치시킬 것인가? 규율속으로 엄하게 단속시킬 것인가? 결국 인간의 삶은 리듬이다! 이 리듬에 따라 인간을 깨달음의 길로 인도하는 것, 이것이 바로 **大禪師**들의 교육방법이다. **"放行"**이란 스스로 공부하고 깨달도록 풀어준다는 의미다. **"把定"**이란 **"把住"**라고도 하는데 규범을 따르게 만든다, 규제한다는 뜻이다. **"～好～好"**란 구문은 "…하면 좋을 것인가, …하면 좋을 것인가?" **"either～or"**의 백화체용법이다. 그런데 이 수시는 다음의 본칙내용을 알게되면 너무도 훌륭한 도론적 암시임을 깨닫게 된다. 과연 다음의 얘기는 어떤 내용을 담고 있을까?

기억하는가? "德山棒, 臨濟喝"이란 유명한 이야기를! 이 말은 덕산이나 임제나 모두 求道의 자세에 있어서 매우 맹렬한 정열과 준엄한 기준을 가지고 산 사람이었다는 것을 암시하는 것이다. 德山宣鑑(780～865)과 臨濟義玄(?～867)은 동시대인으로서 서로 교분도 있었지마는 이들의 계보는 慧能밑의 제자중에서 후대에 크게 종풍을 선양한 두 제자, 靑原行思와 南嶽懷讓의 각기 다른 法嗣를 잇고 있다. 청원행사아래 법통의 대표적 인물로 덕산을 들고, 남악회양아래 법통의 대표적 인물로 임제를 들어, 이 쌍벽의 종풍을 棒과 喝로서 특징지우고 있는 것이다. 그런데 이 4칙은 덕산과 임제이야기가 아니라, 덕산과 남악회양하의 또하나의 거맥 潙仰宗의 개조 潙山靈祐(771～853)의 역사적 해후의 첫장면을 그리고 있는 매우 계발적인 이야기다. 이들의 계보를 독자들이 알기 쉽도록 도식화하면 다음과 같다.

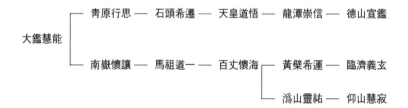

德山아래서 雪峰義存이 나왔고, 설봉의존의 문하에서 雲門宗의 개조, 雲門文偃이 나왔고, 운문아래 계보에서 설두가 나왔으니, 설두스님에게 이 德山의 存在는 소홀히 할 수 없는 家風과도 관련이 있었음을 쉽게 짐작할 수 있다. 德山은 드디어 4칙에 등장한다.

德山! 그는 매우 맹렬한 사람이다. 기개가 항상 충천하고 에너지가 남아돌아가 어쩔줄을 모르는 사나운 맹수와도 같다. 만화가 이두호선생께서 그린 임꺽정의 모습이 연상되기도 하는 그런 인물이다. 어찌보면 매우 촌스럽기도 한데 어찌보면 그만큼 우직하고 진솔하고 구도에 대한 집념과 실천이 강하다. 그리고 덕산을 생각하면 난 되다만 우리나라 스님가운데 이 덕산아류형들이 무지하게 많은 것 같은 느낌이 든다. 德山선감은 지금의 사천성 簡州 劍南의 사람인데 俗姓은 周氏였다. 사천요리가 맵기로 유명하고 한국사람들 입맛에 잘 맞는데 이런 탓인지 덕산의 기질과 한국인의 기질은 너무도 기분나쁘게 통하는데가 많을지도 모른다. 허허!

덕산은 아주 어려서(卯歲) 출가하였고 아주 어려서 이미 계를 받았다. 그리고 그는 원래 律藏을 精究하였고 性相의 諸經의 旨趣를 관통하였다. 그리고 그는 아주 『金剛經』에 미쳐있었기 때문에 항상 『금강경』을 강의하였고, 그래서 사람들은 그의 속성을 따라 별명짓기를 "周金剛"(Diamond Chou)이라 하였다. 덕산이 『금강경』에 미쳤다는 얘기는 덕산의 종풍을 이해하는데 매우 중요하다. 아무리 그가 후대에 자신과 금과옥조처럼 아끼던『금강경소초』를 태워버렸다고는 하지만,『금강경』에 내재하는 空사상, 그리고 부정의 정신은 그의 일생을 지배하는 맹렬한 아이코노크라스틱한 우상파괴주의적 경향과 일체의 이원성을 거부하는 철저한 무아사상의 기질을 형성하는 것이다.

그는 북방사천에서 律藏의 정통을 지키면서 남방에서 禪席이 성행한다는 이야기를 듣고 매우 불쾌하게 생각하였다. 그래서 이르기를 : "아 내 진리에 뜻을 둔 자가 출가를 하게 되면 천겁이 걸려야 부처님의 威儀를 배울 수 있고, 만겁이 걸려야 겨우 부처님의 細行을 배울 수 있고 그렇게 노력을 해도 成佛의 길은 묘연한데, 뭐라구? 그 남방의 악마같은 새끼들이 감히 막바로 人心을 가리키고, 본성을 깨달으면 곧바로 성불한다구 떠들어! 내가 그놈들 소굴로 직접 뛰어들어가 그 종자새끼 씨를 말려 버리겠노라. 그리하여 내가 부처님의 은혜를 갚겠노라!"(出家兒, 千劫學佛威儀, 萬劫學佛細行, 不得成佛。南方魔子, 敢言直指人心, 見性成佛。我當摟其窟穴, 滅其種類, 以報佛恩。)

그래서 드디어 덕산은『靑龍疏鈔』를 멜빵에 걸머지고 蜀나라를 떠나 당대의 유명한 선승, 龍潭崇信이 주석하고 있던 호남성 澧陽지역으로 오게된다. 동정호로 흘러들어가는 예강이 흐르는 澧州 어느 路上에서! 허세로 가득찬 덕산, 아무리 에너지가 넘친다지만 배꼽시계는 돌아가는 법, 지극히 배가 출출하여 침을 꼴딱꼴딱 삼키고 있던 한 낮, 자글자글 빈대떡(油糍)을 부치고 있는 노점상 한 노파의 모습이 안계에 들어오는 것이 아닌가? 성큼 다가설 수밖에! 아 참! 판본에 따라 여러 다른 얘기가 있지만 『청룡소초』라 함은 『금강경』에 대한 덕산 자신의 주석을 단 역저라는 얘기도 있고, 일설에는 덕산이 존숭하던 청룡법사의 『금강경』소초라는 얘기도 있다. 원오는 평창에 그냥 『금강경疏鈔』라고만 해 놓았다. 청룡이면 어떻구, 백호면 어떻구, 다이아몬드면 어떻구 차돌맹이면 어떠냐? 결국 개구란데! **且喜沒交涉**。

　노파, 덕산의 멜빵에 담긴 짐을 가리켜 이르기를 : "저 거추장스럽게 메고 다니는게 뭔고?"(所載者是什麼?)
덕산 대답하기를 : "『청룡소초』니라."
노파, 이르기를 : "소초라! 뭔 경을 해설한 게요?"(**講何經?**)
덕산 왈 : "『금강경』이니라."(金剛經。)
노파 왈 : "『금강경』이라구? 내 일찍이 한가지 궁금한게 있었는데 니가 만약 대답을 하면 내 점심을 거저주마. 대답을 못한다면 딴 곳으로 꺼져라!"(我有一問。你若答得, 施與點心, 若答不得, 且別處去。)
덕산 왈 : "어서 씹어보아라!"

　자아! 여기서 짧은 막간을 이용하여 해설해야 할 한마디가 있다. 우리는 런치를 점심(點心)이라고 하는데 중국말에서 점심이란 **朝飯晝食**을 전후로 해서 먹는 **小食**을 말하여 우리말로 간식(間食)이라 부르는 말이다. 그런데 왜 이 간식의 의미가 점심(點心)이 되었을까? 이 점심이라는 말은 唐나라 때 생겨난 말인데 한의학적 오장육부 세계관을 알지 못하면 이해가 가지 않는 말이다.

그 뜻인즉, "마음(心)을 찍는다(點)," "마음에 점을 찍는다," "마음을 새롭게 한다," "마음에 불을 밝힌다" 등등의 의미가 있다. 배가 출출할 때 앗쌀하게 간식하나 드는 것을 우리 동방인들은 축 늘어진 마음에 기운을 돋구는 리프레셔(refresher)라고 생각했던 것이다. 心도 오장육부 중의 하나요, 우리가 먹는 음식은 오장육부에 골고루 퍼지는 氣가 된다. 그래서 폐·비·간·신을 총괄하는 마음(心)을 點한다고 표현했던 것이다. 이 "점심"이라는 쌍관(雙關, pun)의 말로써 노파의 질문공세는 가열된다.

"아 이눔아 『금강경』이 이런 말이 있지 않디. '과거의 心도 얻을 수 없고, 현재의 心도 얻을 수 없고, 미래의 心도 얻을 수 없다.' 그런데 그대는 뭔 心을 點하겠다는 게뇨?"(『金剛經』道 : "過去心不可得, 現在心不可得, 未來心不可得。" 未審上座 點那個心?)

아이쿠! 한방 된 통 처먹었구나! 덕산, 아무말도 못하고 머뭇머뭇 거리니까, 노파 점잖게 崇信이 거처하는 龍潭(원래 지명)의 암자쪽을 가리키며 하시는 말씀이 : "용담에게나 가 보아라!"

불쾌하지만 어찌하랴! 한방 먹은 덕산, 점심도 못 얻어먹고 터덜터덜 성큼성큼 용담에 당도하여 법당 대문을 발로 콱 걸어차며 말하기를 :
"내 오랫동안 용담에 오기를 갈구하였노라. 드디어 나 여기 당도하였다. 헌데 연못(潭)도 안 보이고 용(龍)도 얼씬거리지 않는구나 ！ ”(久嚮龍潭, 及乎到來｡ 潭又不見, 龍又不現！)

용담화상, 법당 병풍뒤에 몸을 숨기고 크게 울리는 소리로 말하기를 :

“네 이놈！ 니가 바로 지금 용담에 서 있느니라！”(子親到龍潭｡)

아이쿠！ 또 한방 먹었구나. 덕산은 할 말이 없었다. 그리고 당분간 용담에 유숙키로 마음을 먹었다. 그리고 일단 절을 하고 물러났다.

이날 밤, 덕산은 밤늦게까지 용담스님방에서 시립(侍立)하고 서 있었다. 밤이 깊자, 용담스님 말씀하시기를 :

“야경이 깊었는데 왜 네 방으로 내려가지 않느냐?”(更深, 何不下去?)

이에 덕산은 용담스님께 안녕히 주무시라하고 문을 열고 나갔으나 곧 되돌아 들어왔다.

“왜 돌아왔느냐?”

“문밖이 어둡습니다.”(門外黑｡)

이 때였다！ 용담스님은 종이를 감아 만든 촛불을 켜서(點) 덕산에게 건네주었다. (潭遂點紙燭度與山｡) 이 때였다！ 덕산이 바로 그 촛불을 받으려 할 때, 용담은 입김을 확 불어 그 촛불을 꺼버렸다. 이 때였다！ 덕산은 마음의 문이 활짝 열리면서 大悟를 한 것이었다. 덕산은 일어서서 용담스님께 큰절을 올리었다. (山方接, 潭便吹滅, 山豁然大悟, 便禮拜｡)

용담이 물었다 : "그대는 뭘 봤다구 나에게 큰 절을 올리는고?"
(子見個甚麽便禮拜?)

덕산은 이에 맹세한다 : "저는 지금 이 순간부터 하늘 아래 큰
스님들의 말씀을 의심치 않겠습니다."(某甲自今後, 更不疑著天
下老和尙舌頭。)

律宗에서 자라 『금강경』에 달통하고 "直指人心, 見性成佛"
을 외치는 南方禪宗의 마귀같은 새끼들 씨를 말려버리겠다고 호
랑이굴로 뛰어 든 맹렬한 사천의 시뻘건 고추와도 같은 사나이,
덕산! 그 덕산이 禪宗의 가르침을 받아들이는 그 순간이었다.
껍질속에서 꿈틀거리는 병아리, 바로 그 꿈틀거림이 있었기 때문
에 어미 닭의 한 방 쪼음으로 드디어 껍질을 破해버리고 光明한
세상으로 나올 수 있었던 것이 아닌가? 그런데, 그런데 과연 이
덕산과 용담의 촛불의 오감에 내재한 논리적 맥락을 독자들은 파
악했는가?

우 징시웅(吳經熊)선생은 이 장면을 해설하면서 다음과 같이
말한다.

In the present instance, the night was dark enough, but
it became infinitely darker after the candle was lit and
blown out again. When all external lights were out, the
inner light shone in all its effulgence.

바로 그 순간, 그 밤은 이미 충분히 어두웠다. 그러나 촛불이 켜졌다가 다시

꺼졌을 땐 그 밤은 무한히 더 새카만 칠흙이 되었던 것이다. 모든 외면적 불이 꺼지고 덕산의 마음의 내면의 불꽃이 그 찬란한 광채를 발했던 것이다.

그러면서 우 징시웅先生은 『老子』 1장의 "玄之又玄, 衆妙之門"(어둡고 또 어두워라. 그 어둠이야말로 모든 묘한 이치가 쏟아져 나오는 문이다)을 인용하고 있다. 해석은 자유다. 또 여기 우선생의 말과 老子의 말을 어떻게 연결시키는가에 따라 그 내면적 의도는 또 하나의 해석학적 회전을 거칠 수도 있다. 허나 내가 생각키로 우선생의 해석은 너무 피상적이다.

이 기나긴 에피소드, 공안 중의 공안이라 할, 덕산과 용담의 해후 장면은 하나의 언어의 펀(pun)을 계속 주선(主線)으로 끌고 나간다. 그것은 바로 노파의 말에서부터 암시되었던 "點心" 즉 "마음을 띠엔(點)한다"라는 한 마디다. 마음을 띠엔한다. 띠엔할 마음이 도대체 어디에 있는가? 이미 『금강경』의 구절을 인용한 노파의 말에서 이미 그 결론은 주어져 있었다.

우리는 촛불을 켠다는 것도 "점화한다"(點火)라는 표현을 쓴다. 밥을 먹는다, 생명의 양식을 먹는다, 해탈의 경지로 들어간다, 그 모두가 "점심"이다. 그런데 문제는 띠엔(점)할 마음이 근원적으로 부재한다는데 禪의 不立文字, 直指人心의 根本義가 있다.
우선생의 해석은 촛불이 일단 켜졌다가 다시 꺼졌을 때 느끼는 적막, 그 외계적 어둠의 변화에 해석의 초점이 놓여져 있다. 즉 老子의 "玄之又玄"의 해석이나 용담의 "吹滅"이나 모두 "어둠의 예찬"에 그 주안점이 놓여 있다. 허나 중국선의 포인트는 여기 그 어둠 그 자체의 예찬에 있지 않다. 이 公案은 그 핵심이 "점심"에서 "심"쪽에 놓여 있는 것이 아니라 "점"쪽에 놓여 있다.

"어두웠으니 밖으로 나가라!" 나가긴 어딜 나간단 말입니까? 밖은 어둠. 無明의 세계! 어둠! 그것은 카오스의 세계, 그것은 예찬의 대상이 아니요, 덕산에겐 공포의 대상이요, 두려움의 대상이다. 밖이 어둡습니다. 전 밖으로 나가기 싫어요. 왜 저를 밖으로 내치세요? 스승님! 전 無明의 어둠이 싫단 말에요. 저에게 빛을 주세요! 네! 저를 밝게 해주세요. 밝음을 주세요. 진리의 횃불, 진리의 등불, 스승님! 바로 傳燈을 해주십시오! 그래 빛을 달라구? 그래 빛을 주마! 용담은 덕산에게 촛불을 건네주었다. 그 순간 용담은 덕산이 받으려고 하는 촛불을 꺼버렸다.

禪은 어둠을 밝히는 횃불이 아니다. 나가자! 독재와 싸우자! 진리의 횃불을 밝히며 이 어두운 역사의 현장으로 나가자! 횃불을 들고 마칭! 꽁꼬르드로! 금남로로! 이러한 진리의 횃불의 빛 때문에 그 얼마나 많은 혁명의 마치가 이루어졌고 순교의 피가 얼룩졌나? 문제는 이러한 혁명의 마치를 禪이 거부한다는데 있는 것이 아니다. 禪은 이 세상의 어느 진리보다도 혁명적일 수 있다. 허나 禪이 묻고자 하는 것은 우리가 상식적으로 진리라고 생각하고 믿는 바로 그 횃불, 그 자체의 반추요 부정이다. 바로 우리가 안일하게 이 세상의 어둠에 대하여 밝음이라고, 빛이라고 믿고자 하는 바로 그 마음, 바로 그 마음을 지워버려야 한다는 것이다.

바로 그 마음을 꺼버려야 한다는 것이다. 그것이 바로 용담이 촛불을 꺼버린 순간이었다. 촛불이라는 깨달음의 방편, 그 방편을 꺼버려야하는 것이다. 그 순간 바로 幽(어둠)와 明(밝음)의 2원론이 해소되어 버리는 것이다. 이것이 바로 언어를 초월한 선승들의 언어다. 그 노파의 첫마디가 무엇이었던가?

"넌 뭔 마음을 띠엔 하겠다는게냐?"

이것이 바로 그 찬란한 唐文明의 언어, 영국의 엘리자베드시대의 햄릿이 "침묵"이라 부른, 존재와 비존재의 이원성이 초월되는 그러한 언어다! 이러한 唐文明의 언어의 한 가닥이 바로 우리나라 羅僧 元曉의 언어이기도 했던 것이다.


다음 날, 용담스님은 법당의 법석에 올라 좌중을 향해 수어를 내렸다 :

"여기 좌중에 한 새끼가 있는데 그 놈 잇빨은 마치 칼이 수없이 꽂힌 수풀과도 같고, 그 놈 아구창은 피로 가득찬 시뻘건 대야와도 같다. 대가리 한방 되게 얻어맞고도 한번 뒤돌아 봄이 없이 걸어간다면, 그 놈이 어느 날엔가 외로운 봉우리 정상에다 나의 道를 세울 것이다."(可中有個漢, 牙如劍樹, 口似血盆, 一棒打不回頭, 他時異日向孤峰頂上立吾道去在.)

이에 덕산은 자기가 평생 애지중지하던『금강경청룡소초』를 법당앞에 모시어 놓고 횃불을 켜 들고 외치기를 :

"모든 현묘한 언론을 다 궁구하여도 그것은 거대한 허공의 우주에 한 털오라기를 놓는 것 같고, 모든 세상의 기틀이 되는 핵심적 이치를 다 갈파하여도 그것은 거대한 검은 계곡에 물 한방울을

튀기는 것과 같다."(窮諸玄辯, 若一毫置於太虛 ; 竭世樞機, 似一滴投於巨壑.)

그리곤 『소초』를 불살라버리고 만다. 『달과 6펜스』! 그 주인공은 평생 그린 그 위대한 그림들과 함께 자기를 불살러 버리지 아니했던가? 달과 6펜스! 그것 또한 하나의 공안이 아니었던가?

이렇게 해서 득도한 덕산, 龍潭의 法을 嗣하고, 다시 潙山(湖南省 寧鄕縣에 있는 潙水의 발원지)의 靈祐에게로 찾아간다. 바로 우리의 제4칙은 龍潭의 法을 이은 덕산이 潙仰宗의 開祖 영우와 해후하는 장면을 그린 것이다.

덕산은 다시 澧陽으로 돌아와 住한 것이 30년, 武宗의 破佛의 변을 조우하여 그 난을 獨浮山의 石室에서 피한다. 大中초년(847) 호남성 武陵의 太守 薛廷望의 청으로 무릉의 德山(동정호 부근)에 住하면서 宗風을 크게 떨쳤다. 그래서 그의 이름이 德山이 된 것이다. 唐 成通6년 12월 3일 示寂하니, 그의 세수 86이요, 법랍 65였다. 見性大師라 諡하다.

그가 임종 직전에 까지 남긴 공안을 보면 참으로 덕산이 얼마나 철저한 부정론자요 非二元論者였나 함을 알 수 있다. 임종에 가까운 덕산은 병이 들어 몸이 아팠다. 어느 스님이 짓궂게 아픈 덕산에게 물었다.
"이 세상에 아직도 한번도 아파보지 않은 사람이 있습니까?"(還有不病者也無?)

"아암 있구 말구."(有。)

"어떤 사람이 한번도 아파보지 않은 사람입니까?"(如何是不病者?)

이 때 덕산은 큰 소리로 아픔을 나타내는 의성어를 내 뱉는다.

"아이야! 아이 야 !"(阿㖿! 阿㖿!)

이 마지막 한마디는 무슨 뜻인가? 결국 자기와 같이 아픈 자야 말로 아프지 않은 자라는 평소 자신의 철학을 밝힌 것이다. 아픈 자와 아프지 않은자의 이원론은 그의 죽음과 더불어 영원히 사라지고 마는 것이다. 덕산은 이어 모인 좌중들에게 다음과 같이 마지막 법문을 했다.

> 捫空追響
> 勞汝心神
> 夢覺覺非
> 竟有何事

> 공(空)을 어루만지며
> 그 소리를 들으려한들
> 그대들의 심신만
> 피곤케 할 뿐
> 꿈과 깸이
> 모두 아님을 깨달을 진대
> 그 무슨 일이 있으랴

이 말을 마치고 편안히 앉더니, 앉은 채로 조용히 숨을 거두었다. 맹렬한 덕산의 조용한 최후였다.

마지막으로 "덕산방, 임제할"의 쌍벽, 덕산과 임제의 이야기를 하나 더 할까 한다.

덕산은 어느 날 대중들에게 다음과 같은 수시를 내린다 : "난 말이다! 올바르게 얘기하는 놈에게도 방망이 30방이요, 올바르게 얘기 못하는 놈에게도 방망이 30방이니, 그런 줄 알라!"(道得也三十棒, 道不得也三十棒。)

임제가 이 말을 전해듣고는 그의 친구 낙포(洛浦)에게 이른다 : "야 너 말야, 덕산 그놈한테 가서 왜 올바르게 말을 했는데 30방을 얻어 맞아야하는지 그걸 좀 물어봐라. 그러면 그 놈이 분명 널 때릴려 할 것이다. 그 놈이 방망이를 내려치면 그 방망이를 꽉 붙잡아 가지곤, 확 밀치면서 그 놈한테 쎄게 한번 되멕여봐! 그리고 그 놈이 어떻게 하는지 살펴 보란말야."(汝去問他, 道得爲甚麼也三十棒。待伊打汝, 接住棒, 送一送, 看伊作麼生。)

낙포는 임제가 가르쳐준대로 가서 물었다. 그랬더니 과연 덕산은 방망이를 내려치는 것이 아닌가? 낙포는 덕산의 방망이를 잡아, 오히려 덕산에게 한 방을 멕여버렸다. 그랬더니, 이건 또 왠일인가? 시무룩한 얼굴을 하는 덕산! 아무말도 하지 않더니 그냥 조용히 자기 방장실로 되돌아 가는 것이 아닌가? 어허! 이건 또 웬일인고!

낙포는 되돌아 와 임제에게 이 전후 이야기를 다 했다. 그랬더니 임제가 말하기를 :

"난 원래 옛날부터 덕산 이 새끼가 사꾸라인줄 알았거든. 그래 그건 그렇다치구, 낙포, 넌 덕산이 어떤 새낀지 알았냐?"(我從來疑著這漢, 雖然如是, 你還識德山麼?)

낙포는 주저주저 갸우뚱 거렸다. 이 때였다. 임제는 낙포의 대가리에 되게 한 방을 멕였다.(浦擬議, 濟便打。) 끝 !


【本則】擧 : 德山到潙山, 挾複子於法堂上, 從東過西, 從西過東, 顧視云 : 「無! 無!」 便出。雪竇著語云 : 「勘破了也。」德山至門首, 卻云 : 「也不得草草。」便具威儀, 再入相見。潙山坐次, 德山提起坐具云 : 「和尙!」潙山擬取拂子, 德山便喝, 拂袖而出。雪竇着語云 : 「勘破了也。」德山背卻法堂, 著草鞋便行。潙山至晚問首座 : 「適來新到在什麼處?」首座云 : 「當時背卻法堂, 著草鞋出去也。」潙山云 : 「此子已後向孤峰頂上盤結草庵, 呵佛罵祖去在。雪竇著語云 : 「雪上加霜。」


본칙 들어보자 ! 덕산이 드디어 위산에 당도하였다. 바랑을 걸머멘 채 법당에 성큼 올라서서 동쪽에서 서로, 서쪽에서 동으로 뚜벅뚜벅 왔다갔다 하드니만 좌우를 돌아보고 하는 말이 :

"없다 ! 없어 ! 쥐뿔 개뿔 아무것도 없다 !"
그리곤 곧바로 나와 버렸다.

설두스님 착어하여 이르기를 :

"간파해 버렸군!"

덕산은 대문깐에 이르러 다시 되돌이켜 생각하기를 :

"내가 너무했군. 소홀할 수는 없지."

그래서 허엄! 위엄과 예의를 갖추어, 다시 돌아가 상견례를 하기에 이르렀다.

위산이 앉으려 할 때 덕산은 방석을 들어올려 "스님!"하고 크게 불렀다. 이 때 위산이 총채를 잡으려하자, 덕산은 잽싸게 냅다 소리를 질러댔다. 그리곤 소매를 스치면서 다시 나와 버렸다.

설두스님이 또 착어하여 이르기를 :

"간파해 버렸군!"

덕산은 법당을 등뒤로 하고 짚신을 신더니 곧 떠나버렸다.

위산은 이날 밤이 으슥해지자 슬그머니 수좌에게 물었다 :

"아까 왔던 신참내기 지금 어디있누?"

그랬더니 수좌가 말하기를 :

"그 때 법당을 등뒤로 하고 짚신을 신더니 나가버렸어요."

위산이 말했다 :

"이 녀석이야말로 훗날 외로운 봉우리 정상에다 초가암자 하나 짓고 둥지틀고 앉아 부처님을 꾸짖고 조사들을 욕할 놈이로다!"

설두스님이 착어했다 :

"설상가상! 눈위에 서리 그려본 들."

여기 등장하는 潙山이란 인물은 唐나라 禪宗史에서 또 하나의 혁혁한 이름을 차지하는 五家七宗 大派 중의 하나인 潙仰宗의 開祖다. 潙山靈祐(771~852)가 南嶽下, 馬祖를 거쳐 바로 百丈懷海의 門下에서 배출된 黃檗希運과 쌍벽을 이루는 인물이라는 것은 이미 도식으로 설명한 바와 같다. 俗姓은 趙氏요, 福州(복건성) 長谿의 사람이다. 그를 潙山이라 부르는 것은 그가 潙山에 오래 살았기 때문이요, 그의 宗을 潙仰宗이라 부르는 것은 그의 수제자 仰山慧寂과 더불어 禪風을 크게 擧揚시켰기 때문이다. 물론 위앙종의 개조는 어디까지나 潙山靈祐다. 그는 15세에 이미 출가하여 本郡의 建善寺의 法常律師에게 머리 깎음을 받았다. 杭州(절강성)의 龍興寺에서 大小乘敎의 經律을 考究하였고 23세에 이르어 洪州(강서성)의 百丈懷海의 門에 들어가 그 法을 이어 같은 門下 同輩 黃檗希運과 더불어 唐代禪界에 그 혁혁한 이름을 날렸다. 영우는 潭州(호남성) 大潙山에 止住하여 宗風을 擧揚, 會下에 수없는 龍象을 배출하였다. 入室한 제자만도 41인, 앞서 말한 仰山慧寂(807~883)은 그중 가장 특출한 인물이었고, 그외로도 香嚴智閑·延慶法端·徑山洪諲·靈雲志勤·王敬初常侍등은 모두 탁월한 인물들이다. 그가 온후한 潙仰宗의 종풍을 敷揚한지 어언 40여년, 大中七年 正月 九日, 아침 세수와 양치질을 하고 방석에 앉더니 편안한 모습으로 示寂하였다. 세수 83, 법랍 64, 潙山에 그 탑이 있고, 大圓禪師라 諡되었다. 그의 말은 『潙山警策』(一卷)과 『潭州潙山靈祐禪師語錄』(一卷)에 수록되어 있다.

위산이 百丈을 찾아갔을 때, 百丈은 그를 보자마자 入室을 허락했다. 그의 그릇의 출중함을 직감했던 것이다. 그리고 그를 처음부터 큰 제자로 대했다. 어느날 위산은 백장방에서 侍立하고 있었다. 그런데 그 큰 절깐방 텅빈 한가운데 화로가 놓여있었다. 화로는 이제 불기운이 다 꺼져 잿더미로 화하고 미직미직 미온의 느낌만 남아있었다. 그런데 백장이 물었다 :

"거기 서 있는게 누구냐?"(誰?)

"영우입니다."(靈祐。)

백장이 말했다 :

"그 화로에 불씨가 남아있나 쑤셔보아라!"(汝撥鑪中有火否?)

위산이 잿더미를 들쑤셔 보더니 :

"불씨라곤 없습니다."(無火。)

그랬더니 백장이 몸을 일으켜 몸소 화로를 쑤셔대기 시작했다. 그러더니 어디선가 깜박깜박 명멸하는 한 불씨를 찾아내더니만 회색 잿빛속에 빤짝이는 불씨를 가리키며 왈 :

"이놈 이게 불씨 아니고 뭐냐?"(此不是火?)

이때 위산은 發悟한다.

여기서 백장이 찾아낸 이 불씨는 아마도 위산의 심령속에 깜박이는 깨달음의 불씨였을 것이다. 그리고 그것은 훗날 潙仰宗의 宗風을 일으킨 최초의 계기였을 것이다.

다시 위산이 앙산을 처음 만났을 때 얘기를 해보자! 앙산은

韶州懷化人으로 속성은 葉氏였는데 나이 15세에 출가를 하려니까 그 부모가 허락칠 않아 결국 2년 후에 손가락 두개를 짜르고 출가의 허락을 받아내었다. 南華寺의 通禪師에게서 受戒하고 耽源應眞에게서 이미 불교의 玄旨를 증득한 후였다. 앙산이 위산을 처음 찾아왔을 때, 위산은 이미 그의 그릇됨을 알아차리고 그의 堂奧로 앙산을 오르게 한다.

"너는 주인이 있는 사미냐? 주인이 없는 사미냐?"(汝是有主沙彌? 無主沙彌?)

"주인이 있는 사미올습니다."(有主。)

"그래 그 주인이 어디 있느냐?"(在什麼處?)

그러니까 앙산은 아무말도 하지 않고 위산의 서쪽에 서있다가 동쪽으로 뚜벅뚜벅 걸어가서 서있는 것이 아닌가? 그 모습을 보고 위산은 앙산의 범상치 아니함을 알아차린다.(師從西過東立, 祐知是異人。) 그리고 위산은 앙산에게 법문을 내리기 시작한다. 앙산이 다시 여쭈었다 :

"진짜 부처님이 계신 곳이 어딥니까?"(如何眞佛住處?)

위산영우는 이에 큰 법문을 내린다.

"생각이 없음을 생각하는 妙함으로써 오히려 영명한 마음의 불꽃의 끝이 없음을 생각하라 ! 생각이 다하면 그 근원으로 돌아가니 본래의 모습과 나타난 모습이 있는 그 모습대로 있고, 현상과 본체가 둘이 아니다. 바로 그 깨달음에 참 부처가 如如한 모습대로 있나니라."(以思無思之妙, 返思靈焰之無窮。思盡還源, 性相常住, 事理不二, 眞佛如如。)

이 말씀이 끝나자 앙산은 頓悟를 얻었다.

우리는 이 백장과 위산, 위산과 앙산의 깨달음의 만남의 두계기에서 일치되는 하나의 단어를 발견한다. 그것은 불씨요, 불꽃이다. 내 마음속에 본시 함장된 영험스러운 불꽃의 무궁함, 그 불씨를 살려내는데 禪의 깨달음의 모우먼트들이 내재한다.

위앙종에서 유명한 것은 바로 如來禪(Tathagata Zen)과 祖師禪(Patriarch Zen)의 對別이다. 본시 禪에서 여래선과 조사선이 따로 따로 峙立하는 것은 아니다. 바로 달마가 직접 전한 선이 곧 여래선이요, 그 여래선은 조사선이다. 그런데 위앙종에서는 종래의 여래선의 의미를 격하시키고 그것을 天台의 禪으로 간주하고, 여래선 위에 直指人心 · 不立文字 · 敎外別傳의 조사선을 놓는다. 이렇게 조사선의 의미를 여래선 위에 별립시킨 것은 아마도 仰山이 그 최초였을 것이다.

그리고 위산과 앙산의 대화에서 두드러지는 것은 "體"와 "用"이라는 새로운 개념을 둘러싼 논박이다. 이 體와 用이라는 개념은, 불교를 배척한 朱子에 의하여 오히려 자기 논리의 중요한 틀로서 받아들였기 때문에 宋學 그러니까 신유학에서 크게 발현하였지마는 원래 그것은 唐代 선승들이 常用하던 어휘였다.


여러 스님들이 위산의 차밭에서 하루종일 찻잎을 따고 있었다. 이때 위산이 앙산이 있는 곳을 향해 소리쳤다.

"하루종일 찻잎을 따도록 니눔 목소리는 들리는데, 니눔 모습은 보이지 않으니 웬일이누? 어디 한번 그 본모습을 드러내 보아라!"(終日摘茶, 只聞子聲, 不見子形, 請現本形相見。)
그러자 앙산은 나타나지는 않고 차나무만 흔들었다.

그러니까 위산이 말하기를 :

"너는 用만 얻었구 體는 못 얻었구나 ! "(子只得其用, 不得其體。)

그러자 앙산이 :

"아니 그럼 스님은 도대체 어떻게 하시겠다는 게요?"

그러자 위산이 오랫동안 침묵을 지키고 있었다. 그러자 앙산은 침묵을 못 견디겠다는 듯이 답답해서 다음과 같이 내질렀다.

"스님은요 ! 體만 얻었구 用은 못얻으셨다구요 ! "(和尙只得其體, 不得其用。)

이때 위산이 빙그레 웃으며 말했다 :

"네놈 ! 20방 깜이다 ! "(放子二十棒。)


사실 이 대화는 여러 구구한 해석이 있지만 그 정확한 정황이 전달되기 어렵다. 그런데 이 대화를 일관되게 지배하는 틀은 다음과 같은 언어들이다. 소리와 형체, 흔듦과 침묵, 用과 體 !


원래 體와 用이라는 산스크리트어적 맥락은 본체(noumena)와 현상(phenomena)이라는 서양철학적, 더 정확하게 희랍철학적 맥락과 일치하는 개념이었을 것이다. 허나 이것이 중국어로서 漢譯되는 과정에서 그 이원적 의미가 해소되어 버린다. 體와 用이 다 현상계 속에서의 本과 末로 일원화 되어버리고 마는 것이다. 이것이 바로 인도철학과 禪이 결별하는 분기점이다. "소리만 들리고 모습이 보이지 않는다." 여기서 모습은 물론 體다. 그 體가 나타나는 기능·작용·현상이 곧 소리다. 위산은 앙산에게 그 모습을 드러낼 것을 요구한다. 허나 앙산은 모습은 드러내지 않고 차

나무를 뒤흔든다. 흔들리는 나무의 모습은 곧 끊임없이 운동변화하는 현상의 모습이요 곧 用의 모습이다. 그래서 위산은 앙산에게 "너는 用만을 얻었고 體는 못 얻었다"고 외친다. 그렇다면 스님은 어떻게 體를 얻습니까? 위산은 "침묵"한다. 침묵 그것이야말로 소리에 대한 體다. 그러자 그 침묵을 못견딘 앙산은 외친다. "당신은 體만 얻고 用은 못 얻었나이다." 이때, "이놈, 넌 20방 깜이다"하고 위산은 외친다. 허지만 "放"이라는 글자의 의미 속에는 20방 깜이지만 20방 맞을 것을 용서한다는 뜻이 들어있다. 앙산의 외침은 體와 用을 이원화시킨 것이다. 위산의 침묵은 用을 함장한 體였다. 體와 用은 근원적으로 이원화될 수 없다. 헌데 앙산은 體와 用을 이원화시켜서 위산에게 되씌웠다. 허나 그 정도의 재치면 알건 다 알았다. 용서하여주마! 이렇게 선승들의 언어는 오묘하다. 우리의 상상을 초월하여 많은 논리의 거미줄을 뛰어넘는다. 그리고 최소한 위앙종의 풍도는 슬기롭고 말랑말랑하고 부드럽고 명랑하고 원숙하다. 그리고 "덕산방"과는 대조적으로 깨달음을 가르치는데 참을성이 많다.

우리의 본칙은 德山이 龍潭에게서 깨우침을 얻은 후, 멀지 않은 곳에 있던 潙山을 찾아가 또 하나의 깨우침을 얻으려는 求道의 행각이었지만 여기서 드는 느낌은 득도한 德山이 潙山을 토벌하러간 원정의 느낌이 강하다. 여기의 덕산은 패기에 넘친 날카로운 푸른 이삭과 같은 젊은 모습이다. 그런데 비하면 위산은 침착하고 원숙한 대가다운 풍도를 과시하는 老老大大한 모습이다. 허나 실제로 이 둘은 나이가 9세밖에는 차이가 나지 않는다. 그리

대단한 차이도 아니건만.

　덕산이 위산이 있는 법당에 오른다. "挾複子"라고 하는 표현은 다음과 같은 모습을 말해준다. 어디를 왔으면 여장을 풀고 들어가야할텐데, "바랑을 낀채" 오른 것은 매우 무례한 모습이요, 성급한 모습이다. 그리고　물론 절차를 무시한 모습이다. 동쪽으로 서쪽으로 뚜벅뚜벅 서성거리며 외치는 말이 "無！無！"

　이 "무！무！"란 말은 "나와 붙어 볼만한 놈은 한 개미새끼도 없구나！"라는 덕산의 기개를 나타내는 말로 해석하는 것이 가장 솔직한 것이다. 추상적인 득도의 경지를 나타내는 암호로써 비화시켜 해석할 필요는 없다. 이때 설두스님은 착어했다. "勘破了也." 여기서 "勘破"란 말은 요새 우리가 쓰는 "看破"라는 말과 거의 동의어다. "識破" "照破" "踏破"란 말이 같은 의미로 쓰인다. 즉 "꿰뚫어 보았다"라는 의미다. "간파해버렸군"을 나는 "들켜버렸군"으로 바꾸었다. 즉 法의 본상은 無인 것이다. 아무 것도 없는 공허한 것이다. 그런데 위산이래봐야 그리 宗을 立하고 허세를 세울 것은 없는 것이다. 그러니 덕산의 기개는 그 본질을 꿰뚫었다. 즉 위산의 입장에선 들킨 것이다. 설두의 착어는 무례한 덕산에게 관대하다. 역시 덕산이 설두가 속한 운문종의 祖宗이라는 것도 감출 수 없는 느낌이다.

　그러나 그러한 승리를 구가하고 홀로 나가봤자 별 재미가 없다. 덕산 대문에 이르렀을 때 혼자 중얼거리기를 "내가 좀 너무 심했던 것 아닌가? 나혼자 통장반장 다 해먹은들 누가 알아주랴！ 요시 다시 위의를 갖추고 들어가보자!" 여기 "具威儀"란 말은 아까 "挾複子"라는 말과 대비된다. 즉 여장을 풀고 제대로 가사를 차려입었다는 뜻이다.

드디어 위산과 덕산의 정중한 상견례가 이루어지는 스릴있는 장면. 위산이 들어와 앉는다. 이때 덕산이 "提起坐具"라 했는데 이 당시 "좌구"의 정확한 실체는 내가 잘모르겠지만 무엇인가 상대방에게 절하기위해서 앞에까는 것을 말한다. 나는 그냥 "방석"으로 번역하였다. 그리고 "스님"하고 크게 외친다. 이 순간이었다. 위산이 불자(拂子)를 들려고 하였다. "擬取"의 "擬"는 영어의 "be going to," 우리말로 "…하려하다"는 백화투다. 불자는 총채다. 스님들이 대나무에 말총을 말아 묶어 놓은 것인데 스님들이 먼지를 털거나 모기·파리를 쫓기위해서 쓰는 것이다. 아마도 이순간 위산은 불자로 덕산에게 한 방 멕이려 했을지도 모른다. 이 순간, 덕산은 선수를 친다. 할! 할이란 근원적 부정의 외침이다. 허나 그 순간에, 할을 하는 덕산의 자세는 문자그대로 위기일발이요, 의기충천이요, 유아독존이요, 천하무적이다. 소매를 확 제키고 찬바람일며 위산을 등뒤로 하고 유유히 위산을 떠나는 덕산! "법당을 등뒤로 하고 짚신을 신고 곧 떠났다." 덕산의 할의 순간에 설두는 또 착어를 멕였다 : "勘破了也。" 또 꿰뚫었군, 또 들켰군!

보통 사람같으면 도무지 괘씸하여 이를 갈았을 것이다. 온후한 위산, 그날밤, 슬그머니 수좌에게 묻는다 : "아까 그 설익은 신참

내기 어디 있느냐?" 바보같은 수좌새끼, 이것 또한 공안속의 공안
인가? "법당을 등뒤로 하고 짚신신고 곧 떠났습니다." 如如行인
가? 있는 그대로 말했을 뿐인가? 바보같은 수좌새끼 너무도 자신
없는, 저는 쏙 빠진 대답이다. 이에 위산의 최후의 한마디 : "고
봉정상, 가불마조 ! " 이 "고봉정상"이라는 이미지는 위산의 덕산
에 대한 최고의 찬사다. 禪은 깨달음이다. 깨달음은 외롭다. 진정
깨달았다면 외로울 수밖에 없다. 진정한 覺者는 홀로 설 수밖에
없다. 고봉정상에 설 수밖에 없다. 진정한 覺者는 무리를 짓지 않
는다. 派를 만들지 않는다. 宗을 만들지 않는다. 존재의 아래 위
를 다 죽인다. 그것이 바로 "가불마조"다 !

이 공안의 최고의 멧세지는 이 "가불마조" 한마디에 있다. 부처
를 죽이고 조사를 욕해라 ! 교육자로서의 위산의 최고의 풍도요
품위요 여유다.

생각해보라 ! 이 도올이 갑자기 해인사 백련암에 올라가 從東
過西, 從西過東, 삼천배를 하고 있는 신도들을 짓밟으며 말하기
를, "야이 병신새끼들아 ! 뭘 쳐다보고 절을 하고 있느냐 ! 삼천
배 좋아하시네. 불심이 없으면 삼천배도 일배만도 못한 것이요, 때
로는 무심한 일배도 삼천배를 능가하거늘, 뭐, 성철을 만나겠다는
일편단심 俗心에 무릎을 삼천번 구부려 ! 니기미씨팔, 이 중생을
삼천배에 묶어대는 천박한 律師새끼 나와라 ! 니기미 되도 않는
게송이나 씨부렁거리구, 그걸 겨우 한문실력이라구 내뱉냐? 부수
도 못가리는 어린 사미들 앞에서나 통하는 개구라지, 나와라 나

와! 니기미 좆도 개미새끼 한 마리도 없구나! 무! 무! 뭐라구 돈오돈수! 무! 무!"

그리고 나에게 한 방 棒을 멕이려는 성철스님의 방망이를 뺏어되려 한방 멕이고 뒤돌아 보지도 않고 찬바람을 휙 일으키며 해인사 대문을 걸어나오는 나를 빙그레 여유롭게 쳐다보면서, "과연! 천하의 도올이로고! 훗날 저놈이야말로 가야산 고봉정상에 우뚝서서 부처를 죽이고 조사를 무색하게 만들 놈이야!" 과연 성철은 그렇게 외칠 것인가? 말이 그렇지, 상상인들 좋다, 과연 우리나라 큰스님들께 이러한 위산과 같은 위대한 통찰과 관용과, 후학을 사랑하는 마음, 자신을 삭힐 수 있는 마음이 있을까? 큰스님을 얘기 안해도 좋다. 우리나라의 교육현장에서 교육자라고 하는 모든 이들에게 바로 결여된 것은 이 위산의 "고봉정상, 가불마조"에 대한 관용과 예찬이다. 성철스님의 문제는 바로 자신에 대한 엄격성의 잣대를 타인에게 무차별하게 적용하는 독선과 독단과 오만이다. 그러한 禪門에서는 "가불마조"의 호방한 위인들이 배출되지 않는다. 그것이 바로 우리 20세기 불교사의 최대의 문제요, 일제 식민지교육의 권위주의에 포로가 된 우리 일반교육계의 비극이다. 그것이 바로 우리민족에게 창조성이 결여되어가고 있는 허망한 현실을 말해주는 것이다.

그런데 우리의 공안의 파우어는 여기에 머물지 않는다. 마지막 설두의 착어는 무엇이었든가? 설상가상!

흔히 우리는 옛 문헌을 대할 때, 거기에 쓰인 의미체계를 나타내고 있는 문자가 현재 우리가 쓰고 있는 말과 동일할 때, 곧 우리가 알고 있는 그 문자의 상식적 의미를 덮어씌워 이해해버리고 마는 그러한 오류를 곧잘 범한다. 이것이 바로 내가 말하는 "한문해석학"의 문제요, 우리나라학계의 학식의 일천함이다. "大器晚成"도 그렇고 "切磋琢磨"도 그렇고 "雪上加霜"도 그렇다. 우리가 생각하는 의미와는 전혀 다른 뜻이다. 우리의 현재의미는 오랜 세월에 걸쳐 우연한 계기계로 와전된 것이다.

설상가상을 우리는 흔히 나쁜데 더 나쁘게 덮쳤다는 의미로 쓰지만, 여기서는 문자 그대로 "눈위에 서리를 그려 본들" 즉 생색 안나는, 표안나는 가식, 부질없는 짓이라는 얘기다. 德山이 이미 짚신신고 떠나버렸을 때, 위산은 알거 다 알았어야 했다. 뒤늦게 수좌데리고 "고봉정상, 가불마조" 운운 해본들, 눈위에 서리 개칠하는 셈, 뭐 대단한 개구라도 못된다. 설두의 착어, 또다시 우리의 위산의 위대함의 예찬을 무색하게 만들어버린다. 설상가상! 禪의 부정의 부정의 부정의 부정은 끝이 없다. 일순간도 방심하면 아니된다. 아~ 진리의 구도란 그 얼마나 어려운 것인가?


【頌】　一勘破, 二勘破。
　　　　雪上加霜曾嶮墮。
　　　　飛騎將軍入虜庭,
　　　　再得完全能幾箇?
　　　　急走過, 不放過。
　　　　孤峰頂上草裏坐。
　　　　咄!

한번 깨지고

두번 깨지고

세번째는 겨우 눈위에 서리 그렸으니

결국 벼랑에 떨어지고 말았구나

비기장군, 오랑캐진영 한복판에 들어갔다.

과연 온전히 다시 빠져나올 자

몇 명이나 될까?

서둘러 도망쳤건만

놓아주지 않네.

외로운 봉우리 꼭대기

수풀속에 앉아 있구나.

쯧 !


檮案 항상 그러하듯이 이 頌 또한 그 논리적 맥락이 정확히 구성되기는 어렵다. 허나 첫 두 줄은 설두의 착어 그 자체를 가지고 만든 것임으로 역시 위산에 대한 설두의 평으로 보아야 할 것이다. "嶮墮"란 "위험한 곳으로 떨어졌다"는 뜻이다. 허나 이 "험타"는 사실 덕산과 위산 모두에게 적용된다.

"비기장군"이란 漢나라 李廣의 고사에서 온 것이다. 이광은 활과 말타기의 명수였다. 그래서 漢 孝文帝가 그를 "飛騎將軍"으로 봉하였다. 이광은 오랑캐나라 진영에 깊숙이 들어갔다가 흉노

왕 **單于**에게 잡혀 포로가 되었다. 그런데 말사이에서 죽은 척 누워있다가 기발한 묘수를 내어 성공적인 탈출을 한다. 설두는 바로 덕산이 위산의 진영에 들어갔다가 탈출하여 나온 이 공안의 내용을 비기장군 이광의 고사에 빗대어 말하고 있는 것이다. 이러한 상황에서 온전히 살아 나올 자 몇 명이뇨? 덕산이 제아무리 서둘러 도망쳐 나왔다지만, 과연 위산이 쉽사리 놓아줄리 있는가? 그런데 또 왜 고봉정상 풀잎속에 앉아있다고 했을까? 과연 그것이 그를 칭찬한 것일까? 덕산이 **孤峰頂上, 呵佛罵祖**만을 고집했다면 과연 덕산이 되었을까?

마지막 한마디! "쫏!" 이 한마디는 아무 의미도 없다. 아무 의미도 없는 만큼 우리의 모든 논리적 사고를 단절시킨다. **且道 落在什麼處?** 말해보라! 그 핵심이 어디에 있나를! **更參三十 年!** 족히 30년은 생각해 보아라!

(1998. 5. 12.)

눈(雪)위에 서리(霜)그려본 들  211

"멀 하고 있는가?"
"쌀을 씻고 있지요."

"돌을 일어 쌀을 내버리는 게냐,
　쌀을 일어 돌을 내버리는 게냐?"
"돌과 쌀을 함께 내버리고 있습니다."

檮杌 『碧巖錄』 講話 제5화

# 우주가 좁쌀 한 톨

## 第五則　雪峰粟粒

垂示云：「大凡扶豎宗教，須是英靈底漢，有殺人不眨眼底手脚，方可立地成佛。所以照用同時，卷舒齊唱；理事不二，權實竝行。放過一著，建立第二義門。直下截斷葛藤，後學初機，難爲湊泊。昨日恁麼，事不獲已；今日又恁麼，罪過彌天。若是明眼漢，一點謾他不得。其或未然，虎口裏橫身，不免喪身失命。試擧看。」

### 제5칙　설봉의 좁쌀 한 톨

수시　대저, 으뜸가는 가르침을 자기 나름대로 수립하려고 한다면, 아주 영령한 뛰어난 인물이 아니면 안된다. 필요에 따라선 사람을 죽이고서도 눈하나 깜짝하지 않을 그런 담뿐와 수완이 있어야 그 자리에서 성불할 수 있는 것이다. 그러므로 본시 이론과 실천이 동시적인 것이요, 조임과 풀음이 같이 아우러지는 것이요, 본체와 현상이 둘이 아니요, 방편과 구극적 실재가 같이 가는 것이다. 그런데 때로는 한발자욱 물러나 제2의적인 언어방편을 세우지 않을 수도 없는 것이다. 만약 언어갈등을 단칼에 베어내버리기만 한다면 후학 초심자들은 어디서부터 어떻게 시작해야할지를 모르게 된다. 허나 어제 그렇게 한 것은 그렇게 할 수밖에 없었던 일이라 치더라도, 오늘 또 그렇게 하고 있다는 것은 그 죄과가 하늘을 가득 메우는 것이다. 아주 눈이 밝은 놈이라면, 그런 놈은 이 따위 공안으로 조금도 속여 먹을 수는 없을 것이다. 그런데 그렇게 명철한 눈을 가지지도 못한 녀석이 호랑이 아가리속으로 들어와 가로눕는 만용을 부린다면, 그놈은 뒈지기 딱 좋은 것이다. 내 또 설봉의 이야기를 들어보리라.

[壽案] 이 수시도 정확히 해석하기가 어려운 구석이 많다. 문장과 문장 사이에 비약이 심하기 때문이다. 허나 내가 풀어놓은 말과 원문을 잘 대조하여 보면 그 논리의 흐름에 필연성이 있음을 잘 파악할 수 있을 것이다. "宗敎"란 역시 여기서 궁극적으로 禪의 진리를 가르치겠지만, 현대어의 宗敎라는 말과 혼동하면 안된다. "宗敎"란 원래 "으뜸가는 가르침"이다. 다시 말해서 예수종교란 예수의 말씀을 으뜸가는 가르침으로 받아들이는 사람들의 집단이란 뜻이다. 종교를 수립하는 사람들은 똑똑하고(英) 영적인(靈) 인간이 아니면 안된다. 예수도 똑똑한 사람이었고 영적인 인간이었을 것이다. 그런데 원오는 이 영령함을 표현하는데 "사람을 죽여도 눈하나 깜박않는 수완"(有殺人不眨眼底手脚)이라 했다. 불교는 살생을 금하는 종교인데 이 무슨 말인가? 살다보면 "사람을 죽여야 할 때"가 있다. 이 말을 내가 설명안해도 영명한 독자라면 체험적으로 쉽사리 알아채릴 것이다. 그런데 사람을 죽여야 할 때는 눈깜짝 않고 죽여야 할 담뽀가 있어야 한다. 미적미적 꾸물꾸

물 수물수물대면 안된다. "手脚"이란 우리말로 "手腕"과 동일한 표현이며, 力量, 재능, 담력의 뜻이다. "照用"이란 관조와 활용, 내면의 心機와 외면의 실천을 의미한다. "卷舒"란 두루마리를 마는 것과 펴는 것이다. 수렴과 전개를 말하는 것이니 語默, 與奪, 活殺과 통하는 것이다. "理事"는 화엄에서 말하는 바대로고, "權實"은 權敎·實敎니 權大乘·實小乘이니 하여 불교의 경전의 가르침이나 지혜를 분류할 때 쓰는 말로서 權이란 방편(upāya)을 말하며 實이란 眞實·究極을 의미한다. "放過一着"이란 "한걸음 양보한다"는 뜻을 나타내는 宋代백화의 상투어다. "第二義門"이란 언어·사유를 초월한 究極적 세계인 第一義門과 대비되는 것으로 언어·방편을 의미한다. "一點謾他不得"의 "不得"는 謾(속이다)라는 본동사의 뒤에 붙는 조동사적인 표현으로 영어로 "cannot"에 해당된다. "……하는 것이 불가능하다"의 뜻이다.

제5칙의 주인공은 雪峰이다. 설봉은 제4칙에 나온 주인공, "임제할 덕산방"의 그 유명한 德山의 法嗣다. 雪峰이라 함은 그가 大悟하고 德山의 法을 嗣한 후에 雪峰山에 주석했기 때문에 붙은 이름인데 雪峰山은 코끼리뼈와 같이 생긴 기암이 山中에 있어 예로부터 象骨山이라고도 했는데 福州府(복건성) 侯官縣의 서쪽 180리에 자리잡고 있는 승경이 넘치는 아름다운 산이다.

설두가 제4칙에 德山을 놓고 제5칙에 雪峰을 놓고 제6칙에 雲門을 놓은 것은 바로 설두자신의 법통을 존중하여 그렇게 『벽암록』의 冒頭에 차례로 놓은 것으로 사료된다.

龍潭崇信 — 德山宣鑑 — 雪峰義存 — 雲門文偃
— 香林澄遠 — 智門光祚 — 雪竇重顯

德山의 제자 중 걸출한 두 인물로 우리는 巖頭全奯(828~887)과 雪峰義存(822~908)을 꼽는다. 그 禪機의 예리함으로 말한다면 설봉이 암두를 따를 수 없을 것이다. 암두의 인격은 그의 호 그대로 깎아지른 거대한 암벽과도 같고 그 날카로움이 塵世의 느긋함을 추호도 허락치 않는다. 그에 비하면 雪峰은 문자그대로 눈덮인 푸근한 봉우리같고, 백설의 깨끗함 그대로 자만이나 과시가 없는 근면, 인자, 정직, 성실, 인내, 공평무사함 등의 덕성으로 스며있다. 우리 옛말에 이런 말이 있다 : "나무는 그늘이 지어야 사람이 쉬어가고, 물은 흐림이 있어야 고기가 모여든다." 암두는 그 나뭇가지의 앙상함과 물의 청명함 때문에 제자가 배출되지 않았다. 허지만 雪峰의 門下에서는 운문(雲門)·현사(玄沙)·보복(保福)·장경(長慶)·경청(鏡淸)·취암(翠巖) 등 40여명의 용상들이 쏟아져 나왔고, 中國禪宗 五家七宗 중에 雲門宗·法眼宗 二大宗門을 성립시켰던 것이다. 설봉의 탁월한 두 제자로 우리는 雲門과 玄沙를 꼽는데, 雲門(864~949)이 곧 雲門宗을 개창하고 玄沙의 二代門下에서 法眼文益(885~958)이 나와 法眼宗을 개창한 것이다. 사실 石頭계열의 준령은 德山이 휘어잡았지만, 德山의 門下에서 별로 기대되지 않았던 아둔한 듯이 보이는 雪峰이 그 준령의 가장 높이 솟은 봉우리가 되었고 그 봉우리에서 雲門·法眼의 二宗의 찬란한 꽃이 개화한 것이다.『五燈會

元』에 "설봉의 법석에는 대중이 일천오백명이하로 주는 법이 없었다"(師之法席, 常不滅千五百衆)이라 한 유명한 이야기로 미루어 보아도 참으로 설봉의 인품과 감화의 광대함을 감지할 수 있을 것이다.

설봉은 나이로 보면 암두보다 위이지만 암두를 꼭 사형으로 대했다. 그리고 설봉의 득도는 암두의 도움으로 이루어진 것이다. 설봉은 참으로 지근이 우직한 困知의 人物이었다. 이에 반해 암두는 그의 스승 德山이 되었던, 같은 石頭계열의 거봉, 曹洞宗의 개창자 洞山良价(807~869)가 되었던, 이들 고승에 대해서도 선기의 준엄함을 잃지 않았다.

암두는 어느 날 덕산이 있는 곳으로 갔다. 때마침 덕산이 대문 안에서 어슬렁 산보를 하고 있었다. 암두는 그 문지방을 넘으면서 바로 덕산에게 소리쳤다.

"이것이 성스러운 겁니까? 속한 겁니까?"(是凡是聖?)

그러자 덕산이 아무 대꾸없이 냅다 큰소리로 할을 했다.("喝"이란 "할"하고 소리치는 것이 아니라 아무 소리나 크게 내지르는 것을 말한다. 할이란 근원적 부정의 외침이요, 절대의 언어다.)

그러자 암두는 덕산앞에 무릎꿇고 절을 했다. 그리고 물러났다.

그 뒤 어느 날 어떤 스님이 이 얘기를 洞山良价에게 전했다. 동산은 이 얘기를 듣더니 다음과 같이 말했다.(동산은 암두보다 나이가 스물한살이나 위다.)

"아마도 암두 그분이 아니었더라면 그 자리에서 그렇게 당해내기 어려웠을 것일쎄."(若不是爺公, 大難承當。)

이말을 전해들은 암두는 다음과 같이 뇌까렸다.

"그 동산늙은이는 말야, 좋고 나쁨을 가리는 견식이 부족해. 그래서 엉터리 언어들을 막 낭비한단 말야. 날 너무 깔보고 하는 얘기지. 난 그때말야, 한 손으로는 덕산의 엉덩이를 들어올렸지만 또 한손으로는 그 놈의 방뎅이를 호되게 꼬집고 있었단 말야!"(洞山老人, 不識好惡, 錯下名言。我當時一手擡, 一手搦。)

이야기는 여기서 끝난다. 사실 이러한 이야기는 어찌보면 너무도 평범한 것 같지만 도무지 그 배면에 흐르는 논리적 맥락이 확연히 잡히질 않는다. 선지식의 해설이 없이는—. 허나 그러한 해설조차 정말 그 당시의 정황을 정확히 전달하는 것인지는 영원히 알 바가 없다.

루마니아출신의 종교학자 엘리아데(Mircea Eliade, 1907~)가 말하듯이 성(the Sacred)과 속(the Profane)의 문제는 모든 종교적 사유의 이원성의 디프 스트럭쳐다. 암두가 문지방을 넘으면서 "이것이 성이냐 속이냐?"라고 외쳤을 때 물론 암두가 의도한 것은 성과 속의 대비나 일자의 택일이 아니다. 성과 속의 이원성을 근원적으로 초월하는 곳에 禪境의 第一義가 있었던 것이다. 덕산은 이러한 암두의 논리적 물음에 논리적인 대답을 하지 않았다. 단지 큰소리로 할을 함으로써 그러한 암두의 근원적 물음에 근원적인 답을 한 것이다.

그런데 이 화두의 오묘한 곳은 바로 이어진 암두의 행위에 있다. 그 제스츄어의 숨은 배면의 논리가 우리 일반독자들에게는 쉽사리 전달되지 않는다. 암두가 무릎꿇고 절을 한 것은 바로 그 순간 덕산을 聖化한 것이다. 聖스러운 대상으로 만들고 절을 한 것이다. 이때 덕산이 평범한 예의로서 그 절을 받아들였다면, 암두의 깨달음을 가상히 바라보는 성스러운 성자의 모습을 취했다면, 이미 그 순간 덕산은 자가당착에 빠진 것이다. 덕산은 그 "禮拜"를 받아들이지 말았어야 했다. 그 예배를 無化시키는 어떤 제스츄어가 필요했던 것이다. 다시 말해서 덕산이 방심한 틈을 암두는 예리하게 찔렀다. 그런데 洞山은 이러한 암두의 제스츄어의 의미를 충분히 깨닫지 못했다. 그리고 단지 암두가 대단하다고 모호하게 칭찬한 것이다. 이에 암두는 동산을 다시 찔러 "不識好惡, 錯下名言"(좋고 나쁨을 가리는 견식이 부족해. 그래서 엉터리 언어들을 막 낭비한단 말야.)이라 한 것이다. 그리고 말하기를 내가 절을 했을 그 당시 난 덕산을 모셔올린 것이 아니라 그를 내동댕이 친 것이라고 말한 것이다.

암두의 禪에는 근원적 초월주의가 있다. 암두와 설봉 그리고 흠산(欽山)은 아주 친한 친구들이었다. 이들 셋이서 한가롭게 이야기를 나누고 있었던 어느 날이었다. 설봉이 갑자기 마알간 청수가 담긴 대야를 손가락으로 가리켰다. 그러자 흠산이 말했다 :

"물이 맑으니 달이 나타난다."(水淸月現。)

그러자 곧 이어 설봉이 말했다 :

"물이 맑으니 달이 나타나지 않는다"(水淸月不現。)

그때였다. 암두는 아무말 않고 대야를 발로 콱 차 엎어버리곤 가

버렸다.(師踢却水椀而去。)

　이제 우리의 독자들은 이러한 공안에는 익숙해졌을 것이다. 사실 이러한 문답이나 제스츄어는 상투적이다. 흠산의 "水淸月現"은 긍정의 논리다. 설봉의 "水淸月不現"은 부정의 논리다. 허나 암두의 행위는 이러한 긍정과 부정을 근원적으로 초월하는 中論的 해체다. 그가 물이 담긴 대야를 발로 차서 엎어버렸다는 것은 바로 긍정과 부정을 낳는 언어 그 자체의 해체를 의미하는 것이다. 이런 의미에서 龍樹의 中論과 禪은 하나로 通한다. 긍정과 부정이 모두 부정(中論的 입장)되거나 모두 긍정(華嚴的 입장)되는 그 경지를 암두는 "말후구"(末後句)라 불렀다. 그리고 암두는 대부분의 선사들이 일상적 삶속에서 이 말후구의 경지에 이르지 못하고 있음을 날카롭게 비판했다. 그가 대야를 엎어버린 그 행위는 바로 그의 말후구였던 것이다. 그런데 암두와 설봉의 가장 큰 차이는 암두는 그 말후구를 자기 혼자 독점하고 타인에게 허락치 않는다는 것이다. 그런데 반해 설봉의 후덕함과 우직함은 말후구를 자기는 말하지 아니하고 남으로 하여금 말하게 한다는 것이다. 이것이 바로 날카로운 암두에 비해 아둔한 듯이 보이는 설봉의 교육자적 위대성이 있다. 설봉의 이러한 우직함과 후덕함이 禪宗의 二大門을 낳게 만든 것이다. 설봉은 위대한 교육자였다.

　본칙의 주인공 雪峰義存(822~908)은 泉州(福建省) 安南사람이요, 속성은 曾氏다. 長慶 2년에 태어났다. 그 집안이 世世로 부처님을 모시는 독실한 불교집안이었다. 전하는 바에 의하면 설봉은 태어나 강보에 싸여 있을 때부터 고기 냄새를 맡으면 코를 씰룩거리며 싫어했고, 범종의 소리를 듣거나 걸린 탱화를 보면 감동을 받는 얼굴을 지었다고 한다. 불과 12살의 어린 나이에 出家를 하였고 17살에 落髮을 하였고, 후에 幽州 寶刹寺에 가서 受戒하였다. 24세 때 會昌의 破佛을 당하였다.

설봉의 삶을 묘사하는 말에 "삼상투자, 구도동산"(三上投子, 九到洞山)이라는 유명한 말이 있다. "投子山에 세 번 올랐고 洞山에는 아홉번이나 갔다"라는 뜻인데, 여기서 投子란 舒州(안휘성)의 投子大同(819~914)을 가리킴이요, 洞山이란 瑞州(강서성)의 洞山良价(807~869)를 일컬음이다. 그가 스승을 찾아 헤매는 구도의 행각이 그만큼 진지하고 집요하고 아둔했다는 뜻이다. 원오도 이를 가리켜 그의 구도의 자세가 "不妨辛懃"하다는 표현을 썼다. "신근"(辛懃)이란 말은 매우 고생스러웠다는 뜻이다. 그런데 설봉은 어디를 가든지 큰 나무밥통(漆桶)과 나무주걱(木杓)을 지고 다니면서 남이 하기 싫어하는 식사당번 노릇만을 도맡아 했다(到處作飯頭). 후에 말하지만 그의 언어에 인간을 가리켜 "새카만 밥통"이라는 표현이 등장하는 것도 이러한 그의 삶의 체험에서 우러나오는 것이다. 새카만 밥통이야말로 그에게는 무명(無明)에 갇힌 인간존재를 가리키는 것이다. 바로 그의 기나긴 반두(飯頭)행각은 바로 이 밥통의 어두움을 깨치는 대각을 위한 구도의 신근이었다. 우리가 요즈음 쓰는 말에 아둔한 녀석들을 불러이 "밥통같은 새끼"라 하는 것도 아마 이러한 선종의 언어의 영향일 것이다.

설봉이 동산에게 와서 식사당번을 하고 있을 때였다. 어느 날 동산이 쌀을 씻고 있는 설봉에게로 와서 물었다.

"뭘 하고 있는가?"(作什麽?)

이에 설봉이 대답하기를 :

"쌀을 씻고 있지요."(淘米。)

"돌을 일어 쌀을 내버리는 게냐, 쌀을 일어 돌을 내버리는게 냐?"(淘沙去米? 淘米去沙?)

"돌과 쌀을 함께 내버리고 있습니다."(沙米一齊去。)

"그럼 대중은 뭘 먹는단 말이냐?"(大衆喫箇什麽?)

이 때였다. 설봉은 씻던 쌀 그릇을 확 엎어버렸다.(峰便覆盆。) 그러자 동산은 다음과 같이 말하는 것이었다.

"네 인연은 덕산에 있다."(子緣在德山。)

그리고 설봉으로 하여금 덕산을 찾아가뵙도록 만들었다.

사실 이 장면의 대화도 실제로 어떠한 의미의 고리들이 연결된 것인지 솔직히 말해 나도 알 바가 없다. 허나 이 장면에서 드러나고 있는 이 대 선사들의 기지의 번뜩임은 참으로 우리로 하여금 손에 땀을 쥐게하는 긴장감이 감돈다.

우리가 밥을 먹을 때, 돌을 씹는다는 것은 참으로 김새는 얘기다. 그런데 밥과 돌, 그것조차 선가에서는 언어의 장난에 불과한 것이요, 분별의 소치다. "쌀을 일어 돌을 버리는 것이냐? 돌을 일어 쌀을 버리는 것이냐?"라는 동산의 질문에 설봉이 둘다 같이 내버린다고 하는 것은 차별의 세계를 버린다고 하는 뜻이 있을 것이다. 이에 동산은 다시 묻는다. "그럼 뭘 먹지?" 동산의 물음은 事事無碍의 철저한 긍정이다. 그런데 설봉은 쌀그릇을 엎어버렸다. 설봉의 엎어버림은 철저한 부정이다. "버림"이라고 하는 언어의 本位의 深化라 할 수 있다. 이때 대선사 동산은 설봉의 위인됨의 기질이 덕산에게 더 부합됨을 감지한 것이다. "너의 인연은 덕산에 있다." 만약 이 때 동산이 설봉을 덕산에게 보내지 않았더라면 설봉은 조동종(曹洞宗)의 한 門下生으로 머물렀을 것이다. 동산이 설봉을 덕산에게 보냄으로써, 덕산의 준령이 雪峰이라는 거대한 孤峰頂上을 얻게 되었고 그 봉우리에서 禪門이 크게 선양되었던 것이다. 위대한 인물이 교육되는 과정은 이와같이 그 재목이 적재적소에 박히는 것이다.

설봉이 덕산에게 이르자마자, 설봉은 덕산에게 대짜고짜로 물었다.

"초월을 지향하는 우리 으뜸가는 선종의 일 중에서 저같은 학인이 아직 뭐 좀 얻어먹을게 있습니까?"(從上宗乘中事, 學人還有分也無?)

그러자 덕산은 냅다 설봉에게 한 방망이를 멕였다.

"뭐라고 했지?"(道什麼?)

"모르겠습니다. 내일 와서 다시 한번 여쭙겠습니다."(不會。至明日請益。)

"야이 미친 놈아 ! 우리 선종에는 해줄 말도 없고, 진실로 사람에게 줄 한오라기의 法도 없나니라."(我宗無語, 實無一法與人。)

이에 설봉은 모종의 깨달음을 얻었다.(因此有省。)


이 일이 있은 후에 설봉은 암두와 더불어 澧州(호남성)의 鼇(鰲)山鎭으로 여행을 하게 되었는데, 때마침 폭설이 내려 여로가 두절되고 말았다. 두사람은 어느 객사에 갇히고 말았는데 암두는 매일 잠만 퍼자고 설봉은 매일 앉아서 좌선을 성실히 행하였다. 어느날 설봉은 암두를 깨웠다.

"사형! 사형! 좀 일어나구료."(師兄師兄且起來。)

"일어나서 뭐하게?"(作甚麼?)

설봉은 화가나서 혼자 중얼거렸다.

"에이 비러먹을, 전생에 무슨 업이 있길래 금생에 이리도 재수가 없담. 이따위 인간하고 여행을 하다니, 어딜가나 날 수레 꽁무니에 매단 통나무처럼 마구 끌고 다니기만 하구. 오늘까지 맨날 잠만 퍼자고 있으니 에이 비러먹을."

그러자 암두가 할하며 외치기를 :

"입닥쳐 이놈아! 잠이나 자! 매일 침대위에서 다리 꼬고 앉아 있는 꼬락서니가 꼭 성황당 귀신같구나. 훗날 양가집 처녀나 홀려 먹겠구나."(噇。眠去。每日牀上坐, 恰似七村裏土地。他時後日, 魔魅人家男女去在。)

그러자 설봉은 처절하게 가슴을 쿡쿡 찍어가며 외쳤다 :

"내 이속이 답답해 죽겠단 말이요. 난 나자신을 속일 수가 없오."(我這裏未穩在, 不敢自謾。)

이에 암두는 의외로 다음과 같은 말을 하는 것이었다 :

"난 말이지 네가 어느날 고봉정상에 암자를 짓고 앉아 큰 가르침을 크게 떨칠 줄 알았는데 이제와서 이런 말을 하다니……"(我將謂你他日向孤峯頂上, 盤結草菴, 播揚大敎, 猶作這個語話.) 설봉은 울상이 되어 처절하게 호소하는 것이었다.

"암두사형. 정말 나 미치겠오. 내 이 가슴이 정말 답답하고 불안해서 못견디겠단 말이요."(我實未穩在.)

"그래. 니가 정말 그래? 정말 그렇다면 니 가슴속에 있는 얘기를 하나 하나 전부 털어놓아 보란 말야. 올바른 것은 내가 인증을 해주고 잘못된 것은 내가 다 싹둑 잘라버릴 테니깐."(你若實如此, 據你見處, 一一通來. 是處與你證明, 不是處與你劃卻.)

이것은 구도자들의 삶을 그린 한 아름다운 영화의 한 폭 장면과도 같다. 백설이 휘덮인 오두막집 속의 두 승려! 그 두 사람의 우정, 그리고 구도자의 진지한 삶의 자세와 구도의 어려움이 매우 꾸밈없이 표현되어 있다.

이에 설봉은 지난 기나긴 세월의 구도의 과정을 고백한다. 鹽官禪師에게 최초로 入門하여 洞山을 거쳐 德山에 이르는 기나긴 인고의 세월을! 그리고 마지막 德山에게서 一棒을 얻어맞았을 때 느꼈던 모종의 깨달음과 같은 것을!

"내가 모든 걸 초월하는 선종에서 학인인 제가 뭘 얻어먹을게 있겠습니까 하고 여쭈었는데 한 방 멕이시더란 말야. 그러면서 뭐라했지 그러셨거든. 그때말야, 그 방망이를 얻어맞았을 때 꼭 큰

밥통의 밑구녕이 쑤욱 빠져나가는 느낌이었어."(我當時在德山棒下如桶底脫相似。)

이때 암두는 할하듯 외친다 :
"그대 듣지 못했나? 대문으로 들어오는 것은 가보가 될 수 없다는 것을!"(你不聞道? 從門入者, 不是家珍。)

여기에서 우리의 공안은 클라이막스에 이른다. 과연 암두 전활의 이 마지막 한마디는 암두의 기지의 통철함을 잘 나타내준다. "칠통의 밑구녕이 쑥 빠져나간다"는 느낌의 고백은 분명 무명의 어두움이 걷히는 듯한 모종의 밝음의 깨달음이었을 것이다. 허나 이러한 표현에 대해 "대문으로 들어오는 것은 가보가 될 수 없다"는 암두 전활의 답변은 참으로 명판결이라 아니할 수 없다. 여기서 大門이란 우리 몸의 대문, 즉 감관을 의미한다. 안이비설신과 같은 오관을 가리키는 것이다. 대문으로 들어오는 것이란 즉 外界에서 우리의 감관을 통하여 들어오는 것이다. 그러한 외재적인 것은 궁극적으로 나의 내면의 구극적 진리가 될 수 없는 것이다. 설봉이 덕산에게서 방망이를 맞았다는 것도 깨달음의 한 모우먼트일 수는 있으나 그러한 깨달음은 나의 구극적 진리가 될 수가 없다. 그것은 역시 몸밖에서 주어지는 外來的 충격의 일시적 느낌에 불과한 것이다. 나의 가보는 방할로 얻어맞아서 생기는 것이 아니라 나의 몸속에서, 내면에서 용솟음쳐 올라와야 하는 것이다. 암두의 마지막 일구는 天下의 명언중의 명언이었다.

"그럼 난 이제 어떻하란 말이요?"(他後如何卽是?)
설봉은 묻는다.

"이제부터 큰 가르침을 크게 떨치고자하면 하나 하나의 언행을
모두 흉금에서 흘러나오는대로 하시요. 그렇게 하여 내 진리로, 내
깨달음으로 하늘을 덮고 땅을 디디시요."(他後若欲播揚大敎, 一
一從自己胸襟流出將來, 與我蓋天蓋地去。)

설봉은 이말에 大悟를 한다. 그리고 암두에게 큰 절을 올린다.
그리고 일어나 주먹을 불끈쥐고 크게 외친다.

"사형! 오늘 비로소 나는 오산에서 道를 이루었습니다."(師
兄! 今日始是鼇山成道!)

『쇼생크 탈출』에서 주인공이 쇼생크감옥을 탈출하고나서 자유로
운 몸이 되어 대지에 내리는 비를 맞으며 환희에 몸부림치는 순간
에 비유할 수 있을런가? 이것이, 이 순간이 바로 雲門·法眼을
길러낸 설봉의 깨달음의 최후·최초의 장면이었던 것이다. 오산의
설경에서 설봉은 설욕을 한 것이다. 이러한 설봉의 깨달음의 장면
의 깊은 내면의 의미는 다음의 일화에서도 리얼하게 드러난다.

후에 義存이 설봉에 주석하고 있을 때였다. 슬하에 일천오백명
의 학생이 줄지 않을 그런 시기였다. 어느날 한 학생이 설봉에게
물었다.

"스님! 스님은 德山스님에게 가서 무엇을 배우셨습니까?"
설봉의 대답은 다음과 같았다.

"나는 빈손으로 갔고 빈손으로 돌아왔네."(我空手去, 空手歸.)

공수거 공수귀! 나는 이 설봉의 명언을 좋아한다. 사실 스승을 모신다는 것은 世俗의 흔한 연이지만 인간은 궁극적으로 타인에게서 배우는 것이 아니다. 학생은 진정으로 선생에게서 배울 수 없고, 선생은 진정으로 학생에게 가르칠 수 없는 것이다. 걸출한 개인은, 진정한 覺者는 빈손으로 와서 빈손으로 가는 것이다. 그것은 궁극적으로 나의 깨달음이다. 따라서 禪에는 붕당과 학파가 있을 수가 없다. 외로운 개인이 있을 뿐이다. 이것이 바로 설봉이 塵世를 초월할 수 있었던 이유였고 설봉이 그 많은 제자를 길러낼 수 있었던 이유였다. 내가 받은 것이 없을 때 인간은 비로소 남에게 나를 강요치 않는 것이다. 암두의 한마디, 대문으로 들어오는 것은 가보가 될 수 없다! 그것은 禪宗史에 영원히 남을 萬古의 名言이다.


【本則】舉 : 雪峰示衆云 : 「盡大地撮來, 如粟米粒大。抛向面前, 漆桶不會。打鼓普請看。」


본칙 들어보자! 어느날 설봉스님께서 대중 법문을 하실 때에 다음과 같이 말씀하셨다 : "이 대우주를 모조리 한 손에 움켜쥐어 보니 꼭 좁쌀 한 톨 크기구나! 너희들 면전에 던졌으나 이 새카만 밥통같은 녀석들 도무지 알아보질 못하는구나! 북을 쳐서 총동원령을 내리니 모두 나와 찾아보아라!"

이것은 아마도 설봉에 주지하고 있을 때, 그의 말년, 그의 경지의 완숙함을 나타내는 공안일 것이다. 莊子의 절친한 친구이며 논리학파의 대가였던 惠施의 말에 이런 말이 있다 : "가장 큰 것은 밖이 없고, 가장 작은 것은 안이 없다." "至大無外, 至小無內"로 알려진 이 명언은 임마누엘 칸트의 안티노미논쟁을 거쳐 오늘의 천문학의 코스몰로지에 이르기까지 萬古에 부정할 수 없는 정확한 논리적 명제다. 스피노자가 데카르트의 실체론의 이원론을 부정한 방식도 알고 보면 이 惠施의 논리적 구성의 기하학적 운용에 불과한 것이다. 실체를 자기원인(causa sui)적 무한자로 규정한다면 밖이 있을 수 없고, 밖이 있을 수 없다면 유일할 수밖에 없고, 유일하다면 전체일 수밖에 없는 것이다. 따라서 神과 같은 절대적 초월실재는 부정될 수밖에 없고 따라서 신이 곧 실체요, 실체가 곧 자연 그 자체(Deus sive Natura sive Substantia)라고 하는 아주 기하학적 범신론에 도달하게 되는 것이다.

불교를 스피노자적 의미에서 범신론이라면 범신론이라 말할 수도 있고 또 기독교적 인격신관의 부정이라는 측면에서는 무신론이라 말 할 수 있는 것이다. 허나 무신론이야말로 유신론의 최고형태요, 무신론이야말로 근대성의 연원이요, 근대적 인간의 일차적 반성의 관문이다. 무신론적 반성(atheistic reflection)을 거치지 않고서는 근대인(Modern Man)이 될 수 없는 것이다. 그런 의미맥락에서 禪은 이미 서양의 근대에 앞서 唐에 개화했지만 近代

性(Modernity)의 모든 요소를 함축하고 있는 인성의 깨달음이다.

전 우주를 한 손에 움켜쥐어보니 꼭 좁쌀 한톨 크기만하다는 雪峰의 발언은 문자 그대로 좁쌀과 우주의 크기의 관계를 말하는 것이 아니요, 혜시가 말하는 至大無外와 至小無內의 근원적 동일성, 즉 마이크로의 세계와 매크로의 세계가 하나로 통한다고 하는 어떤 통찰을 말하는 것이다. 화엄적으로 말하면 一이 곧 一切요, 一切가 곧 一이라고 하는 통찰이요, 中論的으로 말하면 크다 작다하는 우리의 일상언어의 개념의 근원적 성립불가능성을 갈파하고 있는 것이다.

그 좁쌀만한 우주를 우리 면전에 던져보아도 漆桶같은 우리, 즉 무명에 갇힌 밥통같은 우리 인간들은 그 좁쌀을 인식할 수가 없다. 그래서 설봉은 대중에게 외친다 : "普請看!"

여기 보청(普請)이라는 것은 원래 백장회해(百丈懷海)스님이 禪宗의 절깐 생활의 규칙을 만들 때 규정한 法으로서, 북을 치면 절깐에 있는 모든 사람이 밖으로 나오는 "총동원령"을 의미한다. 보청이란 문자그대로 "보편적으로 청한다"는 뜻인데 위로부터 큰스님부터 아래의 시동에 이르기까지 모조리 동원되어 절깐의 일(공사 등)을 도모하는 것을 말한다. 설봉스님은 그 면전에 던진 좁쌀을 찾기위해 총동원령을 내렸던 것이다. 이 이상 도올이 갈등을 펴는 것은 衆生에게 죄가 되리라 !

【頌】牛頭沒, 馬頭回,
　　曹溪鏡裏絕塵埃。
　　打鼓看來君不見,
　　百花春至爲誰開。

송　소대가리 사라지니
　　말대가리 돌아오네,
　　조계의 거울속엔,
　　티끌 한점 없어라.
　　북치고 모두 나와 찾으라 했건만
　　그대 정녕 보지 못할꼬?
　　봄이 오네
　　온갖 아름다운 꽃
　　누굴위해 피려는고

橋案 이 5칙의 송은 정말 이해하기가 어렵다. 雪峰스님의 설법
과 雪竇스님의 頌사이에 어떤 논리적 연관을 찾기가 심히 어렵기
때문이다. 그런데 가장 황당한 것은 바로 첫 구절, "牛頭沒, 馬
頭回"라는 암호적 의미가 너무도 해석이 분분하기 때문이다. 후
대의 선가에서는 "우두몰, 마두회"라고 하면 "눈깜짝할 사이에 변
하는 경치"라든가 "탁월한 선승의 신속민첩한 出沒自在의 움직
임," 즉 우리가 보통 쓰는 "神出鬼沒"과 같은 의미로 새기는 用
例가 보통이지만 여기서는 꼭 그러한 상투적 의미로 새길 수가
없는 것 같다. 牛頭, 馬頭란 원래 지옥의 문지기로서 소머리형상

을 한 귀신과 말머리형상을 한 귀신을 나타낸다. (『首楞嚴經』卷八에 의거.) 그래서 첫구절을 새기는 방식중의 하나는, 雪峰의 禪機의 峻烈함이 지옥의 귀신들의 움직임을 꿰뚫어 볼 정도로 무섭다는 식으로 새기는 것이다.

그런데 그 다음 구절, "曹溪鏡裏絶塵埃"는 아주 명백한 해석의 틀을 가지고 있음으로 그와 관련지어 첫구절을 해석해야 마땅할 것이다.

"曺溪"란 바로 육조 혜능이 의발을 전수받은 후에 주석한 절이 曹溪山 寶林禪寺임으로 바로 혜능을 가리키는 말임을 알 수 있다. 조계의 거울안엔 진애가 절한다는 말은 바로 혜능이 신수가 "身是菩提樹, 心如明鏡臺, 時時勤拂拭, 莫使惹塵埃"라 한데 반해 "菩提本無樹, 明鏡亦非臺, 本來無一物, 何處惹塵埃?"라고 반문한 것을 가리키는 말임을 알 수 있다. 이것은 설봉의 마음의 거울은 혜능이 "本來無一物"이라 한 것과도 같이 인간의 모든 개념적·도덕적 판단을 絶한 어떤 절대경지에 있었음으로 그 매크로한 세계와 마이크로한 세계가 하나로 융합되는 그러한 인식상태를 노출시켰다는 멧세지를 우리에게 전하려는 설두의 송임을 알 수 있는 것이다.

그런데 혹자는 "우두몰, 마두회"를, 그냥 "소대가리 사라지니 말대가리 돌아온다" 문자 그대로 해석하여, 티끌을 絶한 마음의 거울에 비치는 연속되는 事象으로 새기기도 한다. 봄이 오면 가을이 오듯이, 큰 파도가 밀려오다 또 작은 파도가 밀려오듯이, 그냥 의미없이 일어나는 이벤트의 연속으로 해석하기도 한다.

어찌되었든 북을 쳐서 총동원령을 내렸어도 그대는 결국 그 좁쌀의 의미를 보지 못하고 말았다. 그럼 다시 한번 묻겠다. 봄이 와서 百花가 怒放하건만, 과연 저 하나 하나의 꽃은 누굴 위하여 꽃을 피우는가? 과연 아리스토텔레스가 말하는 목적론적(teleological) 세계관이 여기 禪家의 機用에 멕힐 것 같은가? 잘 생각하여 보시게!

沃록 나는 지금 이 글을 태평양의 창공, 雲海를 넘고 넘어 검푸른 허공위에서 쓰고 있다. 인간의 삶이 고귀할 수 있다는 것은 역시 끊임없이 창조할 수 있다는 기쁨때문이요, 그 창조는 오로지 我의 否定에서만 가능하다는 佛家의 가르침은 참으로 끝없는 깨달음의 여로인 것 같다. 諸法無我!

지난 6월 3일 나는 은퇴성명을 했다. 그것은 나의 내면적 갈등의 소산이건만, 그리고 굳이 사회화되어야 할 이유가 없는 사건이었건만 한국의 言論諸賢께서는 나의 이러한 실존적 결단을 건강한 사회적 에너지로 전위시켜 놓았다. 감사할 따름이다.

나는 은퇴성명을 낸 후 곧 뉴욕을 거쳐 하바드대학을 다녀왔다. 나는 1998년 9월 12일 뉴욕의 퀸즈칼리지 레프락대강당에서 우리 동포님들을 상대로 "나는 인류문명사를 어떻게 바라보고 있는가?"라는 제목으로 강연을 하기로 되어있는데 이것은 내가 82년도 하바드대학을 졸업하고 귀국한 후 미주에서 행하는 첫강연이 될 것이다. 이 행사와 관련하여 잠깐 다녀오게 되었는데 교포사회의 여러분들이 나를 너무도 따뜻하게 맞이하여 주셨다. 그리고 나의 은퇴의 결단을 나의 내면의 고백 그대로 푸근하게 받아들이고 존중하여 주었다. 이 모든 강연계획과 여행을 마련하여 주신 맨하탄 32가 고려서적 대표 최응표(崔應杓)사장님께 이 자리를 빌어 심심한 사의를 표한다. 나의 강연이 IMF한파로 같이 실의에 빠진 우리동포들에게 새로운 꿈과 희망과 용기와 선진적 자각을 심어줄 수 있기를 바랄 뿐이다.

나는 서울대학교 천연물과학연구소, 용인대학교 무도대학, 중앙대학교 의과대학의 세 교수직으로부터 떠난다. 그리고 아쉬웁지만 장안에서 사랑을 받고 있는 도올한의원의 문을 닫는다. 7월 2일까지 환자를 보고 나의 의사로서의 수업 생활을 일단 마감지울 것이다. 한의대를 졸업하고 곧바로 개업한지 두해, 이 두해는 내가 가장 많은 사람들을 몸소 만났던 시기로 기록될 것이다. 이상의 열정을 불키웠던 초롱초롱한 수많은 수강생들의 눈망울, 그리고 치유의 믿음을 가지고 침을 든 나의 손을 성스럽게 지켜주었던 환자들의 눈물어린 얼굴들, 영원히 잊을 수 없을 것이다. 나의 인생의 가장 찬란했던 사회적 실천의 두해였다. 진보와 보람의 느낌으로 충만했던, 환영의 동굴을 벗어난 죄수의 찬란한 행보와도 같은, 태양아래 빛난 리얼한 삶이었다.

만족은 권위를 낳고, 보람은 자신과 자만을 낳고, 도덕적 선업은 선적 가치의 고착을 낳는다. 나는 또다시 無爲로 돌아간다. 아니 보다 솔직히 말해서 불안과 초조와 기대와 절망으로 가득찬 소년의 로맨스로 나는 다시 돌아간다. 나는 끊임없이 방황하리라. 저 無의 영겁으로 !

앞으로 오로지 침술이 작동하는 몸의 원리와, 그 원리의 인식과, 그 인식의 구조의 기술에 남은 생애를 바칠 것이다. 오로지 나는 위대한 저술로 나의 삶의 위대함과 천박함의 갈림길을 선택할 것이다.

내가 한국사회에 행하는 유일한 봉사의 루트는 7월과 1월에 인텐시브코스로 열리는 한양 낙산 동숭동의 도올서원강의가 될 것이다. 도올서원에는 진리를 갈구하는 우수한 인재들이 날로 날로 모여들고 있고 그들은 『檮杌故新』이라는 잡지도 매월 만들어 배포하고 있다. 나는 요번 7월에는 도가의 성전 『莊子』를 강의한다. 자신의 동·서문명의 탐색이 외롭다고 느꼈던 많은 젊은이들이 도올서원에 와서 동지애를 느낄 수 있는 친구들을 만나고 철학적 대화와 예술적 감성의 다양한 활동을 통하여 삶의 새로운 비전을 발견한다. 동양의 고전뿐아니라 플라톤, 아리스토텔레스, 칸트, 헤겔 등 서양의 고전도 강독되며, 셰익스피어 등 고전적 연극이 무대를 펼친다. 나는 도올서원에서만은 끊임없이 열정적인 강의를 할 것이다. 그대들의 자녀들을 (대학·대학원 재학생에 한함) 도올서원으로 보내달라 ! 나는 그들에게 도덕적 삶의 자세와 명철한 이성과 편견없는 지식과 흔들림없는 상식을 심어줄 것이다. 한국의 뜻있는 건아들이여 도올서원으로 오라 ! (문의는 언제나 통나무출판사로 ! 744-7992).

모든 주기적 활동을 중단한다는 나의 은퇴계획에 따라 나의 "신동아 벽암록강화"도 내달 8월 제6화로 막을 내리게 될 것이다. 시사월간지에 이처럼 방대한 학술언어를 기재하는 파격을 기쁨으로 수용해준 전진우부장님 이하 신동아 諸友여러분께 오늘을 같이 사는 지성인으로서 감사와 아쉬움을 전달한다. 오늘의 **絶筆**이 인류사에 자랑스러운 우리 민족문화의 고유한 휴매니즘의 가치로서 다시 개화할 날을 손꼽아 기다리자! 아주 조용히, 아주 조용히…….

1998년 6월 9일
KAL기가 날짜변경선을 건널 때
(이 글은 뉴욕을 오가는 비행기깐에서 완성된 것이다.)

바다밑 제비둥지엔
사슴이 알을 품었고
불속의 거미집에선
고기가 차를 달인다
이 집안의 소식을
뉘있어 알아볼건가
흰구름 서쪽으로 날으니
달은 동으로 달리네

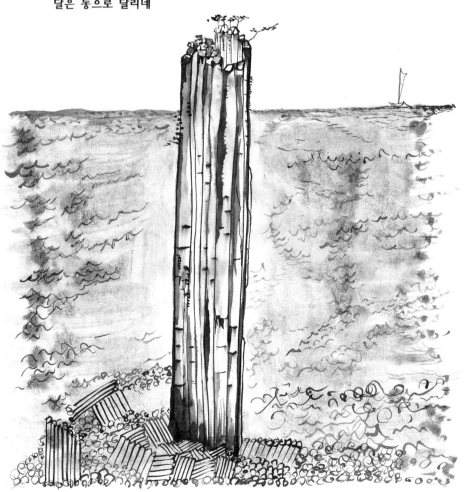

檮杌 『碧巖錄』 講話  제6화

# 돌이 되려면 돌을 버려라!

無足 　일천구백구십팔년 사월 십팔일 법정(法頂)스님께서 도올서원에 오셨다. 인연인즉 스님께서, 佛日庵에 주석하고 계실 때, 내가 귀국한지 이듬해가 십오륙년전 이야기로 거슬러 올라간다. 허나 이 자리에서 그런 시시콜콜한 世俗의 塵事를 이야기할 바 없다. 無名無處의 강원도 어느 두메산골에서 朝夕獨炊하시면서 絶緣의 고매한 삶을 사시고 계신 스님을 五色五音이 馳騁하는 狂亂의 駱山자락 한복판에 모신다는 것도 실로 송구스러운 일이다.

"과거에 남겨놓은 緣도 있고, 어차피 城北 吉祥에 내려 갈 차제에 한번 들리겠소."

법정스님하면 많은 사람들이 詩人의 이미지를 떠올리기 쉽다. 詩人하면 물론 부드러운 詩心이 있어야 하는 것이요, 그러니 연약하고 감상적이고 섬세한 여성적 人品을 떠올리기 쉽다. 허나 법정 그 인간은 전혀 우리의 常念을 깨부순다. 내가 생각컨대 스님은 文人이라기 보다는 武人기질의 소유자요, 섬세키보다는 직선직설적이요, 감상적이기보다는 과감과단의 사람이요, 연약하고 부드럽기보다는 강건하고 철두철미하다.

"사람은 모름지기 사나운 새나 짐승처럼 사납고 전투적인 기상이 있고나서 그것을 부드럽게 안으로 다스려 법도에 알맞게 행하면 유용한 인재가 될 수 있다." 스님은 말문을 여시자마자 茶山이 康津유배지에서 두 아들에게 보낸 편지의 一句를 인용하시었다. 아마도 스님자신의 性品을 독백하시는 말씀이었을지도 모른다. 말(馬)도 처음부터 유순한 말은 쓸모가 없다. 다룰 수 없으리만큼 세차게 거항하고 튀쳐오르는 사나운 말이래야 길들일 가치가 있고, 또 천리마가 되는 법이다.

과연, 스님은 이날 도올서원에서 『臨濟錄』을 講하시었다. "과연"이란, 臨濟義玄(?~867)의 인격과 성품을 두고 하는 말이다. 臨濟는 南嶽下 黃檗希運의 제자요, 臨濟宗의 開祖다. 앞서 누구이 말했지만 중국의 선종인 五家七宗이 宋代에 이르르면 臨濟一宗을 제외하고는 모두 絶滅에 歸하고 衰微에 就할 뿐이었다. 오직 임제외로는 曹洞一派가 宋末에 잠깐 빤짝였을 뿐이다. 후대에 우리가 禪宗을 말하자면 그것은 모두 臨濟一風을 말하는 것이다. 임제는 馬祖道一에 의하여 大成된 南宗의 大機大用의 禪을 "無位眞人"이라고 하는 절대주체의 확립의 道로서 완성시켰고, 매우 날카롭고 명료한 언어와 行業으로 독자적인 禪風을 선양하였고, 그 門下가 결국 宋代이후의 중국불교의 主流를 형성하였던 것이다. 카마쿠라(鎌倉)·무로마찌(室町) 시대를 정점으로 하여 일본에 渡來한 禪의 流派를 흔히 二十四流라 말하는데 그중 三流만이 曹洞계통이요, 그 외로는 전부가 임제다. 일본임제종의 祖라 불리우는 에이사이(榮西, 1141~1215)를 제외하면 모두가 楊岐派(임제종의 일파)의 禪을 傳한 것이다. 임제종은 鎌倉와 京都에 있었던 武家에 흡수되어 鎌倉五山·京都五山을 중심으로 敎線을 전개하며 五山文學을 융성시켰던 것이다. 일본에서는 임제의 宗風을 "臨濟將軍之禪"이라 부르는데, 앞으로 말하겠지만 臨濟의 武人다운 성품이 일본의 사무라이 문화에 洽合하는 면이 있었을 것이다.

우리 海東에도 羅末부터 일어나기 시작한 南宗禪風이, 고려에 들어오면서 그 기세를 크게 떨쳐 九山門의 禪派를 성립시킨다.(迦智山派·實相山派·桐裡山派·聖住山派·闍崛山派·師子山派·鳳林山派·須彌山派·曦陽山派). 그런데 麗末에 이르러서는 이 九山의 실제적인 宗派的 의미가 상실되고 그것이 "曹溪의 宗"이라고 하는 하나의 개념으로 지칭되는 경향을 보인다. "曹溪"란 慧能이 曹溪山 寶林寺(韶州[廣東省] 曲江縣)에서 선법을 개창한데서 연유되는 말이다. "曹溪"는 실제의미맥락에서는 대부분 慧能이라는 역사적 인물을 지칭한다. 기실 南宗禪風이란 알고보면 모두 六祖 慧能에서부터 연원된 것이므로, 九山이 각기 중국의 五家七宗중 어느 法嗣를 이었든지간에 그것은 모두 "曹溪의 宗"임에 틀림이 없다.

과연 麗末에 "曹溪宗"이라고 하는 단일한 宗派가 존재했었는지 조차 그것은 심히 의심스러운 것이다. 단지 義天이 天台宗을 확립하고 天台教學을 선양하면서 禪宗을 敵視하는 경향이 생겨나자 그러한 탄압에 반사적으로 어떤 "曹溪의 宗"이라고 하는 단일의식이 생겨났을 수는 있을 것이다. 허나 조선조에 들어와 世宗6년(1424)에 諸宗의 통폐합이 단행되었을 때, 曹溪 · 天台 · 摠南의 三宗을 하나로 묶어 "禪宗"이라 하고, 華嚴 · 慈恩 · 始興 · 中神의 四宗을 하나로 묶어 "教宗"이라 하여 버렸음으로, 曹溪宗은 실제로 추상적인 개념으로 존재했을 뿐이요, 만약 그 확연한 종파의 역사가 있었다 하더래도 그것은 단명한 것이었을 뿐이다.

曹溪宗의 開祖를 普照知訥(1158~1210)로 잡느냐? 太古普愚(1301~1382)로 잡느냐? 그것은 오늘까지도 논란의 대상이 되는 문제다. 그러나 이러한 문제는 결국 "조계종"이라고 하는 개념의 실체가 명확치 않기 때문에 파생하는 문제일 것이다. 曹溪宗의 開祖를 太古普愚로 삼는 한에 있어서 우리나라 曹溪宗도 臨濟宗의 一色으로 규정될 수밖에 없다.

지금의 忠南 洪城(洪州)사람인 태고 보우는 忠穆王 2년(1346), 46세의 나이에 元나라에 들어가, 湖州 霞霧山의 天湖庵에 가서 臨濟의 後嗣인 石屋淸珙에 參禪을 배우고 印可를 얻어 袈裟를 받았다. 그의 명성이 자자하여 元나라의 順宗은 普愚를 請하여 永寧(明)寺에 開堂說法케 하였고, 金襴의 袈裟와

沈香을 하사하였던 것이다. 忠穆王 4년, 그는 귀국하여 重興寺에 掛錫하였고, 또한 小雪山에 隱棲하면서 臨濟의 宗風을 펼쳐 海東 臨濟宗의 始祖가 된 것이다.

지눌은 中國의 禪風과는 다른 독자적인 禪風을 세움으로써 朝鮮禪의 새로운 기틀을 마련하였다고 보겠지만, 그에게 大悟의 계기를 마련한 『大慧語錄』의 주인공인 大慧宗杲(1089~1163)는 바로 『벽암록』에 垂示・著語・評唱을 加한 圜悟克勤의 法嗣며 臨濟宗 楊岐派의 적통이며, 曹洞宗의 禪을 默照禪이라 하여 크게 비난하고 看話禪・公案禪의 妙用을 옹호한 인물이므로 臨濟宗의 禪風과 무관한 것은 아니다.

하여튼 여말에서 조선조를 거쳐 오늘 우리나라 修行佛教의 現況에 이르기까지 그 주류를 이룬 것은 禪이요, 이 禪風의 大勢를 군이 중국의 종풍과의 관련에서 論하자면 臨濟의 "無依道人"의 禪風의 大流속에 있다해도 틀린 말은 아닐 것이다. 五家七宗의 적통이 실제로 臨濟一宗뿐이므로, 『臨濟錄』은 역사적으로 語錄의 王으로 불리었고 禪語錄의 바이블이 되었던 것이다. 그의 제자 三聖慧然이 編한 『임제록』의 현행본을 자세히 살펴보면 임제를 임제종의 宗祖로 모시는 측면이 강조되었고 전기적 자료에 상당한 윤색이 이루어졌음을 간과할 수 없지만 『임제록』이 임제종의 바이블로서 애초에 편찬된 것은 아니다. 당시만 해도 그런 종파의 의식이 없었고 또 어떠한 문헌을 교조화하려는 의도에서 언어를 조작하는 일은 禪家에는 일찍이 있어본 적이 없다. 제자의 견식이 스승과 동일할 때에는 스승의 德은 반감하게 마련이다. 제자가 스승의 가르침을 모두 다 액면 그대로 수용하는 것은 스승을 배반하는 일이다. 문헌을 통해 교조적으로 스승의 가르침이 전수된다고 하는 것은 애초에 있을 수 없는 일이다. 『임제록』은 임제라는 실존적 인물의 자기와의 투쟁의 진솔한 기록으로 보아야 할 것이다. 禪에는 宗派의 別이 있을 수 없는 것이요, 이러한 깨달음의 기록을 통한 師資相承의 家風의 傳承과 發展이 있을 뿐이다.

법정스님께서 도올서원에 와서 『임제록』을 설파하신 연유도 조선의 조계종이 임제종을 적통으로 하기때문이 아니요, 바로 임제가 모든 造作을 버리고 平常心의 無事之人이 되려고 한 자기격투의 실존적 고뇌가 법정스님의 실존적 고뇌와 동일한 혜망의 선상에 있었기 때문이었을 것이다.

臨濟를 보통 靑原下 德山宣鑑의 棒과 대비하여 機峰이 날카로운 喝의 雙璧으로 거론하는 것이 보통이지만 나는 오히려 臨濟를 동시대의 趙州 從諗(778~897)과 비교하는 것이 보다 재미있지 않을까 생각한다. 그런데 재미있게도 이 두 사람이 모두 唐末이라고 하는 퇴폐적인 下剋上의 고뇌의 시대를 산 같은 同鄕의 사람들이라는 것이다. 趙州도 臨濟도 같은 北方의 산뚱(山東)사람들이다. 趙州는 曹州(山東省) 郝鄕人이요, 臨濟는 曹州(山東省) 南華의 人이다. 그런데 같은 산뚱사람이지만 北方人의 기질을 유감없이 발휘하고 있는 것은 조주가 아닌 임제다. 조주도 물론 남방선과는 다른 북방의 선풍을 개창하였지만 인품의 기질로 말하면 오히려 온화한 남방인의 기질에 가깝다. 조주를 여성적이라 하면 임제는 남성적이다. 조주를 언설적이라 하면 임제는 행동적이다. 조주를 기지의 인간이라 하면 임제는 우직의 인간이다. 조주는 섬세하고 임제는 거칠다. 그러나 임제는 그만큼 · 철두철미한 易簡의 지혜를 만인에게 傳한 것이다. 임제는 唐나라 傳燈의 역사의 마지막 走者였다. 그리고 禪이 갈 수 있는 최궁극점에(Ne plus ultra) 까지 그 횃불을 밝혔든 것이다. 법정스님이 임제를 說한 것은 임제라는 역사적 개인을 객관적으로 소개한 것이 아니다. 산똥人 임제와 목포人 법정은 기질상 공통점이 많고 지향점의 일치점이 있다. 법정스님은 임제의 이야기를 통하여 자신의 公案을 說한 것이다.

"도올서원에 나오시는 재생여러분 ! 도올을 죽이시오. 그래야 비로소 그대들은 도올이 원하는 인간이 될 것입니다." 법정스님께서 강론의 대미에 하신 말씀이다. 선승들의 이야기는 直截하다. 그 말투가 몹시 과격하다. 그러나 그것은 그들의 인품이 과격한 것이 아니요, 그들이 전하고자 하는 진리의 내용이 근원적인 것이라서 그 언어의 외투가 과격한 모습으로 드러나는 것이다. 임제는 어느날 대중에게 이와같이 말했다 :

道를 따르는 그대들이여 ! 우리는 왜 出家를 했는가? 참으로 道를 배우고 터득하기 위함이 아니었든가? 이 산에 사는 승려인 나를 우선 예로 들어보자 ! 나 역시 처음에는 毘尼 즉 계율

(vinaya=毘奈耶)에 나의 관심을 집중시켰다. 그리고 나는 진리를 발견하고자 또한 經(sutras)과 論(shastras)의 논리적 해박한 지식을 열렬히 추구하였다. 그러나 이러한 추구 끝에 내가 깨달은 것은 이러한 계율이나 의식이나 서물이 가르쳐주는 것은 단지 이 세계를 구원하고자 하는 방편에 불과한 것이요, 병든자에게 내리는 처방과도 같은 것이요, 그것은 겉으로 드러난 간판의 문구와도 같은 것일 뿐이라는 것이었다. 그래서 나는 일시에 이 모든 것을 내동댕이쳐 버리고 도 그 자체의 직접적인 참구를 위하여 禪에 몰입하였다. 후에 나는 다행히도 黃檗禪師와도 같은 大善知識을 스승으로 만날 기회를 얻어 비로소 道의 心眼이 分明해지는 것을 느낄 수 있었다. 그래서 그때부터 비로소 천하의 老스님들의 경지를 알아차릴 수 있었고 또 진짜와 가짜를 분간하는 능력을 얻게되었다. 이것은 내가 엄마뱃속에서 태어나면서부터 곧 이런 능력을 얻은 것이 아니다. 이것은 장기간에 걸쳐 몸으로 체득하고 또 시행착오를 거치면서 연마에 연마를 하는 각고의 노력 끝에 어느날 아침 홀연히 스스로 깨닫는 날이 오는 것이다.

　道를 사랑하는 그대들이여! 그대들이 참으로 진실한 법에 대한 올바른 견해를 얻고자 한다면 제일 먼저 조심해야 할 것은 훌륭하다고 하는 사람들에 의하여 잘못 인도되는 것이다. 이것이 人惑이다! 밖으로 구하든 안으로 구하든 구하는 길에서 만나는 모든 것을 족족 죽여야 한다. 부처를 만나면 부처를 죽여라! (달마)祖師를 만나면 조사를 죽여라! 아라한(羅漢, Arhat)을 만나면 아라한을 죽여라! 엄마아버지를 만나면 엄마아버지를 죽여라! 사랑하는 자식이나 친척을 만나면 자식과 친척을 죽여라! 오로지 이러한 길에서만이 그대는 벗어남(解脫)에 도달할 수 있을 것이다. 어떠한 사물과도 구애됨이 없을 때 비로소 우리는 훨훨 벗을 수 있고 자유롭게 되는 것이다.

道流, 出家兒且要學道. 祇如山僧, 往日曾向毘尼中留心, 亦曾於經論尋討. 後方知是濟世藥, 表顯之說, 遂乃一時抛卻, 卽訪道參禪. 後遇大善知識, 方乃道眼分明, 始識得天下老和尚, 知其邪正. 不是娘生下便會, 還是體究練磨, 一朝自省.

道流, 你欲得如法見解, 但莫受人惑. 向裏向外, 逢著便殺. 逢佛殺佛, 逢祖殺祖, 逢羅漢殺羅漢, 逢父母殺父母, 逢親眷殺親眷, 始得解脫. 不與物拘, 透脫自在.


우리나라 불교사를 회고컨대, 과거 고승들의 이름만 보아도 떠오르는 재미난 우주의 氣流를 읽을 수 있다. 우리나라에 이 외래의 종교인 불교의 전래를 살펴보면 등장하는 최초의 이름들, 아도(阿道)니 마라난타(摩羅難陀)니 묵호자(墨胡子)니 하는 것들은 매우 불특정적 추측에 의한 이름들임을 알 수 있다. "아도"란 "아무개"라는 의미외엔 아무 뜻도 없다. 마라난타는 백제에 온 인도승의 이름의 음역이다. 묵호자란 그냥 "얼굴이 검은 오랑캐녀석"이란 뜻이다. 이렇게 어설픈 초기의 傳道를 거쳐 二興년간에 신라불교는 르네상스적 발흥기를 만났고 그 후 통일신라의 대통합의 기운속에서 조선문명 최초의 통일이데올로기로서 불교는 그 창조적 기염을 토하기 시작했으니, 조선문명 개벽의 최초의 새벽을 밝힌 샛별이 바로 원효(元曉)다. 원효는 말그대로 "최초의 새벽"이란 뜻이니 그것은 곧 조선문명의 원점이다.

麗末에 이르면 그 새벽은 점점 밝아져 태양이 떠오르고 그 태양은 中天에 대낮을 밝혀 모든 萬物에 두루두루 비추니 그 이름이 곧 普照 知訥이다. "보조"란 "두루두루 비춘다"는 뜻이다.

이렇게 두루두루 보편적인 빛을 발하던 불교가 조선왕조에 오면 정도전의 排佛을 筆頭로 新儒學(近世 宋學)이 그 옥좌를 대신하니 衰亡의 길을 걸을 수밖에 없었다. 普照하던 태양이 쇠락하여 西山에 걸리니 그 쇠락의 황혼의 찬란함을 대변하는 이가 곧 西山大師요, 조선불교는 西山의 줄기를 벗어나지 않는다.

해가 서산에 지고나니 해는 없어지고 빈 하늘, 텅빈 어둠에 달만 덩그러히 걸렸으니 鮮末에 대선사 鏡虛(1846~1912)니 滿空(1871~1946)이니 하는 이름들이 결코 우연한 것이 아니요, 그러한 암울한 역사적 기운을 대변한다 할 것이다.

그런데 20세기에 접어들어 日帝라고하는 암울한 자기상실의 역사속에서도 이전의 역사와는 단절된 새로운 기운이 세차게 솟고 있었으니, 그것은 새로운 새벽의 먼동이 찾아오고 있음을 알려주는 샛별이었다. 효봉학눌(曉峰學訥, 1888~1966)! 단절은 곧 새로운 시작이다.

찬란한 태양은 저 동쪽하늘 원새벽을 밝히고 中天에 떠서 普照하여 西山으로 기울어 滿空의 月面을 비추었건만 기나긴 어둠을 뚫고 다시 새벽(曉) 봉우리(峰)를 비추었다. 元曉에서 曉峰으로! 단군이래 아사달의 역사는 기나긴 싸이클을 한바퀴 돌린 것이다.

법명은 學訥, 호는 曉峰, 성은 李氏, 이름은 燦亨, 父는 炳

億, 母는 金氏, 1888년 4월 28일 평안도 양덕 수안이씨가문에서 태어나 평양고보를 거쳐 그 재질이 뛰어나 일찍이 일본에 유학, 와세다(早稻田)대학 법과를 卒業, 고등고시를 파스하고 평양복심법원 판사가 되었다. 당대의 조선인으로 누릴 수 있었던 최고의 권세의 자리였다. 1914년 26세 弱冠의 나이의 일이었다. 或說에 의하면 그가 독립투사를 판결하지 않으면 아니되는 가책으로 번민했다하고(이 설은 후세에 윤색된 느낌이 강하다) 或說에 의하면 그가 내린 어느 凡夫에 대한 사형언도가 잘못된 것임이 밝혀져, 한 인간이 자기로 인해 죄없이 목숨을 잃은데 대한 통한으로 생 그 자체를 회의하고 모든 것을 떨치고 엿장수·노동일을 마다하며 조선팔도를 방황타가, 1925년 金剛山 神溪寺에 들어가 때마침 주석하고 계시던 石頭寶澤和尙을 뵙기에 이르렀다.

"어디서 왔는가?"

"楡岾寺에서 왔습니다."

"몇걸음에 왔는고?"

이에 이찬형은 벌쩍 일어나 큰방을 한바퀴 빙 돌고와서 제자리에 앉았을 뿐이었다. 이를 보고 있던, 옆에 앉아있던 노스님 한분이 이르시기를 :

"10년 공부한 首座보다 낫군!"

이에 곧 삭발을 허락받았으니 37세 7월 8일의 일이었다. 이듬해 4월 8일, 東宣淨義和尙을 계사로 하여 구족계 보살계를 받고 법명은 학눌, 호를 효봉이라 하였다.

석두화상의 훌륭한 교훈으로 금강산 법기암 뒤에 토굴을 짓고 두문불출하여 참선공부에 열중한 스님은 정좌불와·용맹정진·일

종식 등으로 초인적인 수행을 하기 1년반만에 크게 깨우치고 이렇게 읊었다 :


海底燕巢鹿抱卵
火裡蛛室魚煎茶
此家消息誰能識
白雲西飛月東走


바다밑 제비둥지엔
사슴이 알을 품었고
불속의 거미집에선
고기가 차를 달인다
이 집안의 소식을
뉘있어 알아볼건가
흰구름 서쪽으로 날으니
달은 동으로 달리네


나 도올은 대학시절에 이 게송을 접하고 울고 또 울었다. 해탈인의 경지, 이미 언어를 초탈해버린 이 道人의 포효를 어찌 名色으로 더럽히랴마는, 생각해보라 ! 이 한 게송에 맺힌 피눈물 한방울 한방울을 ! 그 얼마나 각고의 수련 끝에 이 장엄한 우주적 如如의 심포니가 울려퍼졌을까? 금강산 일만이천봉 깊은 계곡 스러져가는 한 토굴의 처마밑에 달린 달을 쳐다보며 스님은 과연 무엇을 깨달았으랴 !

오늘날 한국불교의 가장 큰 문제는 당초로부터 효봉과 같은 걸출한 인물이 불교종단으로 흡수가 되고 있질 않다는 것이다. 당대에 일본유학을 거쳐 판사가 된 영특한 지혜의 소유자란 스님이기 이전에 당대의 현실적 권세와 영예를 독차지한 최고의 지성인이란 뜻이다. 이러한 인물이 良心의 명령에 따라 모든 것을 버리고 修道의 苦行길을 택한 그 감동의 행로를! 보라! 임제는 뭐라 말했던가?

"이러한 능력은 엄마뱃속에서 나오자마자 얻어지는 것이 아니다. 장기에 걸친 體究와 각고의 練磨끝에 어느 아침 스스로 깨닫게 되는 것이다."(不是娘生下便會, 還是體究練磨, 一朝自省。) 효봉의 大覺의 게송의 위대함은 오늘날 어느 누구의 말장난도 그 발꼬락에도 미칠 수 없다. 효봉의 언어는 언어가 아니다. 그것은 그의 우주적 통찰의 신선함이 있는 그대로 느껴지는, 문자그대로, 청자빛을 발하는 새벽 봉우리의 새로움이다.

토굴에서 나와 5년간 전국 선원을 다니며 정진타가 전라 송광사에 머물기 10년, 어느날 홀연히 우리나라 열여섯째 국사이신 高峰法藏스님이 나타나 하시는 말씀이 :


　　　　煩惱盡時生死絶
　　　　微細注流永斷滅
　　　　圓覺大智常獨存
　　　　卽現百億化身佛

번민이 다하면
생사도 초월해
미세한 흐름조차
마음속에 영원히 단멸되었네
원각의 큰 지혜만 홀로 빛나니
그것이 곧 백억의 석가님 화신불


문득 꿈을 깨니 스님의 몸과 마음이 비개인 날 일점의 흐림조차
없는 푸른 하늘과도 같았다. 이에 스스로 우러나오는 말씀이 :


不落二邊去
到無着脚處
忽逢無位人
正是本來汝


이변에 떨어지지 않고 나아가
발 붙일 수 없는 곳까지 이르러
이름없고 자리없는 한사람을 문득 만나면
그것이 곧 너의 본래 모습


바로 이 게송에서 효봉스님이 한 말씀 "忽逢無位人"이란 일구
절을 우리는 놓치면 안된다. 여기서 "無位人"이란 "無位眞人"
의 약어로 그것은 본시 臨濟의 트레이드 마크에 해당되는 고유어

이기 때문이다.

『莊子』의 「逍遙遊」에는 "至人無己, 神人無功, 聖人無名"이라는 유명한 구절이 있다. 임제는 바로 이 장자의 사상을 禪의 언어로 둔갑시켰다. 임제는 "無位眞人" "無依道人" "眞正道人"이란 말을 동의어로 자주 쓴다. 그런데 『臨濟錄』에서 "無位眞人"이란 말은 「上堂」 세번째 일화에 단 한번 출현한다. ("無依道人"은 이에 비하면 5回나 출현한다.)

임제는 어느날 항상 규칙적으로 열리던 법석에 올라 말문을 열었다 :

"네 놈들의 발가벗은 시뻘건 몸둥아리속에 자리도 없는 眞人이 한명 살고 있나니라. 이 眞人이 너희들 얼굴 쌍판대기 위로 항상 들락날락 거리고 있나니라. 아직도 그것을 보지못한 놈들은 자아~ 잘들여다 보거라!"(赤肉團上有一無位眞人, 常從汝等諸人面門出入, 未證據者看看。)

"스님! 도대체 無位眞人이란 놈은 어떻게 생긴 놈입니까?"(如何是無位眞人?)

이때 임제스님은 갑자기 법석에서 내려오더니 화난 얼굴을 하면서 그 스님의 가슴팍을 콱 움켜쥐고 세차게 닦아세우면서 말했다 :

"말해봐라! 말해봐라! 이놈!"(道! 道!)

갑자기 휘몰리게 된 스님은 뭔가 말하려고 미적미적 거리자 임제스님은 그 스님을 확 밀쳐내버리며 하는 말이 :

"뭐라구? 무위진인이 어떻게 생겼다구? 무위진인은 뭔 무위진인

이냐? 그건 말라빠져버린 개똥덩어리다 ! ”(無位眞人是什麼乾屎橛 ! )

그리곤 뒤돌아보지도 않고 방장실로 사라져 버렸다.

이 유명한 임제의 일화에는 모종의 아이러니가 숨어있다. 無位眞人이란 근본적으로 無位, 즉 자리가 없는 것이다. 無位란 말은 공간을 점유하지 않는다는 것이요, 그러므로 무형체의 것이다. 물리적인 좌표계를 갖지 않는다는 것이다. 그런데 임제는 이 무위진인을 설명하는데 우리의 시뻘건 고깃덩어리(赤肉團) 속에 분명히 살고 있다고 했다. 그리고 인간의 감관이 밀집되어 있는 우리의 육체의 문인 얼굴(面門)을 들락날락(出入)거린다는 것이다. 여기에 바로 임제는 이말을 듣는 사람에게 혼동을 주었다. 자리없는 참사람은 실체가 없는 것일 터인데 마치 그것을 듣는 사람은 실체인 것처럼 생각하게 만들었던 것이다. 그래서 어느 젊은 스님이 물었던 것이다. “그 무위진인은 어떻게 생긴 겁니까?”하고. 바로 이때 그 스님은 무위진인을 실체화하는 근원적 오류를 범한 것이다. 결국 임제의 대답은 “무위진인이란 말라빠진 똥덩어리일뿐” (乾屎橛)이라는 것이었다. 그것은 실체화된 무위진인의 근원적 거부의 언사인 것이다.

“眞人”이라는 말을 쓰면, 우리는 眞人이라는 말에 매달려 또다시 假人을 생각하게 되고, 나의 육체는 가짜덩어리요 그 속에 진짜 자아가 있는 것으로 착각한다. 모든 禪客의 眞諦의 추구가 이러했다는 것이다. 그것이 바로 大錯(큰 착오)이라는 것이다. 임

제는 말한다 :

　여보게들! 나 산승이 밖으로 법을 구하지 말게 말게 했더니만
이 바보같은 새끼들이 내 말의 본 뜻을 헤아리지 못하고 이번엔
또 안으로 구할려구 지랄들이란 말일세! 그러면서 벽에 기대고
좌선한답시고 앉아서 혓바닥으로 윗 아구창을 떠받치고 고요한 물
면처럼 미동도 하지 않고 앉아있으면서, 이것이야말로 조사께서 가
르쳐주신 불법이라고 자랑스럽게 생각하는거야. 착각도 이만 저만
한 착각이 아니야! 그대들이 이러한 不動淸靜의 경지가 곧 불법
이라고 생각한다면 그것은 그대들이 무명의 번뇌를 주인으로 모시
는 노예새끼들이 되버리는 것밖엔 안돼. 옛사람들이 말했지 않은
가? "고요한 흑암의 깊은 구덩이야말로 가장 무서운 인간의 번
뇌!" 바로 그대들을 두고 한 말이야!

　大德, 山僧說向外無法, 學人不會, 便卽向裏作解, 便卽倚壁
坐, 舌拄上齶, 湛然不動, 取此爲是祖門佛法也。大錯。是你
若取不動淸淨境爲是, 你卽認他無明爲郞主。古人云, 湛湛黑
暗深坑, 實可怖畏。此之是也。

임제는 또 말한다. "밖으로 구해도 법이 없다면 안으로 구해도 그
것은 또한 얻어질 수 없는 것이다."(向外無法, 內亦不可得。) 나
임제는 그대들에게 말하노라! 佛고 없고 法도 없고 修도 없고
證도 없나니라! (向你道, 無佛無法, 無修無證。)
佛을 求하고 法을 求하는 것은 곧 지옥을 만드는 業일 뿐이다.
(求佛求法, 卽是造地獄業。)

그렇다면 과연 無位眞人이란 무엇인가? 바로 "시뻘건 고깃덩어리"(赤肉團) 그 자체인 것이다. 그 외로 眞我가 따로 있는 것이 아니다. 여기에 우리는 효봉스님의 게송의 마지막 구절이 바로 이러한 임제의 가르침을 몸소 구현한 체득의 포효임을 깨닫게 된다.


忽逢無位人
正是本來汝

자리없는 사람을 문득 만나면
그것이 곧 너의 본래 모습


曉峰! 과연 그는 20세기 우리불교사의 새벽이다. 이 효봉선사 슬하에서 법정은 태어났다. 그리고 무소유철학을 실천하면서 法의 頂에 올랐다. 元曉, 普照, 西山, 鏡虛, 滿空, 曉峰, 法頂!

법정스님이 도올서원에 오셨을 때 나는 다짜고짜로 물었다 :
"스님! 스님은 과연 法의 頂에 올랐습니까?"
그러자 스님은 나에게 되물었다 :
"도올! 선생은 아직도 그렇게 버릴게 많으시오?"
只默默不答。나는 빙그레 미소지었을 뿐 아무 말도 하지 않았다. 그로 두달이 지난 유월 삼일, 나는 그 침묵을 깨치고 입을 열었다.

"나 도올은 서울대학·중앙대학·용인대학 3개대학의 객좌교수 직을 사퇴합니다. 그리고 장안에서 많은 이들의 사랑을 받고 있는 도올한의원도 폐업합니다. 그리고 오직 사색과 연구에만 몰두하겠 습니다."

법정스님이 불자고 나 도올이 유자라해도 그 모두에게 끊임없이 버려야 할 업은 쌓이는 법! 나 도올에 있어서 無位란 곧 本位 로의 복귀다. 나 도올의 本位란 始終이 없는 배움의 여로다! 돌이 되려면 돌을 버려라! 도올이 되려면 도올을 죽여라!

나는 일찍이 말했다. 선은 깨달음이다. 내가 도올서원에서 禪을 講했다면 나의 講의 역사 그자체가 하나의 깨달음의 역사이었을 것이다. 나는 과연 무엇을 깨달았는가? 깨달음은 곧 실천이다. 나 의 실천은 무엇이 되었어야만 했나? 돌이 되려면 돌을 죽여라! 무소유의 실천은 나에게는 많은 사람에게 아픔을 주어야만 했다. 허나 그 아픔마저 나는 죽여야 했던 것이다. 지금 나에겐 오직 茫 漠한 몸의 대지위에 침이 한자루 꽂혀있을 뿐이다.

임제의 俗姓은 邢氏, 어려서부터 현명했고 우수했고 孝行으로 이름이 높았다. 그의 생년은 확실히 알려져있지 않다. 아마도 9세 기 초였을 것이다. 그는 어려서부터 出塵의 뜻을 품고 일찍이 落 髮·受具하여 講席에 列하여 經律論을 考究하였다. 허나 그것 은 濟世의 醫方일 뿐 濟世의 本位가 될 수는 없다는 것을 깨달 고 禪을 흠모키에 이르렀다. 그가 南遊하여 筠州(江西省)의 黃 檗山에 있었던 希運을 찾아갔을 때 이미 그는 실상 훌륭한 스님이었고 학식이 높은 학자였다. 그러나 그의 성품은 매우 우직하고 내면적이고 성실하여 함부로 입을 열지 않았고 그가 大覺에 이르기 전에는 매우 소심했던 인간으로 사료된다.

그가 황벽문하에 있기를 3년, 그는 소리없이 자기일에만 전념하였다. 「行錄」은 그의 "行業이 純一하였다"라고 표현하고 있는데 이는 그가 매우 충직하고 순수한 그리고 한 일에만 전념하는 평범인이었음을 말해주는 것이다. 그런데 당시의 황벽 門下에서 第一座는 睦州道明이었다.(陳尊宿으로도 불리운다. 『指月錄』 卷十三에 그의 行錄이 있다.) 睦州는 소리없이 본업에만 충실한 임제의 인품에 깊은 인상을 받았고 끊임없이 그를 주시하였을 것이다. 때를 기다리고 있던 어느날, 목주는 임제에게 다가갔다.

"그대 여기 얼마나 머물렀던고?"(上座在此多少時?)

"3년요"(三年。)

"그대 황벽 큰 스님께 질문해 본 적이 있오?"(曾參問否?)

"아뇨. 질문해본적이 없습니다. 뭘 질문할지를 몰라 못했습니다."(不曾參問, 不知問個甚麼。)

"그래? 그럼 저 법당 큰 스님께 이렇게 한번 여쭈어 보지 그래. 무엇이 불법의 대의입니까 하고 말야."(何不問堂頭和尚, 如何是佛法的大意。)

이러한 제의에 따라 임제는 곧 황벽에게 가서 물었다.

"무엇이 불법의 대의입니까?"

이 말이 끝나기도 전에 황벽은 임제의 대가리를 방망이로 후려쳤다. 임제는 법당에서 내려왔다. 목주는 재미있어서 물었다.

"질문하니깐 뭐라하시든?"(問話作麼生?)

"뭐라긴요? 제 목소리가 끝나기도 전에 절 때리셨어요. 절 왜 때리는지 도무지 이해가 안가요."(某甲問聲未絶, 和尙便打, 某甲不會。)

목주는 살살 부추기며 말했다.

"야! 그러지말구 다시 가서 여쭈어 봐!"(但更去問。)

임제는 목주가 하라는 대로 우직하게 또 황벽에게 올라가 물었다.

"불법의 대의가 무엇입니까?"

그러자 말이 끝나기도 전에 또 방망이가 떨어졌다. 이렇게 묻기를 세번, 똑같이 얻어맞기를 세번. 에이, 비러먹을! 임제는 이런 넌센스는 이제 끽이라 생각하고 영원히 황벽산을 떠나기로 마음먹었다. 이러한 결심을 알리러 임제는 목주에게 찾아가 비장한 어투로 다음과 같이 말했다 :

"일찍이 상좌스님의 격려와 권고에 힘입어 法을 큰스님께 여쭐 수 있었던 것 다행으로 생각합니다. 허나 여쭐 때마다 큰스님의 방망이세례를 얻을 뿐이었습니다. 생각해보건대 스스로 못난 인연으로 진리의 깊은 뜻을 헤아릴 수 없음을 탓할 뿐이외다. 이제 제가 할 수 있는 일이라곤 이곳을 영원히 사직하고 떠나는 일뿐이외다."(早承激勸問法, 累蒙和尙賜棒。自恨障緣, 不領深旨。今且辭去。)

이에 목주는 말했다 :

"그대가 이곳을 떠나려고 한다면 그래도 큰스님께 떠난다고 인사드리고 떠나는 것이 예의 아니겠나?"(汝若去, 須辭和尙了去。)

그러자 임제는 목주에게 큰 절을 올리고 물러났다. 그러나 목주는

잽싸게 먼저 황벽스님께 올라가서 귀에 대고 속삭였다 :

"스님! 스님! 왜 그 일전에 불법을 물으러 왔던 그 상좌놈 있잖아요? 그 놈이 좀 어리긴해도 대단한 인물같아요. 그놈이 사직하러 올라오면 좀 교육적으로 대하세요. 그놈은 후에 한 그루의 거대한 나무가 될 것입니다. 분명 그 그늘이 天下를 다 휘덮을 것입니다."(問話上座, 雖是後生, 卻甚奇特者。若來辭, 方便接伊。已後爲一株大樹, 覆蔭天下人去在。)

임제가 드디어 황벽에게 와서 사직을 고하였다. 그러자 황벽은 말했다 :

"딴 곳으로 갈 필요가 없나니라. 곧 高安의 강가 여울목에 가서 大愚스님을 찾아뵈어라. 너에게 할 말이 있을 것이다."(不須他去, 祇往高安灘頭參大愚, 必爲汝說。)

大愚는 南岳下 歸宗智常의 法嗣다. 임제가 대우스님께 이르니 대우는 물었다.

"어디서 왔는가?"(甚處來?)

"황벽에서 왔습니다."(黃檗來。)

"황벽이 뭐라 말씀하시던?"(黃檗有何言句?)

"저는 세번 불법의 대의를 여쭈었습니다. 그런데 세번 다 얻어맞았습니다. 제가 무슨 잘못이 있는지 없는지 그걸 아직 모르겠습니다."(某甲三度問佛法的大意, 三度被打。不知某甲有過無過。)

그러자 대우는 또박또박하게 임제를 일깨우듯 외쳤다 :

"황벽은 그렇게도 어린 아이를 보살피는 노파의 심정으로 간절하게, 너를 고해로부터 건지기위해 철두철미한 배려를 게을리하지 않았거늘, 이 녀석아! 그래 여기까지 와서 나에게 잘못이 있냐 없나를 물어?"(黃檗與麼老婆心切, 爲汝得徹困, 更來這裏問有過無過?)

임제는 대우의 이 말에 대오를 한다. 이것이 바로 임제의 깨달음의 순간이었다. 이 깨달음의 순간에 임제는 다음과 같이 포효한다 :

"아아~ 황벽의 불법은 원래 구질구질한 대목이 없었다!"(元來黃檗佛法無多子!)

여기 이순간에 임제가 외친 이 말, "無多子"에 대한 해석은 전통적으로 異說이 많았다. 唐代의 口語인듯한데 확연히 해석이 되질 않고 그 내면의 흐름을 전달하기에는 논리적으로 미흡한 점이 많다. 보통 전통적 해석은 "별 볼일 없는 것이었다"라는 식으로 부정적으로 새기는 것이었다. 사계의 석학 이리야 요시타카(入矢義高)선생의 새로운 해석에 따라 "구질구질한 대목이 없다" "자질구레하게 따지지 않는다" "端的이다"라는 식으로 새겼다. 임제는 이 순간부터 무엇인가 자신을 획득한 공격적이고 난폭하기까지한 인간으로 변모해간다.

이에 대우는 임제의 목덜미를 붙잡고 닦아세우며 외친다 :

"이 오줌싸개 녀석! 너 지금 뭐라구 했지? 조금 아깐 와서 뭐? 잘못이 있는니 없느니 그걸 알고 싶다고 징징 울더니만, 지금은 뭐 황벽의 불법은 구질구질한 데가 없다고 폼잡고 외쳐? 야 이놈아! 도대체 지금 네가 뭘 알았다구 재새냐? 빨리 말해봐! 빨리 말해봐!"(這尿牀鬼子! 適來道有過無過。 如今卻道黃檗佛法無多子。 你見個甚麼道理, 速道! 速道!)

그러자 임제는 아무말도 않고 대우의 갈비뼈를 부러져라 늑골밑으로 세차게 세 번이나 주먹으로 후려쳤다. 퍼억! 아이구구구구!

옆구리를 얻어맞은 대우는 임제를 밀치며 소리친다.

"아이구구구구! 네놈 선생은 황벽이지 내가 아니다. 나와 상관이 없다."(汝師黃檗, 非干我事!)

사실 난 이 대목에서 왜 임제가 대우스님을 그렇게까지 리얼하게 때려야만 했는지 그 진의나 상징성이 잘 了解되질 않는다. 그것은 아마도 황벽으로 인해 얻은 대각의 실마리를 황벽식으로 풀어낸 행동일 것이다. 하여튼 뭔가 진리에 대한 자신감을 얻은 인간의 철저한 행동에 스산한 느낌마저 들뿐이다.

이에 임제는 대우에게 사직인사를 하고 다시 황벽에게 돌아갔다. 이로써 임제는 황벽의 문하생이 된 것이다. 황벽은 돌아온 임제를 보자 곧 묻는다 :

"이 녀석아! 니가 뭘 그렇게 대단하다구 왔다 갔다 왔다 갔다 개지랄이냐? 언제까지 이 지랄하려구래?"(這漢來來去去, 有什麼了期?)

그러자 임제는 말했다.

"단지 스님의 노파심이 너무 간절해서 그렇습니다."(祇爲老婆心切。) 그리곤 큰 절을 정중하게 올리고 나선 황벽의 곁에 侍立하고 섰다. 그러자 황벽이 다시 물었다.

"어딜 갔다 왔느냐?"(甚處去來?)

"어제 스님의 자비로운 뜻을 받자옵고 대우스님께 다녀왔습니다."(昨蒙和尙慈旨, 令參大愚去來。)

"대우스님이 뭐라 말하든?"(大愚有何言句?)

그러자 임제는 그곳에 가서 있었던 자초지종을 다 말했다. 황벽스님은 말했다 :

"그놈의 수다쟁이 늙은이 대우! 그놈이 이곳에 오면 한번 호되게 멕여줘야겠구만!"(大愚老漢饒舌, 待來痛與一頓!)

그러자 임제는 받아쳤다.

"뭘 이곳에 오면 하구 말하세요. 기다릴게 뭐가 있어요? 지금 바로 멕이지요!"(說甚待來, 卽今便打。)

그러더니 임제는 황벽큰스님의 면전을 따귀로 세차게 후려갈겼다. 에구구! 황벽은 소리질렀다.

"아이구 이 미친 놈 봐라! 이놈이 여기와서 호랑이 수염을 마구 잡아당기는구나!"(這風顚漢來這裏捋虎鬚!)

그러자 임제는 크게 소리쳤다.(師便喝。) 이것이 아마도 그 유명한 임제할(臨濟喝)의 첫 聲이었을 것이다. 황벽은 주변의 시자를 불러 말했다 :

"이 미친놈을 끌고 법당으로 데리고 가라!"(引這風顚漢參堂去!)

이것이 바로 임제의 첫 깨달음을 傳하는 유명한 이야기다. 그 전말이 매우 소상하다. 『祖堂集』에도 같은 내용을 전달하는 이야기가 실려있으나 이야기의 가닥들이 사뭇 다르다. 그러나 아마도 『祖堂集』의 이야기가 『임제록』이나 『지월록』의 이야기보다는 훨씬 더 古形을 전달하는 것일 것이다. 나는 이 이야기를 기술하는 데 있어서 『임제록』의 「行錄」부분을 취하지 않고 『지월록』 卷十四의 기술을 따랐다. 兩者는 大同小異하다. 해석은 독자의 임의적 상상에 맡기는 것이 보다 그 느낌을 풍부하게 할 것이다. 허나 임제가 대우의 옆구리를 친 것이나 나중에 돌아와 황벽선사의 따귀를 갈긴 것이나, 그것은 임제의 거친 행동방식이지만 자기가 당한 것에 대한 보복적 반역으로 해석해서는 안될 것이다. 그것은 그가 스승으로부터 이유없이 세번이나 맞은 것에 대한 순수한 고뇌의 깊이, 그 고뇌의 깊이로부터 느낀 사랑의 감격을 다시 표현하는 어떤 상징적 제스츄어로 읽어내야 할 것이다. 대각 전후에 공통된 임제의 성품이나 행동방식의 철두철미함을 우리는 외경스럽게 읽어내야 할 것이다. 하여튼 임제는 좀 스산하다. 으시시하다. 그리고 임제는 참으로 고독한 **孤存**의 인간이었다. 그는 중국 선종사의 최후의 벼랑길이었다.

이 사건은 임제의 생애에 있어서 깊은 추억과 의미를 남긴 듯하다. 임제 자신이 이 사건을 회고해서 말하는 대목이 『임제록』에 실려있다. 독자는 그 사건의 의미를 다시 한번 되씹어 볼 수 있을 것이다.

임제는 어느날 설법시 다음과 같이 말했다 :
"대중여러분! 다르마를 추구하고자 하는 자는 몸을 잃고 명을 잃는 것을 마다할 수 있는 각오가 되어 있어야 합니다. 나는 이십년동안 황벽선사를 모시고 살았습니다. 세번 불법의 대의를 여쭈었더니 세번 다 방망이를 얻어 맞았습니다. 그런데 그것은 마치 부드러운 버드나무가지로 나의 영혼을 쓰다듬는 것같은 느낌이었습니다. 지금 생각해보면 진실로 그런 방망이 한번 더 맞아보고 싶은 심정이 간절합니다. 그런데 과연 누가 날 위해 방망이질을 해줄 수 있겠습니까?"(大衆, 夫爲法者, 不避喪身失命。我二十年, 在黃檗先師處, 三度問佛法的大意, 三度蒙他賜杖, 如蒿枝拂著相似。如今更思得一頓棒喫, 誰人爲我行得?)

이때 어떤 멍청스러운 스님이 벌떡 일어나 대중속을 걸어나오며 말했다 :

"아~ 제가 때려드리겠습니다."(某甲行得。)

그러자 임제스님은 방망이 집어들어 그 스님에게 건네주려 하였다. 그러자 그 스님은 그 방망이 받을려고 손을 내밀었다. 이때였다. 임제스님은 크게 외치며 그 스님을 몹씨 세차게 한방 멕여버렸다.

이러한 고사는 임제와 황벽사이에 재현될 수 없는 어떤 魂魄의 교감이 있었음을 말해주는 것이다. "棒"이란 "때림"이 아니다. 그것은 "타이밍의 예술"이다. 그리고 棒을 상징으로해서 전달되는 超言의 웅변이 우리의 가슴을 저미게 되는 것이다. 法頂스님은 말했다 :

"喝은 거부의 강렬한 의사표시요, 棒은 직접적인 행동이다."

내가 보기에 실제로 임제의 깨달음의 본질을 전달하는 고사는 "三度問佛, 三度蒙杖"의 공안이 아니다. 임제의 깨달음의 최초의 포효, 그 거친 산똥인의 우주를 뒤흔드는 無依道人의 사자후를 전달하는 공안은 다음의 이야기다. 아마도 임제가 대우로부터 돌아와 황벽밑에 있게된지 얼마안된 바로 그 몇일후의 이야기였을 것이다.

  임제는 모든 스님들과 함께 사원밭에서 땅을 파면서 일을 하고
있었다. 임제가 곡괭이로 땅을 파고 있을 때 그는 황벽스님이 그
에게 다가오고 있는 것을 보았다. 그래서 임제는 일손을 멈추고
세운 곡괭이에 기대서있었다. 그러자 황벽스님이 말했다 :
  "이 놈이 피곤한 모양이구만."(這漢困那！)
임제가 되쳤다.
  "아니 곡괭이 한번 제대로 들어보지도 못했는데 피곤하긴 뭐가
피곤하단 말입니까?"(钁也未擧, 困個甚麼?)
그러자 황벽스님이 방망이를 번쩍들어 후려치는데, 그때 임제는
그 방망이를 꽉 붙잡고 황벽 가슴팍쪽으로 그 방망이 확 밀치면서
단번에 늙은 황벽을 내동갱이 쳐버렸다. 에구구구구！ 나자빠진
황벽은 사원승려들의 기강을 잡는 維那(집사같은 직책)를 불렀다 :
  "야 나좀 부축해 세워라！"(扶起我來。)
유나가 황벽스님을 부축해 세우면서 :
  "아니 스님, 어떻게 이런 미친놈의 무례를 용인할 수 있단 말입
니까?"(和尙爭容得這風顚漢無禮?)
황벽은 일어나자마자 되려 부축해 올린 유나에게 방망이를 멕였
다. 이때 임제는 아랑곳 없이 곡괭이로 땅을 파면서 다음과 같이
포효한다 :
  "사방에서 중놈들 죽으면 화장을 하지만, 나는 여기다 산 채로
묻어라！"(諸方火葬, 我這裏活埋！)

臨濟義玄

活埋！ 나는 여기서 明末淸初의 大儒 王船山의 "自題畵像 小詞"의 원형을 발견한다.


鉛華未落君還在
我自從天乞活埋


저 그림물감과 더불어 그대는 영원히 살겠지
난말야 스스로 하늘에 빌어왔지
산채로 묻어달라고！


夫之의 觀生居의 舊壁에 걸렸던 대련은 무엇을 말했던가?


六經責我開生面
七尺從天乞活埋


육경이 날 채찍키를
살아라 살아라 하고
칠척육신은 하늘에 빌기를
빨리 죽었으면 죽었으면 하고


임제는 포효한 것이다. 지금까지의 나는 이 자리에 생매장이다！
신체적 죽음이 다가오기 전에 우리는 죽지않으면 안된다. 산 채로,

삶의 자리에서 죽지 않으면 안된다. 날 산 채로 묻어라! 이것이 바로 임제의 부정이요, 喝聲의 최종적 의미다.

훗날 仰山이 이 이야기를 듣고 말했다 :

"대도는 도망쳤는데, 포졸이 덫에 걸렸군！"(正賊走卻, 邏蹤人喫棒。) 維那가 얻어맞은 것을 두고 하는 말이렸다. 어찌 사족이라 말하지 않을 수 있으리오?

위대한 스승으로서의 황벽의 면모는 다음의 고사에서도 잘 드러나고 있다. 임제의 탁월성을 간파한 황벽은 임제의 가능성을 절대적인 긍정속에서 키워나갔다. 그들에게서 긍정은 곧 부정이요, 부정은 곧 긍정이다. 황벽과 임제의 사이는 마치 서로의 기지를 뛰어넘으려 경쟁하는 격렬한 운동경기의 두 선수와도 같았다.

임제가 어느날 법당 한복판에서 낮잠을 즐기고 있었다. 황벽이 법당에 와서 보고는 그가 깔고 자고 있던 나무판대기를 지팡이로 쿵~쿵~하고 내리쳤다. 낮잠을 잘자다가 깨서 김이 샌 임제는 머리를 들고 쳐다보다가 황벽이 와서 그런 줄 알고, "난 또 뭐라구"하는 식으로 푸념을 뇌까리더니 다시 쓰러져서 코를 곯기 시작했다.(師在堂中睡, 黃檗下來見, 以拄杖打版頭一下。 師擧頭, 見是黃檗, 卻睡。)

그러자 황벽은 다시 한번 임제가 깔고 자는 나무판대기를 짓궂게 쿵쿵 치고 윗칸에 상좌(고참스님)들이 좌선을 하는 곳으로 올라갔다. 그곳에서 首座스님이 좌선하는 것을 보더니 다음과 같이

외치는 것이었다 :

"저 아랫칸의 젊은 녀석은 오히려 무념무상의 좌선을 열심히 하고 있는데, 너는 여기 앉아서 온갖 망상을 다 지으면서 뭘 하고 있는게냐?"(下間後生卻坐禪, 汝這裏妄想作什麼?)

핏대난 수좌스님이 성을 벌컥내며 말했다 :

"이 늙은이 뭘 하는게야!"(這老漢作什麼?)

황벽스님은 그 놈 수좌가 깔고 앉아 있던 나무판대기를 다시 쿵쿵 세차게 내리쳤다. 그리곤 곧 법당을 나가버렸다.

열심히 좌선을 하고 있는 首座는 妄念을 짓고 있고, 정진시간에 쿨쿨자고 있는 젊은 임제야말로 무념무상의 정진! 바로 이러한 黃蘗의 정신이 임제의 "無事禪"의 핵을 이루는 것이다. 삼천배를 해도 오로지 아무개를 만나겠다는 세속적 일념이면 妄念에 불과한 것이요, 일배를 해도 佛心은 스치는 바람에도 실리는 법! 계율의 엄격이 나의 허세를 위한 것이라면 그것은 악연만 더해갈 뿐인 것이다. 頓悟漸修니 頓悟頓修니 하는 말장난도 臨濟禪에 오면 간결히 그 正解가 얻어진다. 임제선사는 뭐라 말했던가? "내 너에게 말해주마. 부처도 없고 法도 없고 修도 없고 證도 없다."(向你道, 無佛, 無法, 無修, 無證。) 禪의 궁극에는 깨달음(悟)도 있어서는 아니되고, 닦음(修)도 있어서는 아니된다. 頓悟頓修? 임제는 말한다! 無悟無修!

어느날 임제는 절깐주변에 소나무를 심고 있었다. 황벽이 그것을 보고 물었다.

"이 심산속에서 그렇게 많은 소나무를 심어 뭣하게?"(深山裏
栽許多松作甚麼?)

그러자 임제는 논리정연하게 이유를 대기 시작했다.

"첫째, 이 소나무들은 이 山門의 경치를 아름답게 해줄 것입니
다. 둘째, 후세 사람들에게 어떤 삶의 기준을 마련해줄 것입니다."
(一與山門作境致, 二與後人作標榜)

그리곤 말을 마치자마자 곡괭이머리로 땅을 세번 내리쳤다. 황벽
이 이때 말했다 :

"임마 니가 아무리 그리해도 이미 내 방망이 30방은 먹었나니
라!"(雖然如是, 子已喫吾三十棒了也)

그러자 임제는 또 곡괭이머리로 땅을 세번 내리치며 깊은 숨을 몰
아 쉬며 씨익씨익 거렸다. (師又攫地三下, 嘘一嘘) 이때 황벽
은 말했다 :

"나의 가르침이 너에 이르러 이 세상에 크게 일어나겠구나."(吾
宗到汝, 大興於世)


하안거가 반쯤 지났을 때 임제는 큰스님을 뵈러 황벽산에 올라
갔다. 황벽이 경(經, sutra)을 읽고 있는 것을 보고 임제는 놀리
는 듯 :

"나는 정말 여기 사람다운 사람이 하나 앉아있으려니 했는데,
스님은 원래 깜장콩(책위에 쓰인 문자를 비유)이나 까먹고 있는 늙은
화상이렸구료."(我將謂是個人, 元來是唵黑豆老和尙)

몇일이 지나구 나서 임제는 그만 황벽산을 떠날려구 인사를 드리
러 갔다. 인사차 온 임제에게 황벽은 말했다 :

"하안거를 중도에 破하고 여길 왔으니 여기서 하안거나 마치고 떠나지 그래."(汝破夏來, 何不終夏去。)

"저는 잠시 스님이 보고 싶어서 인사차 들렸을 뿐이외다."(某甲暫來禮拜和尙。)

이때 과연 황벽은 임제에게 방망이를 멕이면서 쫓아내버렸다.

"썩 물러가라 이놈！"

임제가 수십리를 걸어가다 생각해 보니까 영 황벽선사를 그렇게 떠나온 것이 께름직했다. 그래서 다시 황벽산으로 돌아가 그곳에서 하안거를 마쳤다. 하안거를 다 끝낸 후 임제는 또 황벽에게 작별인사를 하러 갔다. 황벽은 물었다 :

"어디로 가는가?"(甚處去?)

"黃河 남쪽 아니면 곧 북쪽으로 가지요."(不是河南, 便歸河北。)

말이 끝나자마자 과연 황벽은 임제에게 방망이를 내리쳤다. 과연, 임제는 그 방망이를 붙잡더니 황벽에게 따귀를 한대 갈겼다. 그러자 황벽은 유쾌하게 깔깔대고 한바탕 웃어댔다. 그리곤 시자를 불러 황벽스님이 百丈懷海대사(749~814)에게 인가받을 때 하사받은 선판(禪板, 등을 대며 쉬는 기구)과 궤안(几案, 앉은바리 책상)을 가져오게 했다.

그러자 임제는 말했다 :

"시자！ 장작불을 가져오게"(侍者, 將火來。)

황벽은 정색을 하며 만류하며 타일렀다 :

"그러지 말게！ 그냥 제발 이것을 가지고 가게. 훗날 그대는 이 선판과 궤안에 앉아 天下사람들의 혓바닥을 모두 잘라버리게 될 것일세. 그대야말로 이 책상의 주인일쎄！"(不然！ 子但將去。

已後坐斷天下人舌頭去在。)

얼마나 멋있는 **師資相承**의 자리인가? 얼마나 멋있는 교육자들의 태도인가? 우리는 이것을 **公案**으로 읽어서는 안된다. **語錄**으로 읽어서도 아니된다. 이것은 벌거벗은 두 인간의 애틋한 사랑의 감정이 있는 그대로 유로되는 아름다운 이야기일 뿐이다. 황벽은 임제를 확실히 키웠다. 임제는 황벽의 『傳心法要』의 "心"의 사상을 유감없이 발휘하였다. **馬祖**로부터 발현된 **南宗**의 **大機大用**은 **無依道人** 임제에 이르러 그 궁극에 달한다.

임제가 추구하는 인간은 절대적 자유의 인간이다. 허나 현실적 인간에게는, 우리가 몸을 가지고 사는 한에 있어서는, 그러한 절대적 자유란 어느곳에 없는 유토피아적 환상이다. 그렇다면 절대적 자유란 불가능한 것일까? 여기에 바로 "존재할 것이냐? 존재하지 않을 것이냐? 그것이 문제로다"(To be, or not to be, that is the question.)라고 독백한 햄릿의 고민이 있다. 이것은 우리 인간 모두의 실존적 고민이다. 허나 임제에게 있어서는 햄릿의 삶이 지니고 있는 관계성·의존성·관념성, 그 모든 것이 부정되는 순간에만 진정하게 "존재함"(To be)이 가능하다고 보는 것이다. 모든 "依"(의존성)와 "位"(관계성)가 단절되는 곳에서 비로소 참된 자기(眞人)의 모습이 드러나게 되는 것이다. 상기의 궤안전수의 고사에서 우리가 주목해야할 언어는 바로 임제가 황벽을 처음 뵈었을 때 한 첫마디다. "是個人," 바로 이사람! "此人," 바로 이 사람!

임제가 河南省 熊耳山에 있는 禪의 初祖 菩提達磨의 묘소와 탑이 있는 곳에 이르렀다. 塔主가 말했다 :

"스님 어른! 먼저 부처님께 예를 올리시겠습니까? 먼저 달마조사께 예를 올리시겠습니까?"(長老! 先禮佛? 先禮祖?)

임제가 말했다 :

"나는 부처님에게도 달마조사에게도 예를 올리지 않소!"(佛祖俱不禮。)

탑주가 말했다 :

"스님어른은 도대체 부처님과 달마조사와 무슨 원수지간입니까?"(佛祖與長老是什麽寃家?)

임제는 아무말도 않고 소매를 휘두르며 경내를 나가버렸다.


나자렛 예수는 말했다.

"안식일은 사람을 위하여 있는 것이요, 사람이 안식일을 위하여 있는 것이 아니니, 이러므로 인자는 안식일에도 주인이니라."(The sabbath was made for man, not man for the sabbath ; so the Son of man is lord even of the sabbath. 마가 2 : 27)

그리고 또 말하였다 :

"내가 세상에 화평을 주러 온 줄로 생각지 말라. 화평이 아니요 검을 주러 왔노라. 내가 온 것은 사람이 그 아비와, 딸이 어미와, 며느리가 시어미와 불화하게 하려함이니, 사람의 원수가 자기 집안 식구리라."(Do not think that I have come to bring peace on earth ; I have not come to bring peace, but a sword. For I have come to set a man against his father, and a daughter against her mother, and a daughter-in-law against her mother-in-law ; and a man's foes will be those of his own household. 마태 10 : 34~36)

이 사람, 바로 이 사람은 무엇일까? 그것은 부처도 아니요, 달도 아니다. 바로 이 글을 쓰고 있는 나요, 바로 이 글을 읽고 있는 너요, 바로 임제의 법문을 듣고 있는 선남선녀 그대들이다!

"내 말을 듣고 있는, 그대들이여! 제발 착각하지마라! 나는 그대들이 위대한 철학책이나 논리서를 잘 해석하고 있다고 해서 그대들을 평가하지 않는다.(我且不取你解經論。) 나는 그대들이 이땅의 대통령이나 장관이 되었다고 해서 그대들을 평가하지 않는다.(我亦不取你國王大臣。) 나는 그대들의 언변이 저 한강물처럼 유려하게 흐른다고 해서 그대들을 평가하지 않는다.(我亦不取你辯似懸河。) 나는 그대들이 똑똑하기 그지없고 지혜롭기 그지없다고해서 그대들을 평가하지 않는다.(我亦不取你聰明智慧。) 바로 내가 그대들에게 바라는 것은 오직 단 하나, 그대들이 참으로 바른 견해를 갖는 것이다.(唯要你眞正見解。) 道를 사랑하는 그대들이여! 그대들이 백권의 수트라(經)나 사스트라(論)를 해독하여 그 진의를 얻었다하더라도, 그것은 아무일 없이 빈둥거리고 있는 절깐의 무명의 한 스님에도 못미치는 것이다.(道流! 設解得百本經論, 不如一箇無事底阿師。) 그대가 위대한 진리를 깨달았다고 생각하면 생각할수록 그대는 타인을 경멸하게 되는 것이다.

(你解得, 卽輕懷他人。)"

이 위대한 임제의 설교에서 우리가 주목해야할 두 단어는 바로 "眞正見解"요 "無事之人"이다. 眞正見解란 바로 "삶의 올바른 방향의 자각"이다. 삶은 나의 위대한 지식으로 요리되는 것이 아니다. 삶은 인류의 과학적 위업으로 완성되는 것이 아니다. 아무리 그러한 총명예지가 있다하더라도 우리의 삶에 대한 올바른 견해가 없으면 삶은 고뇌와 부자유의 연속일 뿐이다. "올바른 방향의 자각"이란 삶은 하나의 과정임을 말하는 것이다. 삶은 순간에서 완성되는 돈오돈수가 아니다. 그것은 끊임없이 의미없는 과정일뿐이다. 그러므로 중요한 것은 이러한 과정에 대한 바른 견해다! "無事"란 무엇인가? 그것이 바로 "平常"이라는 것이다.

"道를 따르는 그대들이여! 불법이라고 하는 것은 본시 힘쓸 것이 없는 것이다. 그것은 단지 평상무사(平常無事)를 의미하는 것이다. 생각해봐라! 옷을 입고, 밥을 먹고, 똥을 눗고, 오줌을 눗고, 피곤하면 두루누워 자고, 하는 이런 것들, 뭐 용맹정진한다고 법석댈 것이 아무것도 없는 그런 것이 바로 佛法인 것이다. 이런 말을 하는 나를 어리석은 자들은 비웃는다. 허나 지혜로운 자들은 곧 내가 뭔 말을 하고 있는지를 알아먹을 것이다."(道流! 佛法無用功焉, 只是平常無事。著衣喫飯, 屙矢送尿, 困來卽臥。愚人笑我, 智乃知焉。)

平常無事! 그것은 南泉의 못토였고 趙州의 실천이었다. 그러나 같은 말이지만, 같은 주제지만 왠지 임제에 오면 그 색깔이 다르다. 느낌이 다르다. 무언가 武人的 격렬함으로 우리의 폐부를 찌르고 우리를 벼랑길로 다그친다.

과연, 그는 南泉선사의 말을 있는 그대로 인용하면서 다음과 같이 설법한다.

"그래서 옛스승 南泉선사께서는 이렇게 말씀하지 않았던가? 평상심, 그것이 곧 道니라! 여보게들! 그대들은 도대체 지금 무엇을 추구하고 있는가? 지금 바로 이 자리 내 눈앞에서 내가 말하는 法을 듣고 있는 그대들이야말로 無依道人이요, 역력히 분명하게 자립하고 있는 존재들이며, 아무것도 결여된 것이 없는 孤存의 실재들이다!"(所以古人云, 平常心是道。大德, 覓什麼物? 現今目前聽法無依道人, 歷歷分明, 未曾欠少。)

此人! 여기 지금 있는 그대로 우리는 오리지날이다. 결여된 것이 없는, 스스로 그러한대로 오리지날이다. 그런데 자꾸만 오리지날이 될려구 애쓸수록 가짜가 되어버린다. 오리지날리티를 잃어버린다. 해탈! 해탈의 깊은 구덩이(解脫之深坑)이야말로 道人의 최대의 경계처다!

"無事한 사람이야말로 貴한 사람입니다. 제발 뭘 한다고 꾸미고 으시대고 폼잡지 마십시오. 그저 平常한대로 있으시오."(無事是貴人, 但莫造作, 祇是平常!)

"도를 따르는 그대들이여! 지금 내앞에서 法을 듣고 있는 것은 그대들의 몸을 구성하고 있는 四大(地, 水, 火, 風)가 아닙니다. 그대들이 法을 들을 수 있다는 것은 오로지 그 四大를 부릴 수 있기 때문에 들을 수 있는 것입니다. 이것을 올바르게 깨달을 수만 있다면 죽음과 삶이 자유롭게 되는 것입니다."(道流! 你祗今聽法者, 不是你四大, 能用你四大。若能如是見得, 便乃去住自由。)

인간은 몸의 존재다. 깨달은 자는 심신이 원융한 자요, 몸이 부정된 인간이 아니다. 우리는 결코 몸을 혐오해서는 아니된다. 허나 우리는 진정한 몸의 평상의 규율을 따라야 하는 것이다.

"그대들이 진정으로 生死去住(죽음과 삶, 감과 있음)의 세계에서 모든 집착을 벗어버리고 자유롭고자 한다면 지금 바로 내앞에서 法을 듣고 있는 그대들이야말로 형체도 없고 모습도 없고 뿌리도 없고 어떠한 공간도 항구적으로 점유하지 않는 존재임을 인식해야 할 것입니다. 그럼에도 불구하고 우리 이 존재는 팔딱팔딱 활발하게 살아 움직이고 있습니다. 그러면서 만가지로 다양한 상황에 무궁하게 대응하며, 그 신비로운 움직임은 아무런 고정된 궤적을 남기지 않습니다. 그래서 여러분들이 그것을 쫓아가면 쫓아갈수록 멀리 도망가고, 구하려고하면 구할수록 어긋나 버립니다. 인간처럼 비밀스러운 존재가 어디있겠습니까?"(你若欲得生死去住, 脫著自由, 卽今識取聽法底人, 無形無相, 無根無本, 無住處, 活鱍鱍地。應是萬種施設, 用處祗是無處。所以覓著轉

遠, 求之轉乖. 號之爲祕密.)

그는 끊임없이 강조한다.


"지금 法을 듣고 있는 그대야말로 無依道人! 無依道人이야
말로 모든 부처의 어머니다! 부처란 바로 無依로부터 생겨나는
것이다. 無依를 깨달으면 부처가 곧 무존재임을 깨닫게 된다. 바
로 이것을 알게되면 그것이 곧 내가 말하는 眞正見解인 것이다."
(唯有聽法無依道人, 是諸佛之母. 所以佛從無依生. 若悟無
依, 佛亦無得. 若如是見得, 是眞正見解.)


이것은 老子의 無爲思想의 구극적 언사다! 禪이란 실로 알
고보면 儒·佛·道의 統合인 것이다. 儒에서는 일상성의 도덕성
을 취하고 道에서는 무위자연의 자연스러움을 佛에서는 자기부정
의 철저성을 취한 것이다.


"道를 사랑하는 그대들이여! 그대들이 진정으로 法과 같이 되
고자 한다면 함부로 의심을 生해서는 아니된다. 그대야말로 펼치
면 온 法界를 휘덮을 수 있고, 그것을 오무리면 한 머리카락도
들어갈 틈이 없다. 그것은 역력히 스스로 빛나는 고독한 빛
(Solitary Light)이다. 그것은 조금도 결여된 것이 없다. 눈으로
볼 수도 없고, 귀로 들을 수도 없으니, 글쎄 그것을 무어라 부르
면 좋겠는가? 그래서 일찍이 南嶽懷讓선사에게 六祖혜능께서 이
렇게 말씀하시지 않았던가? 어느 한 것과 같다고 하면 이미 빗나
가 버린다고. 그러니 그대 자신이 스스로 볼 수밖에 없다. 또 다

시 뭐 그리 대단한게 있겠는가? 그걸 말로하자면 끝이 없을 뿐이다. 여러분 개개인 스스로 열심히 노력해 주게! 그리고 珍重하시기를!"(道流, 你欲得如法, 但莫生疑。展則彌綸法界, 收則絲髮不立。歷歷孤明, 未曾欠少。眼不見, 耳不聞, 喚作什麼物。古人云, 說似一物則不中。你但自家看。更有什麼, 說亦無盡。各自著力, 珍重。)


Solitary Light! 이것이 그의 어록 「示衆」에 기록된 마지막 말이다. 禪의 황금시대의 마지막 거장, 늙은 임제에게도 죽음의 그림자가 다가왔다. 大名府의 興化寺 東堂에 어둑어둑 거미가 깔렸다. 임종을 지켜보려는 제자들이 모여들었다. 임제는 모든 威儀를 갖추고 근엄한 모습으로 앉아 말문을 열었다 :

"내가 滅했다 해서 나의 正法眼藏을 滅해서는 아니된다."(吾滅後, 不得滅卻吾正法眼藏。)

이 때 임제의 法嗣 三聖慧然이 대중으로부터 나와 말씀드렸다.

"어떻게 감히 스님의 정법안장을 滅할 수 있겠습니까?"(爭敢滅卻和尙正法眼藏?)

"그럼 내가 죽은 후에 사람들이 너에게 정법안장을 물으면 넌 그들에게 뭐라 대답하겠느냐?"(已後有人問你, 向他道什麼?)

그러자 三聖은 큰 소리를 지르며 喝하였다.

그러자 임제스님은 다음과 같이 마지막 말을 뱉었다 :

"아아 그 누가 알았으랴! 나의 정법안장이 이 눈깔먼 비루먹은 망아지새끼 손에서 멸망할 줄이야!"(誰知吾正法眼藏向這瞎驢邊滅卻!)

이말이 끝나자 임제는 단정한 모습으로 숨을 거두었다. (言訖, 端然示寂。) 咸通 八年 丁亥 四月 十日의 일이었다.

三聖慧然은 후에 바로 『임제록』을 지었다. 그러나 임제는 죽는 마지막 순간까지 자신의 후계자 삼성에 대한 분노의 념을 삭히지 않았다. 진리에 대한 向心의 준열함을 우리는 엿볼 수 있다. 三聖이 喝을 했다는 것은 바로 임제의 흉내를 낸 것이다. 평생 임제가 빨아먹은 진부한 장난을 되풀이한 것이다. 임제를 喝의 禪風의 주인공으로 규정하는 것은 임제에 대한 최대의 모독이다. 임제는 바로 우리의 의미없는 喝을 지금도 증오하고 있는 것이다. 臨濟喝, 德山棒? 臨濟는 無位의 眞人일 뿐이었다. 나 도올은 마지막으로 묻는다. 조선의 불자들이여! 그대들은 지금 여기 해탈(解脫)의 심갱(深坑)으로 빠져들어가고 있지 아니한가?

(1998. 7. 14.)

## 話頭, 혜능과 셰익스피어

1998년 8월 15일 초판발행
2000년 4월 18일 1판 7쇄
2013년 8월 15일 2판 4쇄


지은이　도 올 김 용 옥
펴낸이　남　호　섭
펴낸곳　통　나　무

서울 종로구 동숭동 199-27
전화 : (02) 744 - 7992
팩스 : (02) 762 - 8520
출판등록 1989. 11. 3. 제1-970호

ⓒ Young-Oak Kim, 1998　　값 8,000원

ISBN 978-89-8264-108-4　03220